国家出版基金资助项目

绩效预算与政府治理创新

绩效预算与政府生产力

许正中　等著

中国财政经济出版社

图书在版编目（CIP）数据

绩效预算与政府生产力/许正中等著．—北京：中国财政经济出版社，2014.12

（绩效预算与政府治理创新）

国家出版基金资助项目

ISBN 978-7-5095-5922-2

Ⅰ.①绩… Ⅱ.①许… Ⅲ.①国家预算-预算管理-研究-中国②生产力-发展-研究-中国 Ⅳ.①F812.3②F120.2

中国版本图书馆CIP数据核字（2014）第303475号

责任编辑：罗亚洪　　责任校对：胡永立

封面设计：邹海东　　版式设计：董生平

中国财政经济出版社 出版

URL：http：//www.cfeph.cn

E-mail：cfeph @ cfeph.cn

社址：北京市海淀区阜成路甲28号　邮政编码：100142

营销中心电话：88190406　北京财经书店电话：64033436　84041336

北京京华虎彩印刷有限公司印刷　各地新华书店经销

787×1092毫米　16开　21.25印张　290 000字

2014年12月第1版　2014年12月北京第1次印刷

定价：44.00元

ISBN 978-7-5095-5922-2/F·4774

（图书出现印装问题，本社负责调换）

本社质量投诉电话：010-88190744

打击盗版举报热线：010-88190492，QQ：634579818

总　序

随着知识经济和信息技术爆炸式的突飞猛进，人类进入了“快进叠加”的新时代，“云物大智”（云计算、物联网、大数据、智慧工程）所引发的技术革命方兴未艾，下一代卫星互联网又紧紧相逼，使得国与国之间的物理疆界形同虚设。国与国、企业与企业、人与人之间均面临着全球角力，尤其是3D打印技术等新技术的发明，使得大规模统一型号的生产线产品生产彻底改变为个性化的多维度需求的定制，它所带来的“一切皆为服务”的理念将会陆续引爆思维革新、道德精进、管理革命和社会变迁等一系列重大变革。在这一切变革中，至关重要的是政府的战略定位和功能的正向演进。特别是，在知识资本和人力资本超高速流动的全球化背景下，世界快速进入协同创新发展轨道，政府作为改革的统筹者和领跑者，起着全面深化改革的“主推手”作用，因此培育政府治理能力成为社会进步的首选。

培育政府治理能力的关键是政府自我的正确定位，即要建立有限政府而非全能政府，形成职能边界清晰的政府、市场、社会公众、企业多方参与“共治”的“现代国家治理体系”。政府的职能在于提供公共服务，而不是直接参与市场经营。培育政府治理能力、转变政府职能是中国政府的一场自我革命，更是有效推进全面改革、扩大市场与社会的创新性自主发展空间、真正完成现代国家治理“结构性重组”的关键环节。

中国当前正处于社会多元复合转型的关键时期，不仅要获取最大的改革红利，更要创造和释放制度红利。中国要连续逾越“中等收入陷阱”、“西班牙幻影”、“高等收入陷阱”以及“塔西佗陷阱”，平稳实现中国的现代化，首先需要理论创新，作为现代社会治理、国家治理和政府治理的基核的财政理论需要全面创新，作为财政理论支柱的现代预算理论也需要全面创新，作为一个长期在国家智库工作的财政理论研究者则责无旁贷。

完善社会治理架构的目的是不断推动技术革命，引爆产业革命，催生新的文明形态，获取经济社会发展红利。经济社会发展红利主要来自两个方面：一方面是创新红利。创新就是基于未来对现存技术，产业和管理的形态的创造性破坏，在“云物大智”网联的“快进叠加”时代，创意、创新、创业、创造、创富的五创联动、非线性突破成为常态，使得新技术井喷式爆发，新创意不断涌现和新产业聚变式或裂变式突破皆成为可能。可以说，在21世纪的竞争是创新速度和创新质量的较量，创新红利是最大的红利。另一方面是制度红利，在现代社会，制度不仅是各种游戏规则的总和，也日益成为一个强大的产业。先发国家无不不断创新着制度，不断激发人的潜能和平衡人与人、种群与种群、区域与区域、企业与企业乃至国家与国家的经贸安全和政治关系，基于产权和人权所形成的各类经济和社会游戏规则，成为现代文明最重要的发明。

现代国家治理架构是国家能力充分发挥的前提。纵观历史发展，工业革命以来，国家治理架构可分为税收国家、自产国家和租金国家。税收国家是指其财政收入主要来自私人部门缴纳的税收，自产国家是指其财政收入主要来源于国有企业上缴的利润和其他类国有资产的收入，租金国家是指其财政收入主要依靠国家垄断的自然资源出口而获取租金收入的国家。20世纪80年代以来，随着市场化改革的推进，中国开始从“自产国家”向“税收国家”转型。在这个转型中，国家与社会关系开始被重构，纳税人意识开始形成和发展，财政民主的要求开始出现并且越来越强烈，要求国家治理做出回应，作为财政制度中关键一环的预算制度成为谋一轴而驱全局的改革主要抓手。政府治理能力是一个“牵一发而动全身”的关键领域，是未来一个时期全面深化改革、推进国家治理现代化的关键领域与环节，不仅与公众生活和利益密切相关，更涉及国家的可持续健康发展。培育政府治理能力，转变政府职能，不仅要改革创新、外拓开放，更要打破社会僵滞状态，而最关键的就是要找准解决问题的突破口——财政预算。财政预算是现代国家赖以正常运行的决定性力量。从“租金国家”到“自产国家”再到“税收国家”，其间国民的生活观及文化内涵，乃至于心理习惯、伦理行为等社会架构均须不断变革。

随着形势发展变化，现行财政预算制度已经不完全适应完善国家治理的客观要求，不完全适应转变经济发展方式、促进经济社会可持续健康发展的现实需要。新一轮预算制度改革是一场关系国家治理体系和治理能力现代化的深刻变革，是立足全局、着眼长远的制度创新。建立现代绩效预算制度不仅是国家治理现代化的目标，也是国家治理现代化的重要标志和重要支柱。构建绩效预算制度和方法，深化预算制度改革，推进依法理财是着眼长远机制的系统性重构。尤其需要指出的是，提升中国的财政制度绩效，不仅要关注国内，更应该关注中国财政参与现代国际治理的功效，财政已经是现代外交的主战场和重要的政治筹码，对此问题没有战略布局，国家的制度性损失将会是难以承受的。

财政是政府进行宏观调控的重要工具，也是释放制度红利的“总阀门”，更是国家治理的基础和重要支柱。财中有政，政中有财，决策财政，决不仅仅在决定财政的收支数字，数字之中有政策，有政治，有协同。以往的改革主要涉及“财”，那么现在我们的改革已经步入深水区，“政”是绕不过去了。作为经济调节的“有形之手”，政府利用财政工具保障宏观经济的健康运行，使微观经济活动逐渐符合国家宏观经济发展目标。财政是政府治理现代化的枢机、国家治理现代化的基础和重要支柱、社会治理的交集轴。可以说，财政现代化的成功就是国家现代化的成功。

从表面上看，财政预算是政府关于未来某个时期（通常为一年期、三年期或五年期）的收支计划，是一个技术问题，或者有的学者认为是一个让人乏味的会计问题，但在现代市场经济和民主政治中，它是社会治理、国家治理和政府治理的基核，是权利市场与经济市场的耦合器，是社会各阶层和各利益集团协同治理的总契约，其本质是最大的政治问题。财政预算关乎国家治理大事，毫不夸张地说，一个国家的治理能力的高低，很大程度上取决于国家的预算能力。官僚集团、利益集团往往通过一些结构性的计划来保证对自己有利的预算支出，把政治角力变成一场又一场的预算博弈，甚至不断地改变制度架构和程序过程来强化他们的利益，进而也推动了预算结构的复杂性。

在预算中，任何有效的变化都必然会改变预算过程的结果，这些与经济结构调整、政治过程和社会运行轨道息息相关，作为财政管理内核和最新形态的绩效预算，是财政革命的急先锋。绩效预算决不仅仅是单纯的技术内涵，更涉及多方面极其复杂的经济政治社会范畴。因此，中国如何在“云物大智”时代实现蛙跳，需要“顶层设计，系统集成”，必须大力推进财政预算制度改革，以财政的内核——绩效预算为抓手培育现代政府治理能力，坚持“以人为本”的执政理论，支持包容性增长，实现公共财政、政府治理、社会治理和文化精进“多层多方联动”，助推中国平稳现代化。

1997 年我到国家行政学院工作，位卑不敢忘忧国，积极投身于中国的智库建设和政策理论研究之中，在完成中央、行政学院和财政部交办的各项任务之余，在财政领域重点围绕绩效预算与政府治理创新两大核心主题，对理论和战略框架问题进行了大胆探索。在国家出版基金的资助下，在国家行政学院和财政部、科技部、国务院机关事务管理局等部门领导的支持下，组建研究团队紧贴国家战略需求开展研究，本着理论前瞻、国际比对、现实判断、历史的理论勇气和标准、发现战略机遇、达成多方共识、形成政策决策、推动各项改革的精神和原则，以科学严谨、求真务实的态度，甘于奉献财政理论尤其是绩效预算理论与政府治理创新的研究。

能力建设是21世纪的核心，财政制度改革和预算管理创新的基核就是要“五位一体，多维联动”地提升政府治理能力。中国要驾驭全球化发展新浪潮，把握政治生态环境变迁，顺应技术经济社会发展趋势，化解内部管理“体制冲突”，助推社会现代化成功转型，亟需从政府政治能力、管理能力、法制能力、服务能力、合作能力“五位一体”建设入手，围绕制度、经济、货币、地缘政治、科技、军事、文化、外交等八个维度，全面而深入地剖析现代政府治理能力的内涵以及目标，明确五种核心能力之间相互作用、相互协同的关系，科学合理定位政府治理能力的关键要素和关键切入点，勾勒现代政府治理能力建设的战略路径，促进财政制度改革，加快绩效预算进程，全面加强政府治理能力建设。可以说，提高打造政府治理能力是今后中国政府改革面临的重大现实问题，而从“五位一体”入手，以八个维度为核心全面培育政府治理能力，既拔高了理论界研究高度，又能把政府治理能力建设推向新水平。由我同中国党政干部论坛副主编、中央党校史世鹏教授等研究人员将这些研究成果集结成册，撰写了《21世纪政府治理能力创新研究》一书。

现代社会是一个有序活力社会。毋庸置疑，政府、市场与社会是控制与影响社会最强大的三股力量，政府是整个社会资源配置的主导机制，市场是资源配置的基础机制，社会是资源配置的平衡器，而绩效预算作为一种制度安排，是政府、市场、社会的耦合点，是维护社会秩序的核心和关键环节，因此，加大绩效预算改革力度有利于促进有序社会建设。中国要理顺市场经济机制，促进社会主体互动，大力助推国家治理创新，亟需准确把握有序社会的内涵及其根源，明确社会根本性，建设完善“阳光财政”，加快绩效预算改革步伐，构建社会普遍服务，聚合政府公信力，催化产业创新升级，实现公共服务均等化，提升政府治理绩效。这就要求我们不断创新绩效预算工具，开展绩效评估，健全政策评估方法，提升机构治理效率。可以说，有序社会的构建对于促进社会正向演进，激发社会发展活力具有重要作用，而从政府、市场与社会关系演化中聚焦绩效预算改革，对于一个有民主意识、有责任感、有能力、高效率、透明的政府，无论是对经济发展还是对整个社会进步都是不可或缺的。因此，将这些研究探索集结成册，撰写了《绩效预算与构建有序社会》一书。

政府生产力是衡量政府有效运行的基础，而绩效预算是政府生产力的枢机。中国要紧跟世界发展趋势，打造有限的透明政府，亟需把握政府生产力理论，构建系统的动态提升政府生产力的运行机制和管理框架，同时探寻绩效预算基本支出决策的方法和执行效果评价的方法和模型。可以说，政府生产力的提高将有效提高国家的核心竞争力，活化多元社会组织，促进多元主体协同共治，促进社会文明升级，是国家治理的关键。对此，如何以绩效预算为抓手全面提升中国政府生产力就显得极为重要。于是我将这些研究凝练成《绩效预算与政府生产力》一书。

随着全球化不断升级，当前国际竞争已经从军事、货币、人才竞争转向制度竞争。规则设计成为创造和获取制度红利、全球红利与重构国家核心竞争力的核心和关键。中国要想大力提升政府能力，无缝对接全球化、现代化进程，实现大繁荣、大发展，为构筑世界一流强国奠定坚实基础，唯有打造高绩效政府。高绩效政府以责任政府、激励政府、掌舵政府、服务政府为核心，关注管理领域，与市场、社会共同协调经济社会发展。政府运行经费有效管理是构建透明高效政府的必然选择。在全球融合的趋势下，中国势必要将优化政府行政成本摆在重要战略地位，亟需从绩效预算视角强化政府成本控制，创新经费管理理念，依托信息物联网高科技技术，加快机关运行经费管理制度重构，实现帕累托式改进。这对于完善责任匹配机制，提升经费管理质量，提高资产运行效率，降低政府运行经费等具有不可比拟的重大作用。由我会同赵峰涛率领的团队将这些研究成果表现为《绩效预算与政府成本控制》一书。

现代管理技术和方法在社会各行业中的广泛应用对现代企业和公共部门的管理也起到积极的促进作用。工具和技术的创新是现代管理创新的关键。对于绩效预算来说，科技进步和管理工具的发展促进了绩效预算制度的变革。中国要想大力促进绩效预算发展，亟需认识当前绩效预算研究不足之处，创新绩效预算的工具与方法。这就需要明确财政职能，剖析绩效预算理论，引用决策与评价理论，揭示绩效预算管理工具创新意义，在基于平衡计分卡、绩效棱柱以及全面标杆管理，对绩效预算进行全过程衡量并实施绩效预算战略管理，同时基于数据包络分析以及全要素生产率，评估绩效预算的静态效率与动态效率。针对当前绩效预算理论研究来说，这有利于奠定绩效预算分析工具基础，衍生新的绩效预算管理工具，明确绩效预算决策过程，制定绩效预算决策原则，分配绩效预算决策权限，建立绩效预算决策体系，实施正确绩效预算决策，为绩效预算提供智力支持。由李尽法将这些研究成果集结成《绩效预算管理工具创新》一书。

经济发展方式转变、产业结构优化升级和新兴产业的兴起促使财政预算改革和财政管理模式转变，为将工程方法引入绩效预算理论提供了有利契机。可以说，经济主体内在需求的变化、财政预算理论的发展、现代科学技术的进步共同作用催生财政工程的产生。如何通过财政工程来加大绩效预算创新呢？这就需要准确把握财政工程内涵，运用耗散平衡理论、云计算等理论，创新财政理论方向，构建“云”财政理论，揭示管理复杂特征，创新财政工程与绩效预算理论。财政工程与绩效预算理论研究能够为财政建设提供坚实的思想支持，同时提供解决财政问题的元工具、元方法和元模型，有利于人员利用“工程化”的思想，运用数学方法和模型，以“平台”开发理念为借鉴，开发一系列创新性的财政管理工具、模型，提出科学的解决方案，提高财政预算效率，最终提高财政的运行效率。由我和财政部赵新国博士等研究人员将这一开拓性成果表现为《财政工程理论与绩效预算创新》一书。

教育是现代社会最重要的基础，人力资本是现代社会最重要的资本。预算是现代社会最重要的杠杆，如何用预算杠杆夯实教育基础，开发人力资本就显得极其重要了。特别是，加强教育财政资金绩效管理，有利于提高教育财政投入绩效。目前，在财政改革稳步推进的形势下，研究探索提高教育财政绩效预算的新措施、新方法，正是进一步深化教育改革的重要内容之一。中国亟需科学定位教育本质，顶层设计教育财政绩效管理体系，确立以结果为导向的教育财政拨款理念，再造教育财政绩效管理流程，重塑教育财政投入的监测与评估，按照公共财政“效率优先、兼顾公平”的重要原则，强化教育财政绩效管理，避免经费短缺与经费浪费并存的现象，确保相对有限的教育财政投入并运用在最需要的地方。这对于提升教育管理水平，实现教育流程整合，凸显社会公平正义具有重要意义。由我同南开大学邢天添副教授等研究人员将这些探索集结为《教育财政绩效与人力资本战略》一书。

技术催生着产业，创新着管理，改变着社会，不断让文明降生。特别是，随着知识经济时代的来临与技术的超加速发展，科学技术被摆在了国家优先发展的重要战略地位。将科学技术源源不断地、大规模地转化为现实生产力，更成为提升国家竞争力的核心和关键。科技财政支出是支撑科技创新发展的重要基础，因此如何运用绩效预算来实施创新驱动发展就显得极其重要了。中国要积极发挥科学技术功能，借助技术知识扩散，构筑多元开放平台，提高财政支出绩效，大力支持基础研究，推进科技重点攻关，培育创新复合资本，引领科技发展方向，提升科技创新能力，占领科技战略高地。这对于导入科技支出绩效管理体系，完善科技机构与人才评估模式，提高科技活动绩效，释放创新创业活力，提升科技财政支出绩效，完善科技财政绩效预算管理，提高科技财政管理透明度，加快科技成果转化为现实生产力具有重大作用。由我同科技部的王德花研究员等研究人员将这些研究发现撰写成《科技财政绩效与创新驱动战略》一书。

消除贫困是人类永远难以达到的目标，尤其是消除绝对贫困。财政能力的建设提升与减贫绩效间存在正向关系，一方面财政作为政府减贫的主导力量实现了巨大的减贫绩效；另一方面减贫的深入推进要求不断提升财政能力。如何运用财政绩效缩小贫困面呢？基于本国国情，要深入剖析致贫根源，梳理贫困理论模型，明晰减贫战略目标，培育提升财政能力，采取多元模式扶贫，构筑普遍服务体系，辅助政府全面推进实施点状突破战略，大力推进减贫进程。这对于系统集成资源优势，构建财政减贫框架，制定财政服务行动纲领，实现政策协同多方联体，综合提升国家减贫能力，彻底走出贫困泥淖具有极其重要的作用。由我会同财政部苑广睿司长等研究人员将这些研究成果撰写成《财政扶贫绩效与脱贫致富战略》一书。

绩效预算为政府效能提高夯实基础，是锻造提升政府生产力的利器，在提高国家竞争力中占据重要地位，因此世界各国纷纷进行预算改革，并积累了丰富的经验。国际绩效预算改革与实践丰富多彩，他山之石，可以攻玉。中国亟需解密美国、英国、澳大利亚等先发国家绩效预算改革路径，总结绩效预算思想基础，把握绩效预算改革逻辑方向，网联绩效预算改革理论支撑，透视政府绩效预算评估体系，检视绩效预算评估技术，强化绩效预算运行抓手。这对于立足中国国情，借鉴国际实践经验，明确绩效预算未来方向，优化绩效预算制度设计，完善绩效预算配套政策措施，引领绩效预算改革，支撑中国深化改革，促进经济社会可持续发展具有极其重要的作用。由笔者会同湖南省财政厅厅长郑建新博士等研究人员将这些研究成果集成《国际绩效预算改革与实践》一书。

从财政资金分配视角看，政府提升国家竞争力的过程就是通过预算方式的不断改进，提高财政支出效果，为本国的企业和公民提供高质量的公共服务，进而为他们创造良好竞争环境的过程。预算作为政府配置资源的重要工具，直接影响到财政支出的效果和公共服务的质量，进而影响国家的核心竞争力。当然，打铁还需自身硬，借鉴也为增内功，因此，特色化、个性化的绩效预算改革模式至关重要。面对复杂的国际国内环境，中国亟需立足国情，循证绩效预算管理基础，剖析绩效预算管理内容与优势，明晰绩效预算思想沿革路径，定位绩效预算制度潜在效用所在，找准绩效预算管理最本质的核心力，最终设计出有中国特色的绩效预算改革模式，促进国家经济社会可持续健康发展。这对于有效提高中国政府治理能力，使政府具有更高的、足可与私营机构媲美的运转效率和质量，使公共服务更能体现公正有效，据此获得足够的合法性具有重要意义。由我和财政部夏先德副司长等研究人员将这些研究发现编写为《中国绩效预算模式设计研究》一书。

实施全面规范、公开透明的现代财政预算制度是财政改革的重要方向。本丛书研究首次尝试运用财政工程的思想，将财政管理理论工程化，探索了绩效预算理论与实践，分析了绩效预算与政府治理能力、政府生产力、政府协同治理、行政成本的互动关系，试图指出21

世纪中国政府治理能力、政府生产力建设及优化行政成本的基本方向。同时，在政府、市场与社会关系上，还构建一种政府协同治理新型模式，对现代中国政府治理和财政预算创新进行了大胆探索。由于时间短、任务重，有许多理论问题仍在探索之中，不足之处还希望同仁多加批评指正。

许正中
于北京古崖居
2014 年 8 月 27 日

目　　录

第一章
推行绩效预算制度 提升政府生产力

预算是政府生产力的枢机，而绩效预算是全面提升政府生产力的战略框架基石。通过对政府生产力理论的分析，结合绩效预算的运行框架和流程的不断再造，并在借鉴先发国家提升政府生产力的成功经验和理论研究成果的基础上，构建系统的动态提升政府生产力的治理架构，同时探寻绩效预算基本支出决策方法及执行效果评价方法和模型，从而为催化政府生产力提供理论支撑。

第一节 梳理理论发展脉络 系统透视框架流程

政府生产力（Government Productivity）是政府有价值的投入和产出之间的比率，即成本与收益之比，体现为政府资源配置效率。政府资源配置效率不仅体现在其配置公共产品的效率方面，更体现在政府在配置公共产品过程中对社会资源的催化或锁定方面。政府的管理和服务应秉持低成本原则，体现出较低的运行成本，暗含政府应制定高效、科学、合理的制度，体现出制度效能，提供社会普遍服务。

政府生产力是政治学、经济学和社会学的交叉和融合，是公共选择理论、公共支出增长理论、政府会计理论、绩效预算理论等多学科理论的系统集成，并在这些理论基础之上不断提升，成为当前国内外财政学和公共管理领域理论研究的新焦点之一。

一、关注政府生产力，顺利实现职能转型

世界银行在1997年的《世界发展报告》中明确指出，政府已经成为人们关注的重心，政府变革对人类发展有着至关重要的作用。进入21世纪以来，随着政府职能向服务型转变，提供广泛的公共服务，或称社会普遍服务成为政府未来发展的重心。因此政府生产力也成为衡量政府服务质量的标杆，是衡量政府有效运行的基础。

行政成本是衡量政府生产力的重要指标之一，与政府的行政绩效密切相关，有效的行政成本是政府从事行政活动的必要支出，有利于政府职能的发挥，而无效的行政成本不仅不能带来产出，还将造成极大的资源浪费，挫伤社会的创造力。提高政府生产力的关键在于降低成本、提高效率。庞大的行政成本，如庞大的政府机构数量、公务员数量和不必要的行政支出等，都将严重制约政府的行政效力。例如，深圳是中国较早进行服务型政府职能转型的城市，其一直将提高政府生产力作为工作的重心，如精简机构、改革行政审批制度等。深圳特区成立三十多年来，不仅是中国改革开放的窗口，也是中国政府改革的领头羊，其成立的第二年，就进行了第一次机构改革，撤销合并了十几个专业主管局和二十多个行政单位，局级行政机构由原来的65个减少到18个。深圳先后进行了八次行政机构改革，应社会发展之需，逐步理清了政府的职能，重点突出社会治理的职能和市场的监管，强调多元治理，探索出了一条具有中国特色的行政管理之路。

政府生产力是政府进行改革的基础，无论实施哪些政策，都要以降

低政府成本、提高政府效率为核心，这是政府有效提供公共产品和公共服务的重要保障。因此，政府生产力的提高将有效提高国家的核心竞争力，是国家治理的基石。

二、剖析理论模型，透视发展趋势

实践证明，政府生产力在一个国家提高综合实力中的作用不断增强。“在一个经济竞争的世界中，政府的角色是确立国家竞争优势的一个重要因素。”① 因此，改革官僚制政府、转变治理模式、提高行政效能成了各国政府获得竞争优势的前提条件。美国学者亨廷顿认为，“各国之间最重要的政治分歧不在于它们政府的形式，而在于它们政府的有效程度，有的国家政通人和，具有合法性、组织性、有效性和稳定性，另一些国家在政治上则缺乏这些素质。”②

国际竞争的大趋势之一就是竞争方式多样化与政府作用日益突出。③ 而波特更是直截了当地提出政府政策改变，可以挽救经济的衰落。在 20 世纪 80 年代，在他担任里根政府的产业竞争力委员会委员时，国家的环境的确与企业成败息息相关，在某些行业里，一两个国家的企业特别成功，必定是这些国家提供给企业足够的刺激和鼓励。④ 波特认为，主张减少政府干预的观点忽视了政府在公司周围环境和结构的形成，以及使得公司获得竞争优势的环境塑造过程中所起到的立法方面的作用，并提出了“竞争优势决定因素菱形图”，亦称为菱形模型（如图 1－1 所示）。菱形模型由四个基本决定因素和两个辅助因素组成。这四个基本决定因素分别是要素条件、需求条件、相关及支持性产业，以及企业的战略、

① 裴峰：“西方公共行政理论范式变迁研究综述”，《求索》，2004 年第 5 期，第 94—95 页。

② 塞缪尔·P. 亨廷顿：《变革社会中的政治秩序》，生活·读书·新知三联书店出版社，1989 年版。

③ 邹薇：“再论国家竞争力的内涵及其测度体系”，《经济评论》，2002 年第 3 期，第 12—16 页。

④ 张文彪：“政府效率决定国家竞争力”，《领导文萃》，1998 年第 1 期，第 14—17 页。

结构和竞争，它们共同为企业竞争创造了一个基本环境，而每一个决定因素都会决定产业国际竞争优势的形成。两个辅助因素是机会和政府。

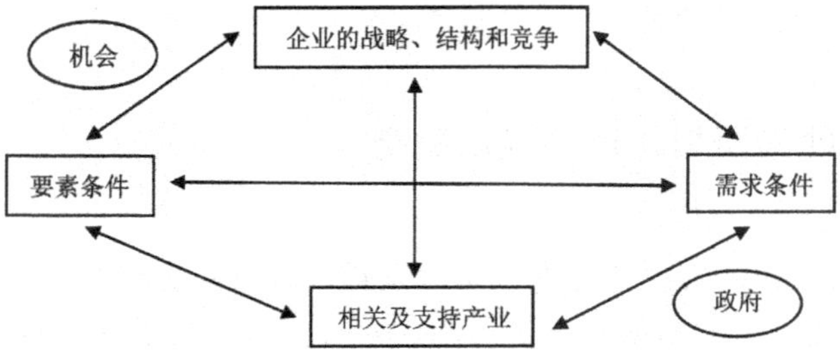

图 1－1　竞争优势决定因素菱形图

虽然政府在这个模型中是辅助因素，但绝不是可有可无的因素。波特认为，政府合适的角色应当是市场竞争的催化剂与挑战者，应当鼓励或者推动公司提高其抱负，达到较高的竞争水平。政府不可能通过其政策扶持创建出竞争性产业，但可以创造一个能够使公司获取竞争优势的环境。他认为，政府有效地选择提高生产率的政策、法律、制度，就选择了繁荣。例如，总需求、储蓄率、投资和汇率的变化对国家的竞争力均有影响，政府可以通过多种途径增加个人储蓄，调整税收结构以降低消费，增加储蓄和投资，进而提升国家的竞争力。

研究发现，政府的所有机构均有可能在提高政府生产力方面起建设性作用：一是政府对国家的基础设施建设负有不可推卸的责任，如中小学教育体系等。二是执行严格的产品、安全和环境标准。通过这种方式迫使公司提高产品质量、提升技术，以满足顾客和社会的要求。宽松的标准只能阻碍竞争力的提高。三是应当严格限制产业竞争者之间的直接合作。一般认为，由竞争对手单独进行的科研是一种浪费和重复，而合作科研则可以获得规模经济。这其实是一种误解。公司很少让它们最好的科学家和工程师参与项目研究，而他们通常花费更多的时间在自己的领域进行研究。四是政府应该致力于鼓励在人的技能、创新和物质资产方面的持续投资。也许最有用的投资激励工具是对新的长期（五年或更长）投资所使用的利润给予税收激励。五是放松管制。维护国家垄断，控制产业进入和限定价格的政策将会导致严重的后果。六是反对有管制的贸易。有组织的市场协议、自愿限制协议或设置配额来分割市场的其他方法都是危险的、低效的，对于消费者来说也是昂贵的。有管制的贸易不能促进某个产业的创新，反而为低效率的公司提供了市场保护。政府贸易政策应该旨在寻求进入其他国家市场的途径。

三、总结国际经验，寻找最佳捷径

目前，世界各国政府都把提升一个国家的竞争力作为政府的重要任务，并将国家竞争力的提升视为政府绩效的重要外在表现。我们选择几个比较有代表性的国家为例来说明政府在促进国家竞争力提升过程中所起的重要作用。

（一）韩国注重高新技术的支出绩效，迅速提升国家竞争力

据位于瑞士日内瓦的非营利研究机构世界经济论坛（WEF）发布的《2005 年世界竞争力报告》称，在 117 个接受调查的国家中，韩国的增长竞争力指数（国家竞争力指数）居第 17 位，创历年最高纪录。韩国的排名如此快速上升的原因在于技术领域强有力的拉动。按各领域分类，景气展望等宏观经济环境指数从前一年的第 35 位上升 10 位达到了第 25 位。研发（R&D）投资和技术革新、互联网普及等的技术指数也从第 9 位上升到了第 7 位。

韩国关于国家竞争力的报告中指出，韩国经济经历了三个发展阶段：要素驱动型经济、投资驱动型经济和创新驱动型经济。在这三个阶段，政府的政策都起了关键性的作用，尤其是政府在技术领域的扶植政策，大大促进了韩国技术领域的发展，极大地促进了国家竞争力的提升。报告专门阐述了工业和技术政策的发展，显示了政府对技术领域所起的推动作用。工业和技术政策的发展也经历了两个阶段。在 20 世纪 90 年代，政府主要采取了如下的政策来推动科技的发展：促进工业改组和技术革新；促进人员和其他资源的有效运用；改进信息网络；增加国家研究与

开发项目；增强需求导向型技术发展体系；制度改革等。这些措施起到了积极的效果，整个20世纪90年代韩国人均GDP为5890美元，比20世纪80年代人均1655美元大大提高。进入21世纪，韩国政府主要采取政策措施加速高科技和高附加值工业的发展：推进IT业发展；加强国家与区域的革新体系；使R&D体系和信息网络国际化。

（二）新加坡注重信息与教育，鼓励创新

新加坡的国家竞争力一直位列全球前十位。

第一，政府高瞻远瞩，率先发展电子政务，提高了国家的信息化水平，促进了国家竞争力的提升。新加坡早在20世纪80年代初就开始了政府信息化建设。进入21世纪后，新加坡政府每年要为此投入15亿新元作为政府部门引进信息技术的专项经费。重点投资e政府计划、电子商务、电信开放、全民上网等若干行动计划，目标是把新加坡建设成为一个充满活力的、活跃的全球信息和通信技术之都，更要成为世界上最大的资讯通信枢纽之一。此外，新加坡建成了独具特色的电子公民中心（e-Citizen Center），这一虚拟型的网络服务中心主要是向公民提供方便、快捷的网上服务。新加坡已经建成了全球的全面信息认知系统。

第二，廉洁高效的政府降低了交易成本，为国家竞争力的稳步提升起到了基础性的作用。新加坡前总理李光耀认为："新加坡的生存，全赖政府部长和高级官员的廉洁和效率。"① 为了严惩腐败，新加坡制定了《反贪污法》，该法赋予反贪污调查局以广泛的权力，使后者既可以随时调查任何涉嫌贪污的事件，又可以在没有逮捕证的情况下逮捕涉嫌者；既可以审查涉嫌人的所有账户与银行保险箱，又可以调查他的配偶、子女、信托人与代理人。这个直属于总理领导的部门虽然只有34名工作人员，但却有效地保证了新加坡政府的廉洁。② 总之，新加坡立足本国国情，依靠廉洁高效的政府干预和成功的市场运作，艰苦创业，实现了经

① 张正国："论李光耀治政思想"，《兰州大学学报（社会科学版）》，1996年第3期，第130—134页。

② 刘莹："新加坡国际竞争力研究"，《国际论坛》，2002年第6期，第60—64页。

济腾飞和社会进步，大大提高了国家竞争力。

第三，对教育的高度重视为国家竞争力的提升储备了大量的人力资源。新加坡政府人力政策的主要目标是通过持续的教育、培训和再培训，实现国民终生学习和终生就业，从而使人力资源优势得到最佳发挥。新加坡政府在过去二十年中一直把开发人力资源置于重要地位。比如说，教育支出在国家的预算中从来都居第二位，仅次于国防和内部安全的预算。特别是，高等教育得到迅速发展。如今已有40%的青年人接受高等教育，20%进入职业和技术学院。同时，针对新加坡自身高级人才不足的状况，政府在减少对国外高级人才使用限制的同时，还制订了各种计划来吸引国际高级人才及大量外派技术人员和学生，为提高国家竞争力储备了人力资本。

第四，鼓励自主创新和科技发展，带动产业结构不断升级。20世纪80年代中期，提出优先发展国际通讯、国际金融和国际贸易服务业的新经济战略，促进产业结构升级。此外，为增强国际竞争力，新加坡加快了制造业部门的行业重组，将劳动密集型企业转移到成本较低的亚洲邻国，自己则集中发展高附加值的资本和技术密集型产业。进入知识经济时代之后，新加坡确立起自主开发为主、“科技立国”的发展战略。

第五，积极改善投资环境，制定优惠政策，大力招商引资。一是开了一个招商引资窗口办公。新加坡由经济发展局统管投资，负责拟定投资政策，谈判和审批引进项目，确定对投资申请的待遇，协助投资者解决投资过程中遇到的具体问题，对外国投资从最初的洽谈引进到项目建成一管到底。同时，简化审批程序，缩短审批时间。二是通过设立工业园区，提供“六通一平”的用地和其他配套设施来吸引外资。通过向投资者提供已开发的土地和专门设计的工业厂房，新加坡的裕廊工业区吸引了世界各地200多家企业在区内投资设厂，建立起世界上第三大炼油基地和规模巨大的电子工业生产基地。三是政府大力改善投资软、硬环境，并出台优惠政策以吸引外资。在改善软环境方面，政府注重政策的高透明度，承诺不搞私下交易；政府重信用，合同一旦签订，就信守诺言；员工语言国际化，所有员工均可使用英文工作。同时，在改善硬环境方面，政府在建桥筑路、改善通讯、供电情况等基础设施建设方面做了大量的工作。政府还出台优惠政策支持企业发展。政府对于被认定为技术先进的企业，免征 5—10 年的企业所得税，同时对于企业生产所需的设备和原材料，予以进口免税的优惠。[①] 除此之外，新加坡经济发展局每年都组织十几次有计划的招商活动，对国家重大项目和重点国家或地区的招商都请总理或副总理带队。政府主管部门还建立起众多的海外招商机构。目前，新加坡经济发展局在海外设有 28 个办事处，主要分布在美国、欧洲、日本和中国香港、中国台湾地区，其中在美国有 6 个办事处。[②] 此外，为了提高招商引资成效，减轻外方对投资风险的担心，新加坡经济发展局就把确定为重大高新科技的工业项目，与外国投资者一起出资，共担风险，共负盈亏，但不参与管理，而一旦企业有盈利，经济发展局可退出，以此增加外商对高科技项目的信心。

（三）美国鼓励创新，永葆国家竞争力

美国在国家竞争力的排行榜上一向处于领头羊的位置，这和美国政府鼓励制度创新，提高政府绩效有着密切的关系。

第一，坚持技术创新，提升产业竞争力。美国政府一直着力发展高新技术产业，技术与经济的结合十分紧密，是世界各国在支持产业发展方面学习的典范。美国政府自 1992 年就连续提出“信息高速公路”等一系列高新技术经济导向政策，并加大对此的投资力度。1996 年美国的研究与开发支出总额占美国 GDP 的 2.5%，其中联邦政府拨款占 33.6%。[③] 信息技术革命对美国新经济的作用，一方面体现在信息产业的兴起和迅猛扩张对总体经济的牵引效应。另一方面是信息技术革命对其他产业的渗透、改造和推进效应。自 20 世纪 90 年代以来，美国劳动生产率年均

---

① 郑建军：“世界各国招商引资总述”，《浙江社会科学》，2003 年第 5 期，第 14—15 页。

② 张曦、郭振：“国内外引资经验对哈尔滨的引资启示”，《哈尔滨商业大学学报（社会科学版）》，2004 年第 5 期，第 105—108 页。

③ 胡列曲：“知识经济时代的国家竞争优势：综合优势——以美国新经济为例”，《云南经济管理干部学院学报》，2000 年第 1 期，第 14—16 页。

增长 3%，其增长的 80% 依靠科技进步。[①] 信息技术被证明是美国强化国家竞争优势的关键要素。

第二，坚持人文和机制创新，推动国家的可持续发展。美国拥有世界上最具活力和最为健全的教育和培训体系。美国用于知识的生产及其传播的开支约占其 GDP 的 20%，其中教育占 GDP 的 10%，培训和在职教育开支占 5%。[②]美国通过产学研金创结合的创新之路来发展知识经济，并出现了产业集聚现象，硅谷、波士顿 128 号公路等都是其中的典型代表。这些措施都对美国经济的持续增长和国家竞争力的提高起了巨大的推动作用。此外，美国政府注重建立先进发达的高科技成果转化机制——风险投资。美国的高科技成果之所以能够得以转化，与美国相对成熟的风险资本市场密不可分。虽然在整个资本市场中占比不大，但风险资本所起的作用却不可忽视。风险资本与传统的融资渠道相互补充、协调作用，共同构成推动美国经济前进的车轮。

第三，坚持制度创新，为市场主体提供有利于公平竞争的市场环境。创新和开拓精神是美国精神的重要内容。通过修改《反垄断法》、《通信法》等法律法规，完善人文法律基础设施，运用政策工具创造良好的宏观经济环境（低通胀、低财政赤字、低失业率），美国政府为企业营造了一个有利于公平竞争的市场环境。同时，发达、开放的市场经济带来了国内国外市场的激烈竞争，促使企业加强研究开发和技术创新，以便在市场中获得竞争优势地位，并形成了“在竞争中创新”和“在创新中竞争”的良性互动格局。在这样的氛围下，企业和个人的创新和发明受到社会的尊重，并且可以获得严格的知识产权制度的保护。美国人活跃的创新发明活动是其产权制度、企业制度、法律制度和文化制度等综合作用的产物。这些法律制度、政策环境和观念氛围等都契合了知识经济发展的需要，从而使美国在新经济条件下的国家竞争优势得以产生和维持。

第四，以政府绩效为杠杆，撬动社会发展效率。1997 年，美国公共

①② 宋英华、万军康、张乃平：“美国提升国际竞争力的经验及其对我国的启示”，《武汉理工大学学报（信息与管理工程版）》，2001 年第 4 期，第 12—13 页。

生产力研究中心在其发布的《地方政府绩效评估简要指南》中，提出了实施绩效评估的七大步骤：第一，识别待评估项目。将那些为提供具体的公共服务而进行的日常活动进行分组并划分为不同的项目，而项目的内容与机构的结构以及经营的责任范围直接相关。第二，陈述目的并界定所期望达到的结果。通常是由政府部门或机构提出一项战略计划并清楚地阐明其使命和目标，便于评估者能够确切知道该项目所要达到的目的和业绩。第三，选择衡量的标准或指标。有了标准或指标，才有了评判的准绳，才能得出让人信服的结果。第四，确定业绩和结果（完成目标）的标准。也就是说要明确在什么条件下，公共部门管理者可以确定已经实现项目目标。第五，监督结果。就是要对项目运作进行系统地、周期性地监督以随时采取纠偏措施。第六，业绩报告。就是要定期报告项目运作结果，报告集中于得到什么以及代价如何。第七，使用结果和业绩信息。就是要根据业绩评估信息，重新评价项目的目的和目标并调整重点。①

四、设计管理工具，实现快速提升

政府会计制度是政府生产力付诸实际的重要管理工具。20 世纪 80 年代开始，特别是 90 年代以来，政府会计改革国际化趋势越来越明显。各国普遍关注着政府会计的改革和发展。

1982 年，布朗和麦克威廉斯等认为，为了满足信息使用者的需要和全面系统地反映政府绩效及受托责任，应该建立一套信息报告系统，包括财务、合规、效益与效果方面的信息，即将会计的与非会计的、财务的与非财务的信息加以合并和整合，满足大部分或所有使用者在宏观和微观上对信息的需求。1984 年，斯图尔特指出，会计信息是为了帮助会计主体解脱其受托责任，就政府而言，需要政府会计信息来解脱其公共

① 张燕君："美国公共部门绩效评估的实践及启示"，《行政论坛》，2004 年第 3 期。

受托责任。关于政府承担的公共受托责任，他提出五个层次的内容：第一层次是政策受托责任——选择要实行和要拒绝的政策，即价值取向；第二层次是项目受托责任——确定和达成目标，即成果；第三层次是绩效受托责任——有效运营，即效果和经济性；第四层次是过程受托责任——执行所需行为的适当过程、程序和方法，即计划、分配和管理方面；第五层次是完整性及法律受托责任——按照批准的预算或项目来支出资金，即合规性。

1992 年，詹姆斯·巴顿认为，私人企业以获取利润或收益作为组织目标，而政府和非营利组织的目标不同，应是每年在财务和其他资源允许的范围内提供尽可能多的产品或服务。政府和非营利组织的财务管理，通常关注更多的是财务资源的取得和使用，即关注营运资本的来源和使用、预算情况及现金流量，而不是净利润或每股收益。

1993 年，弗里曼等认为，从会计角度看，政府的财务受托责任是指各项收入来源或债券发行取得的财物资源应按照其运营方面的限制来使用，依从预算、有效运营财务资源和资本资产的保全等方面的责任。基金管理和基金会计的应用主要是由于部分政府资源的运用受到限制，这种限制主要来自资助人或捐赠人的制度、法律、合同协议、立法、议会法案或其他方面。

1996 年，约翰·斯温等认为，政府会计是所有公共管理中最基础的技术，它与法律（提供规则、授权或限制）、政治环境（制约预算程序）和组织安排一起构成公共财政管理的基础。1997 年，格雷厄姆·斯科特，伊恩球和托尼·戴尔认为，要有一致性的框架才能够帮助整个政府会计改革的各个方面，使它们能够相互加强，这些方面是机构改组、执行协议、动机、人力资源管理、行业关系和集体战略的制定、权责发生制、预算和报告。政府与企业特征的不同是政府会计与企业会计之间差别的主要原因。2001 年，DavidLoweth 认为，预算过程是政策制定者与管理者之间建立受托责任的关键，所以预算中计量和反映成本的方法会极大地影响对管理者的激励。

2002年，汤姆·艾伦认为，在政府财务报表中使用权责发生制对于使用者评估政府财务责任来说是必要的，但是收付实现制和修正的收付实现制预算会计和报告仍然能够提供有用的运营信息，因此两种衡量机制都是重要的，并且大多数的政府都将继续基于现金或短期基础来行使其职能。然而，它们所提供的财务报表应该能够反映其财务状况改变和运营的全过程。这样，政府官员、投资者、纳税人就会在获得关于其政府充分信息的基础之上做出明智的决定。2002年，艾利克斯·马西森认为，从表面看，会计及其他预算改革像是技术问题，然而，健全的预算和会计实务对于一国的经济增长有着深远的影响，同时也是良好治理结构的关键要素，如果没有相应的政府会计变革，绩效导向的管理改革就无法取得成功。

第二节　明确公共预算属性　建政府生产力枢机

从国际实践看，政府生产力在国家竞争力提升中起着至关重要的作用，这些作用是通过预算的资源配置功能来实现的。预算方式的改进，往往可以改变一国公共资源的配置效率，从而提升整个国家的竞争力。预算理论和方式的不断变革逐步推动政府生产力的提高，并从整体上提升国家的整体竞争力。

一、认清多重功能，把握枢机属性

美国学者普雷姆詹德（Premchand，A.）认为可以从三个方面考虑预算的目标和它所联系的特征，一个是作为法律义务的工具，一个是作为管理的工具，一个是作为经济政策的手段。① 预算实际是一个政治权力的运行过程，从这种观点出发，人们期望预算能明确的表达支出的目的，并以一种有助于立法机构的方式来提供支出。预算作为说明职责的手段，政府机关有义务对各项资金和使用资金的项目进行恰当的安排；作为管理工具，直接或间接表明了成本、时间和预期成果的性质；作为经济政策的手段，预算已具有更加不同的功能：一是指明了经济的趋势，并表达了有效利用社会资源的意向；二是促进经济的宏观平衡；三是减少不公平的工具。如表 1－1 所示。

表 1－1　　预算的研究方法

预算侧重点	学科	包括的基本领域
职责控制	公共管理（新公共管理）	描述预算管理部门的内在活动；预算周期各个阶段等等
	政治学	立法机关——政府的关系；决定资源配置的政治程序；压力集团；各种矛盾等等
	会计学	效率审计；管理会计；商业会计原理在政府中的应用
效率控制	经济学（公共财政）	配置效率；生产和分配功能
	会计学	成本度量
	公共管理（新公共管理）	管理制度的规范，新的管理方法在政府工作中的运用；集权和分权
	政治学	政府的界限；支出的界限；公共服务供给的私人化
经济控制	经济学（公共财政）	财政政策的研究方法；年度预算的经济结构；税收和支出的归宿；分配关系

资料来源：［美］A. 普雷姆詹德：《预算经济学》，中国财政经济出版社，1989 年版，第 43 页。

预算具有多重面向性（Multi-faced）。所以，对公共预算需要从多个角度、多个方面来全面认识。

第一，公共预算处于整个社会资源配置的中枢地位。政府通过预算

① A. 普雷姆詹德：《预算经济学》，中国财政经济出版社，1989 年版。

确定整个资源在公共部门和私人部门之间分配的比例，即各自的规模，然后确定被分配在公共部门的资源的内部配置，即配置结构。财政的杠杆效应往往可以通过预算项目的设置支配更多的社会资源。例如，通过财政的贴息或财政补贴，或者通过税收政策，预算实际上可以引导更多的社会资源配置。

第二，公共预算是把政治决定“翻译”、“转换”成经济决定的装置。公共预算是各个利益集团和社会阶层利益偏好的显示器。首先，预算是一种公共选择过程。预算由编制、审议通过、执行实施、决算审计、向社会公布等一系列环节组成，并通过这些环节保证财政活动用于满足公共需要。其次，预算编制是公共利益的发现过程。预算在代议机构讨论和批准的过程是公共利益的继续发现和确认。再者，预算实施和完成是公共利益的实现过程。整个过程应该有包括专家、技术官员、政治家以及社会舆论在内的广泛社会群体的参与。社会参与的程度越高，预算就越能反映社会意愿。

第三，公共预算是实施依宪执政的重要工具。纳税人作为具有独立财产权利的经济主体，为政府的运行提供着财政资金供应，其必然要求控制政府的财政活动。通过政治、法律程序等保证政府的财政收支活动符合纳税人的利益，进而保障纳税人的基本权利不会因政府权力扩张而受到侵犯。市场经济体制下的公共预算，本质是法律，其整个活动过程要受到立法及立法机构的严格制约。经过国家立法机关的批准并向社会公布后的预算便生效成为法律，政府必须按照执行法律的标准来贯彻执行预算规定，任何不按照预算执行的财政活动都被认为是不合法的。对于在执行中由于特殊原因而必须修改预算的情况，法律也规定了相应的原则和程序。行政机关对立法部门以及背后其所代表的纳税人群体负有法律责任。一旦政府的预算计划没有得到立法部门的审议通过，不仅该预算无效，提出该预算的政府也将失去执政地位。没有这种法律性的强制性的约束，预算也就难以发挥其应有的效果。

二、突出结果导向，审视政府作用

20世纪七八十年代以来，整个世界进入了一个反思和变革的新时代，第二次世界大战之后持续数十年的经济增长陷入了滞胀，大多数先发市场经济国家的财政在“干预经济”的过程中陷入了巨额赤字的泥潭之中，和20世纪30年代人们对市场的反思一样，人们开始了对“政府”职能的反思。在这个过程中，涌现出了各种理论。

（一）新自由主义经济学与预算理论

20世纪30年代，新自由主义经济学在改良古典自由主义的基础上以凯恩斯主义国家干预论的对立面出现。70年代达到复兴并呈现出新的特征。80年代新自由主义经济学对一些主要先发国家的政策制定产生了重大影响。新自由主义经济主要包括伦敦学派、理性预期学派、现代货币学派、公共选择学派、供给学派、产权经济学派等。其主要观点是：一是推崇市场机制，反对国家干预。二是主张产权私有，宣扬“私有产权神话”的永恒作用，反对公有制。三是主张全球自由化，维护经济自由。四是强调保障的责任由国家向个人转移。[①]

新自由主义经济学为预算理论的发展提供了理念上的基础，这一理念同样是绩效预算的指导思想。强调用“企业家精神”改造政府，把居民看作“顾客”，相应地，公共预算拨款从过去的投入，转为以效果为依据。促使政府机关从满足“顾客”需求考虑问题，树立为公民服务的观念。实行绩效预算后，各机构要获得公共预算就必须拿出业绩来，否则不予拨款。随着绩效预算的实施，官僚主义得到了一定程度的遏制，政府变得务实、有效，可以促进转变行政风气，降低政府行政成本。通过绩效审计和监督，对官员和公务员的评价由过去的法律和行政标准，转向服务质量的业绩标准。

① 程恩富：“新自由主义的起源、发展及其影响”，《求是》，2005年第3期，第38—41页。

（二）公共选择理论与预算理论

公共选择理论认为，人类社会有两个市场组成：一个是经济市场，一个是政治市场。在经济市场活动的主体是消费者（需求者）和厂商（供给者）；在政治市场上活动的主体是选民、利益集团（需求者）和政治家、官员（供给者）。在经济市场上，人们通过货币选票来选择能给其带来最大满足的私人物品；在政治市场上，人们通过民主选票来选择能给其带来最大利益的政治家、政策法案和法律制度。①

公共选择理论是一门介于经济学和政治学之间的交叉学科。公共选择理论中最重要的两个预算理论模型是中位投票人模型和尼斯坎南（Niskanen）的官僚预算最大化模型。在中位投票人模型中，在简单多数的投票规则下，公共产品供给的均衡水平是由中位投票人的偏好选择决定的。因此，预算决策问题在中位投票人模型中被转化为如何使中位投票人的效用最大化的问题。20 世纪 60 年代后期，中位投票人模型就开始在预测公共产品需求、解释公共支出和预算行为等领域中被广泛使用。基于两个假设前提，官僚预算最大化模型探讨了官僚在预算交易中的行为、作用和关系。其假设之一是官僚一直在向争取实现预算最大化的方向努力。尼斯坎南认为，官僚的效用受到两方面因素的影响，一方面是管理和改革官僚机构的容易程度，另一方面是其所获得的薪水、权力、奖金、资助、荣誉等。而后者都是其所获得的预算的一个正向单调函数，即官僚的效用与其所获得的预算多少呈正相关关系。此外，出于生存的考虑，官僚也会不断试图实现预算的最大化。其假设之二是官僚在最大化其预算时大多数情况下是成功的。尼斯坎南认为，官僚和赞助者作为政治市场的主体，他们之间是一种双边垄断的关系。其中，官僚机构以提供公共产品来与赞助者交换预算拨款。然而，双方之间的信息并不对称，在多数条件下，相对的刺激和可得到的信息给予官僚机构绝对的垄断权力。1974 年，米格和柏兰格（Migue & Belanger）对官僚预算最大化

① 方福前：《公共选择理论——政治的经济学》，中国人民大学出版社，2000 年版。

模型做出了修正。他们认为，管理上的自由裁量权才是官僚们最关心的，因此，只有可自由裁量的预算——收入超过最低成本的部分预算——才是官僚们真正追求的。当然，他们也承认，丰裕的总预算资金是可自由裁量的预算的基础。后来尼斯坎南也认同他们的观点，指出官僚的效用是由可自由裁量的预算和产出作为变量的函数。

在以上假设和模型的基础上，公共选择理论分析了政府失灵的主要原因。一是政府机构中缺乏竞争机制而难以权利均衡；二是忽略成本约束，缺乏降低成本的激励机制；三是政府机构自我膨胀，总是试图最大化预算；四是监督体制不健全，监督信息不完备。要改善官僚制的运转效率，消除政府失灵，根本途径在于取消“公共垄断”，在公共部门中恢复竞争，引入市场机制。公共选择理论对预算理论的最大影响就是以理性经济人假设取代了传统理论中的人性假设，导致了政府管理的侧重点由控制转变为激励，而这一转变正是绩效预算得以实施的逻辑前提。

三、完善管理模式，优化资源配置

在预算的多重功能中，预算的资源配置功能处于核心地位，因此，预算方式的变革往往是政府提高绩效这种要求的现实反映，反过来，预算方式的变革也不断促进了政府绩效的提高。从 19 世纪初叶预算诞生之日起到现在，预算管理方式经历了一系列的变革。20 世纪 60 年代中期，美国著名预算学者艾伦·希克（Allen Schick）曾将预算制度的发展阶段划分为三种不同的模式：控制导向模式、管理导向模式和政策导向模式。

（一）控制导向的预算管理模式

这一模式的突出特征是财政权力高度集中，对资源进行配置和对投入进行控制是这一模式关注的两个焦点，因此，确保公共财政资源按照法律法规所规定的用途去使用也就成为预算所追求的中心目标，预算执行过程中的“依从性”（compliance）成为预算的基本理念。和这一模式相对应的预算形式是传统的排列——项目预算（Line-item Budget）。排列——项目预算指的是预算内的各项支出按照支出类型和目标，诸如工资、交通补贴、办公用品等进行分类（line-items），并根据每个项目的支出进行资源配置。排列——项目预算制度最重要的是在预算资源配置过程中为每一支出项目设置上限（ceilings），并确保各政府机构的支出水平不超过为其设置的这种上限。在许多国家，中央预算部门和财政部长在其中扮演着“控制”角色，主要借助设立细致的程序以防止超支问题的出现。另外，它通常与“投入导向”（input-oriented）的预算编制相联系，而且做出详尽的事前控制或者制定严格的拨款规定，比如控制或禁止不同项目之间资金的转移等，从而达到控制行政机构财政资金运用的目的。

排列——项目预算因相对简洁明了、容易进行比较以及易于控制等特征而为立法机关所钟爱，并成为诸多国家长期以来最主要的预算制度。但是，排列——项目预算只注重投入控制和资源的使用过程，而不关心政府的目标、政府的目标与预算之间的联系、政府的产出（公共产品和服务）水平和绩效等问题，[①] 而这些恰恰是公共财政最本质的体现。正如迈克塞尔（Mikesell）所言，排列——项目预算有助于财政控制，但却阻碍了结果导向责任的发展。因为政府所面临的环境与过去相比已经发生了巨大的变化，“但预算制度却依然因循守旧”。[②]

（二）管理导向的预算管理模式

由于控制导向的预算管理模式具有上面所说的缺点，早在 20 世纪初期，一些预算专家就呼吁应当对预算制度加以改进，以使政府计划的管理更为有效。其途径就是将预算关注的焦点由政府机构的“投入”

---

① 萨尔瓦托雷·斯基亚沃·坎波、丹尼尔·托马西：《公共支出管理》，中国财政经济出版社，2001 年版，第 59 页。

② JohnL. Mikesell：FiscalAdministration，NewYork，Wadsworth，1995。

转向它们的“活动/业务”（activities）。[①] 这种以管理为导向的预算管理模式是和公共行政之研究目的相一致的，即“一是研究政府如何适当而成功地运作；二是政府如何能在花费更少的金钱与资源的条件下，以最有效率的方式来从事各种活动。”[②] 在这种思想的引导下，预算制度的焦点在于寻找提供公共服务最有效或者成本/效益最高的方法、途径。

（三）政策导向的预算管理模式

公共预算除了以上控制导向与管理导向的两种表现外，还存在一种以“规划”（planning）为中心的政策导向的预算形式。与以上两种预算模式相比，政策导向的预算制度强调预算决策过程中的理性选择因素，重视对各种替代选择的分析与评估。政策导向预算模式的发展受到如下三个方面因素的推动：一是财政与预算政策形成过程中经济分析（宏观及微观）的作用日益突出；二是新型信息及决策技术的发展增强了对政策制定过程进行客观分析的实用性；三是规划与预算过程之间逐渐呈现出相互交汇的趋势。

四、创新管理机制，激发社会潜能

政府在一国国家竞争力的提升过程中起着至关重要的作用。政府通过提高其自身的运行效率，充分发挥公共支出的倍增效应，优化配置公共资金，激活整合社会资源，保障政府和市场的双高效运行，共同推动社会发展，形成了独特的“政府生产力”。

根据马克思《资本论》的定义，人类改造自然的能力叫做生产力。政府的基本职能就是生产和提供公共物品，其目的在于推进社会生产力的解放与发展。学者直接将生产力的概念应用于行政机关，提出了政府生产力的概念，其意义正如哈利 · P. Hatry 于 1978 年指出：“仍强调的是

① JohnL. Mikesell：FiscalAdministration，NewYork，Wadsworth，1995.

② 马国泉：《公共行政学经典文选》，复旦大学出版社 2000 年版。

效率与效果——效率指以最小可能的资源达成既定的产出，效果是指为民服务的最终产出，内含品质的概念。”① 也就是1公共管理效率与效果的辩证的统一。

美国学者尼古拉斯·亨利在《公共行政与公共事务》一书中提出这一概念所谓政府生产力，是指政府改善其服务提供的效率与有效性之和。② 它具有四层基本涵义：一是政府投入与政府产出之间的比率；二是投入少量的资源而获得或维持现有的产出和服务；三是通过有效率的行动，达成政府目标，提供数量多质量好的服务；四是提供有价值的服务和产品。③ 也有学者将政府生产力的基本内涵概括为三层：一是政府投入与政策管理产出之比，体现政府的效率；二是政府的管理和服务比较充分体现出低成本原则，即政府是廉价的政府；三是政府行为成为实现政府目标的直接过程，充分体现民众需求和为人民服务的宗旨。④

政府生产力，不管如何界定，其基本的涵义是用最少的资源（投入）生产出尽可能多的公共产品或公共服务。显然，政府生产力反映的是政府运行的效率、效果与质量问题。政府生产力高，意味着政府运行的效率高、效果好、质量优，投入少，产出多；花钱少、服务多且优。不少国家都把优化政府质量、提高政府生产力作为加快本国发展的重要举措。例如，1993年2月，韩国新政府发起的反腐败运动的重要目的，就是力图优化政府质量、提高政府生产力，以期在1998年跨入先发国家行列。

政府生产力日益成为发挥社会潜能和提升一国竞争力的重要手段。政府生产力日益成为决定一国或地区竞争力的最为重要的因素。生产要素的全球性流动把世界各国连接成为一体。全球经济一体化本质上要求

---

① Harry P. Hatry：The Statusof Productivity Measurement in the Public Sector，Public Administration Review，38（1），pp28。

② 尼古拉斯·亨利：《公共行政与公共事务（第八版）》，中国人民大学出版社，2002年版。

③ 张成福：《大变革——中国行政改革的目标与行为选择》，改革出版社，1993年版。

④ 夏珺、孟丽、邓丹萍：“关于加强政府财政支出管理以提升政府生产力的探讨”，《行政与法》，2006年第4期，第65—67页。

政府与市场都高效运行才能保持国家的竞争力。而政府行政效率是保障政府与市场双高效运行的枢纽，政府生产力意在依托高效的政府组织优化配置社会资源，充分发挥公共支出的乘数效应。因此，重视政府成本的研究，加强政府成本控制，不仅可进一步促使政府的高效行政，更能促进一国政府生产力的提升。在公共资源日益稀缺的现代社会中，人们越来越关注政府生产力问题。

提高“政府生产力”就在于政府占有的资源，包括权力、人力、财力、物力等等是有限的，必须要以较少的投入来获得较大的产出。各国公民都要求降低自己的纳税水平，但却不会降低他们对于政府服务的要求，这势必要求提高政府生产力，努力提高政府生产力以有效促进社会发展，是当今世界各国政府不断追求的目标。追求这个目标对于许多实现政府主导型的后发型现代化发展国家来讲尤为重要。因为这些国家的现代化普遍是政府推动型的现代化。政府在推动整个社会的现代化进程中起着十分重要的作用，因此，提高政府生产力便成为这些国家加快自身现代化的重要手段。

中国作为后发国家，同样需要不断优化政府服务质量、提高政府生产力。特别是，在社会多元复合转型期，中国政府正扮演着规划制度设计者、资源调动者、变革推动者、利益协调者等诸多角色，并且还面临着在未来的发展中提高经济效率、促进经济增长、确保经济稳定、实现充分就业等诸多挑战。中国长期以来实行计划经济，政府在经济发展中扮演着总调度总控制的重要角色，虽然历经面向市场经济的三十多年改革开放，政府对社会政治、经济、文化等的影响并没减少，尤其一些地方政府更是如此。所有这些，都要求我们必须有一个高质量政府，必须有一个高水平的政府生产力。从中国政府的实际看，自改革开放以来，中国在提高政府生产力方面做了许多工作，如积极发展民主政治、深化政府体制改革、推行公务员制度、强化政府廉政建设等，所有这些都对中国政府生产力起到了积极推动作用。但客观地讲，中国政府生产力还有待进一步提高。

第三节 强化绩效预算功能 铸政府生产力内核

绩效预算管理要求的是以绩效为核心，以结果为导向进行预算资金的分配和管理，以加强和提高财政资金使用效益。作为一种管理工具，一个全面、科学、有效的绩效评估系统是绩效预算管理中非常重要的内容，在实践中被看作是绩效预算管理过程中内在的、不可缺少的重要组成部分。由于其地位的重要性，绩效评估是政府生产力的内核。

一、借鉴国际经验，消化吸收再创新

学术界研究政府绩效评估始于第二次世界大战期间，其标志是克莱伦斯·雷德和赫伯特·西蒙的《市政工作衡量行政管理评估标准的调查》一书。大规模的公共部门绩效评估始于20世纪70年代初期①，1973年尼克松政府颁布了“联邦政府生产率测定方案”，力图使公共部门绩效评估系统化、规范化、经常化。1976年，美国科罗拉多州通过了第一个“日落法”。该种法律对一项计划或一个规章规定一个日期，到了这个日期，该计划或规章除非再次得到批准有效，否则就从此失效，从而迫使政府部门定期对它们的活动和规章的结果进行评估。70年代后，政府改革中出现了用企业家精神重塑政府的潮流，强调政府行政的效率和效果，绩效评估活动蓬勃开展起来。先发国家纷纷进行了体现“结果为本”、绩效取向的市场化改革，即政府围绕其使命进行绩效管理，采用目标管理、全面质量管理等手段，强化政府对议会

① 夏珺、孟丽、邓丹萍：“关于加强政府财政支出管理以提升政府生产力的探讨”，《行政与法》，2006年第4期，第65—67页。

和顾客的双重责任；实行成本核算；加强财务控制，完善信息反馈，实行绩效预算。

绩效评估应用最持久、最广泛且技术上比较成熟的当属英国。1979年，撒切尔任命雷纳勋爵开展了著名的“雷纳评审”。雷纳评审是“以解决问题为导向”的“经验式调查”，调查的起点是“人们已经了解的东西而非不了解的东西”。正是针对相当熟悉并似乎司空见惯的东西，评审者提出问题和质疑，以便发现存在的问题，从而拟订提高效率的具体方法和措施，并征求建议，在有关方面人员对必要采取的改革措施达成共识的基础上由被评审单位的负责人实施改革的具体措施。1980年，英国环境大臣赫尔在环境事务部率先建立了“部长管理信息系统”。它集目标管理、绩效评估为一体，旨在向部长提供全面的，规范化的信息。1982年，撒切尔政府公布了著名的“财务管理新方案”，要求政府的各个部门树立浓厚的“绩效意识”。1983年英国卫生与社会保障部第一次提出了较为系统的绩效评估方案。这一方案包括140个绩效指标，应用于卫生管理部门和卫生服务系统的绩效评估。这一时期，政府绩效评估侧重点是经济和效率，追求投入产出比的最大化。进入90年代，关注的焦点逐渐转向了效益和“顾客满意”，质量被提到了重要地位，在先发国家行政管理实践中，“效率优位”被“质量优位”所取代，所以这一时期的评估侧重点是公共服务的质量和效益。这时绩效评估在先发国家被普遍接受，其过程也更加规范化、系统化，指标的确立和分析方法的选择上，逐步呈现由定性转向定性与定量相结合、采取科学的数学分析方法等趋势。

美国在绩效预算改革中动作力度最大，他们为此创建了一系列法律、规章制度、实施机构以及具体方法。1992年克林顿总统上台伊始就大张旗鼓地提出，要“再造政府”，其中“绩效预算”被提到了首要位置。1993年1月国会通过了《政府绩效与成果法案》。规定联邦政府各机构对工作计划的实现负责，通过公开对工作计划与绩效目标执行情况的绩效评估报告提高政府的服务质量和理性程度，从而提高政府内部管理效率。各政府机构在编制预算，提出支出安排的同时[illegible]综合反映部门业绩，便于考评的绩效指标。同年 3 月[illegible]尔为首的国家绩效评估委员会，专门负责《政府绩效与[illegible]法[illegible]督和实施，由此推动了美国政府绩效评估和预算制度的重[illegible]革。在实行政府绩效评估 5 年后，1998 年、1999 年美国连续实现了财政盈余，1999 年财政年度的财政盈余还高达 1230 亿美元，结束了长达近 40 年的年度预算赤字历史。绩效预算与传统预算方法的不同之处在于，它把市场经济的一些基本理念融入公共管理之中，从而有效地降低了政府提供公共产品的成本，提高了财政投资的效率。

绩效预算不仅是一种预算方法的改变，而且是整个政府管理理念的一次革命。目前，世界近 50 个国家采用了绩效预算。其中，属于发达国家的有英国、瑞典、日本、加拿大、法国、澳大利亚等，属于发展中国家的有巴西、菲律宾、印度和马来西亚等。

二、增强执政能力，提高政府治理能力

提高政府生产力，改进政府为社会所提供的公共产品或公共服务的效率与质量，其实质就是增强政府执政能力与强化政府社会治理能力。

首先，要推进行政体制改革，完善制度环境。界定政府的职责界限，明确政府职能，更加坚定市场在经济中的主体地位，进一步转变政府职能，加快转变政府管理方式。变自由行政为依法行政，变微观管理为宏观管理，变直接管理为间接管理，变过程管理为目标管理，变单一管理为多元管理。转变政府职能，合理界定市场经济条件下政府的作用，是提高政府生产力的重要举措。

其次，提高履行行政责任与提供公共服务的能力。行政体制改革与制度环境建设是提高政府生产力的基础。但政府生产力的真正实现，需要在实现政府职责的过程中，结合社会和经济的发展需要，结合具体的行政环境，广泛吸收科学的管理方法与工具，来提高履行行政责任与提

供公共服务的能力，提高对公众要求的响应能力，最有效的利用行政资源，提高公共服务的能力。

再次，建立对政府生产力的绩效考核机制、监督机制与反馈机制。绩效考核是科学评估政府工作实绩，调动政府部门工作人员积极性和创造性，提高政府生产力的关键措施。加强对政府所提供公共产品与服务（决定、命令、政策、行政执法等）情况的监督，[①] 并将考核情况反馈到来年的工作计划与预算中，将考核与激励相结合，并将这种考核机制、监督机制与反馈机制经常化、制度化。

三、促进管理体制改革，深化民主制度

随着经济、社会和文化发展的突飞猛进，政府现有的管理理念、管理原则、管理职能与现代社会发展间的矛盾日益突出。管理体制的不健全，管理方式、管理手段简单而缺乏连续性，使得一方面政府职能无限膨胀，过多地依靠行政手段管理经济与社会事务，阻碍了社会生产力与创新能力的持续释放；另一方面由于承担了过多的“不应该承担的责任与事务”，造成了权力的集中，而缺乏监督与约束，不仅政府机构庞大、人浮于事，大大加重了政府财政负担，而且行政能力低下，甚至大大助长了浪费与腐败等不良现象。

随着民主政治的推进，公众日益关注政府运行情况，了解预算绩效和政府绩效评估的能动性日益强烈。中国作为一个正处于多元复合转型期的国家，面对改革的日益深入和国内外形势的变化，公众对政府行为“可控性”、“透明性”和“服务性”的要求越来越高，政府需要进一步提高决策、管理与服务水平，积极推动政府效能建设，加快形成行为规范、运转协调、公正透明、廉洁高效的行政管理体制。

---

① 汪永成：“持续提升政府生产力的积极探索——香港特区‘政府资源增值计划’述论”，《广东行政学院学报》，2001年第5期，第83—88页。

四、满足社会发展需要，推动可持续发展

中国改革开放30多年来，经济社会得到了长足的发展和释放，相比之下，政府生产力的发展要远远滞后于社会发展的需要。政府为社会所提供的公共产品和服务也已经不能完全满足社会发展的需求。政府的生产力体现在为社会的健康、稳定发展提供必要的保障与促进作用，具有高生产力的政府是人类的福祉，也是人类社会孜孜以求的共同愿望。然而，由于政府部门有着自身的利益诉求，再加上制度设计的缺陷，以及缺乏有效的激励与竞争机制，造成了政府各级部门不断的自我扩张，机构庞大、重叠，人浮于事，公共职能互相交叉，部门之间相互推诿扯皮，办事拖沓，行政效率和效能低下。这些都成为了政府饱受诟病，却难以毕其功于一役而克服的顽疾。[①]

在政府进行公共决策，尤其是在重大项目决策时缺乏深入细致的调研与科学论证，主观意志、长官意志较为浓厚。项目的决策机制僵化，要么就是决策环节冗长、要么就是决策的随意性大。对于项目决策没有明确权力与责任，未能树立起“谁决策谁负责”的责任意识，或者通过“大锅饭”和“集体负责制”的形式来规避决策风险、回避责任。在项目决策之后缺乏对于决策质量的评估与反馈，缺乏对于决策的数据与经验积累，[②] 无法为新一轮的决策提供依据和信息支持。决策质量无法得到保证，决策水平无法提高。

政府生产力一直受制于“短期利益与长期发展利益、局部利益与整体利益”的矛盾，公共管理者在矛盾的权衡与取舍中，往往牺牲了政府整体的行政效率。正如著名经济学家萨缪尔森所认为的，政府领导的任期所形成的选举压力使他们普遍成为“目光短浅”的政治家，他们出于自身利益的考虑，往往只关心任期内的事，而不顾发展问题，导致发展

---

① 赵志亮：“中国教育生产力和科技生产力发展关系的实证研究——基于误差修正模型”，《兵团党校学报》，2011年第1期，第57—60页。

② Anon: Performance Budgeting System for Highway Maintenance Management, 1972 (131).

效率低下。政府管理尤其是地方政府管理同样存在着类似市场经济中的“外部性”问题，地方保护主义对国家整体效率的损害的“外部不经济”，导致了公共管理的整体效率低下。[①]

专栏 1-1

绩效预算与传统预算的不同之处[②]

绩效预算与传统预算方法的不同之处在于，它把市场经济的一些基本理念融入公共管理之中，从而有效地降低了政府提供公共品的成本，提高了财政支出的效率。可以说绩效预算不仅是一种预算方法的改变，而且是整个政府管理理念的一次革命。

一、从管人转向管事，更贴近市场经济要求

传统的预算管理方式，是按照“人员—职能—经费”这一模式进行制度安排的。先考虑人员等政府履行职能的资源量，再根据资源情况确定政府履行职能的程度，再根据职能需要确定相应的预算。这一模式，计划经济痕迹很浓，所谓“因人设事”，就是这种制度安排的产物。绩效预算，则以一种全新的角度，按照企业化经营模式，把政府作为一个提供公共品的经济部门，建立起“公共品—公共品成本—预算”的模式，通过对公共品的核算，进行预算编制。这就彻底改变了原来只考虑政府公共资源存量的做法，从而使预算紧紧围绕公共品的成本，体现了预算的约束机制。

二、从收支核算到成本核算，更符合价值规律的要求

在市场经济条件下，公共品也是商品，它也必须遵循价值规律。

---

① 罗桂全：“试述科技是‘生产力’到‘第一生产力’的发展轨迹——马克思主义者对‘科技是生产力’思想的丰富和发展”，《成功（教育）》，2011 年第 7 期，第 250—251 页。

② 黄明锦：“中国财政绩效预算管理中存在的问题与对策”，《桂海论丛》，2005 年第 6 期。

在传统预算理念下，预算收支仅仅体现了政府意图。从制度经济学的角度讲，政府自己按自身的意图编制、执行预算，本身就缺乏内在约束机制。尽管有人大（国会）的国家监督、审计部门的政府监督以及财政内部的监督体系，但总的来看，这些外部监督都难以摆脱政府自身需求膨胀的趋势，以致于政府支出扩张成为一个财政学的定律。绩效预算，则从强调公共品核算的角度，在预算中融入了成本核算的理念，从而从制度上强化了政府内控机制，使公共产品和服务能严格按价值规律的要求进行核算。

三、绩效预算更好地调动了各部门的积极性

在传统预算管理体制下，要么，先由财政代部门编制预算，要么，由部门编制预算、财政审批，财政与各部门实际上站在对立的角度，在预算经费指标上进行博弈。绩效预算实际上把预算的执行权还给了部门，在确定了部门的业绩指标和预算指标后，部门可以在这些指标的前提下，自行调整实现业绩指标的技术路线，从而一方面使政府能较好地控制预算规模，另一方面，可以极大地调动预算单位的积极性，使它们能更好地进行资源配置。

四、以客观公正的绩效评估体系代替传统的业绩考核，体现的民主化理念更为完整

绩效预算的核心，就是建立起一套能够反映政府公共活动绩效的评估体系。在绩效预算制度下，一个单位的预算是根据它所要完成的职能，需要通过一系列取样于社会的客观指标来计算的。对各部门绩效的评估既不是本部门自己说了算，也不是由财政部门说了算，而是由纳税人的代表对政府的公共服务进行评价。这就赋予了绩效预算民主化的功能，无论是财政部门，还是用款单位，必须在公众的监督下，通过实现有效的公共服务，才能取得政府预算的支持。可以有效

地改变各级官员盲目追求“业绩”和“形象”的形式主义作法。

因此，绩效预算也是一种公民（纳税人）监督下的预算方式。它对于强化财政监督，提高政府的管理水平，有着十分积极的意义。

第四节 以绩效预算为抓手 低成本高收益运行

绩效预算不仅是对财政支出情况进行评估和监督，其根本意义是要以财政支出效果为最终目标，考核政府的职能实现程度，也就是考核政府提供的公共产品或公共服务的数量、质量及成本。掌握着财政资源支配权的政府各部门，在绩效评估所提供的技术支持下，能够真正将管理的着眼点由财政投入转移到财政投入后的产出。以绩效预算为抓手提升政府生产力，是政府改革的大势所趋，更是真正转换政府职能的有力推手。

一、降低运行成本，提高支出效益

通过绩效评估，可以使财政资金分配、资金使用等方面业绩和存在的问题得到真实反映，通过比较分析预算支出绩效优劣产生的原因和影响因素，找出提升预算资金绩效的空间，为提高预算资金使用绩效创造条件。如通过绩效评估，对比部门或单位实际预算执行效果和年初目标，分析差距产生的原因，影响绩效的因素有哪些，可以采取什么途径提高预算支出绩效。资金分配后进行追踪问效，并提出相应的整改措施，对项目的预算资金管理都将产生很好的促进作用。

预算单位支出过程，就是政府利用公共权力将社会经济资源集中到手中，并根据政府职能需要，进行支配与使用。由于资源的稀缺性，政府在集中了相应的资源后，就面对这样的问题：对集中的有限资源由谁支配，如何支配才能产生最大的效益。从绩效角度说，只有当这些资源集中在政府手中，并通过政府支配能够发挥出比由微观经济主体取得更大的成效时，政府占有并支配资源对社会才算是有益的。因此，政府必须注重所集中资源的使用效益。[①]

绩效预算能够有效化解财政资源需求无限性与供给有限性的矛盾：一方面，推行绩效预算能够在政府内部形成强烈的绩效意识，将提高绩效的努力贯穿于政府管理活动的各个环节，降低政府成本；另一方面，通过预算单位绩效评估，要求预算拨款与预算单位业绩相匹配，根据预算单位支出评价结果考核其主要政绩水平。建立起一套科学、合理并行之有效的评估方法、评价指标和评价标准，通过评估，可以清楚地对预算单位支出的结果进行分析评价，判定各项支出是否实现了预期目标。而且，推行绩效预算，财政部门按照各项事业发展计划的轻重缓急和各预算单位支出执行效果来安排部门预算，在资金紧张的情况下，财政可以将有限的资源安排到社会最需要、资金使用效率最高的领域，有利于提高财政支出效益。

二、接受公众监督，提升政府公信力

政府公信力是政府依赖于社会成员对政府及其公职人员的行为规范和网络的认可而赋予的信任，并由此形成的社会秩序。政府作为一个为社会成员提供普遍服务的组织，其公信力程度通过政府履行其职责的一切行为反映出来，因此，政府公信力程度实际上是公众对政府履行其职

① 陈工：“英、美、澳、新等国家实施绩效预算的改革及其对我国的启示”，《财政研究》，2006 年第 1 期，第 74—76 页。

责情况的评价。政府公信力的强弱，取决于政府所拥有的信用资源的丰富程度。这种信用资源既包括意识形态上的（如公民对政府的政治合法性的信仰，公民对政府制度及公共选择过程的公正性、合理性的认可程度等等）、物质上的（如政府的财力），也包括政府及其工作人员在公民心目中的具体形象等等。

政府公信力涉及两个主体：信用方（即政府）和信任方（即社会公众）。它包含公众对政府的信任和政府对公众的信用，其中政府信用是政府公信力的核心内容。政府信用是社会组织和民众对政府信誉的一种主观评价或价值判断，是政府行政行为所产生的信誉和形象在社会组织和民众中所形成的一种心理反映，它包括民众对政府整体形象的认识、情感、态度、情绪、兴趣、期望和信念等，也体现出民众自愿地配合政府行政，减少政府的公共管理成本，以提高公共行政效率，是现代民主和法治条件下的责任政府的重要标识。政府公信力体现政府的信用能力，它反映了公民在何种程度上对政府行为持信任态度。

政府信用贯穿于政府与公众的整个互动关系之中，是政府履行职能、从事行政管理、提供公共服务的综合反映。其基本内涵包括三个方面：一是决策信用，即政府决策的科学性和连续性，政府的决策是否符合客观实际，尊重客观规律，决策过程是否科学、公开和民主，出台的政策能否体现出连续性。二是行为信用，也即政府行政过程中严格依法律规定行使其管理职权，不越位、不出位，不乱行使职权；三是程序信用，即政府行政过程的透明、公开，严格按法定程序实施，便于公民的参与和监督。由此政府信用的衡量也包括三个标准：一是名实一致，即政府职能、权力、责任一致，这是体现政府信用的重要基础；二是言行一致，即理论与实践一致，政令与行动一致，不弄虚作假，不言而无信，不禁而不止；三是前后一致，即不渝初衷，信守诺言，而不是无端变换，朝令夕改。政府信用的具体表现形式复杂多样，如民众信赖政府和政府的行政决策、行政计划、行政执行能获得民众的理解、支持与配合；民众支持、拥护政府的公共管理行为；政府与社会组织及民众之间形成融洽、和谐的关系等。

三、加强绩效评估，形成问责机制

绩效评估的指标体系以及指标权重的设置，都体现着政策的导向和关注点。通过科学的绩效评价，可以发挥考评的指挥棒作用和政策导向作用，督促预算资金的使用者将预算资金的分配逐渐转变到以结果为导向的绩效预算上来。促使预算资金的分配者和使用者更着眼于预算资金的绩效目标的设定和资源的有效使用，提高预算资金的管理绩效。如项目支出的绩效评估将促使项目主管部门和项目实施单位在进行项目规划时更加注重项目规划的战略性、全局性，提高了项目规划设计的科学性，以提高资源配置的效率。

长期以来，由于缺乏绩效评估的管理手段，预算资金使用单位将大量时间和精力用在跑项目，争资金上，而预算资金拿到手后的使用却非常随意，资金的使用效果无人问津。绩效评估通过一系列科学、合理的指标和标准，从不同侧面对财政支出开展评价，发挥其监督考核作用。加强绩效评估工作，有利于建立明确的责任机制和有效的监督手段，明确预算单位预算资金管理各环节的责任。促使预算资金主管部门和项目实施单位转变管理理念，建立预算资金的成本绩效意识，促进财政资金使用效益的提高。

四、完善公共物品，实现社会普遍服务

预算作为财政中心业务，直接决定着政府作用的发挥和财政职能的体现，绩效预算改革成功与否对于公共财政改革与发展至关重要，特别是对于推动部门预算改革、国库集中收付改革以及会计制度改革，起着决定性作用。

国内外理论研究和实践经验表明，公共财政是迄今为止唯一成功实

现与市场经济兼容、能够相互促进的财政模式。市场在资源配置中发挥决定性作用；公共财政是政府履行资源配置、收入分配、宏观调控职能的主要手段，以弥补市场失灵为范围，提供公共品，满足社会共同需要。

中国为适应市场经济发展和公共财政管理的需要，相继进行了部门预算、政府采购、国库集中支付等多项改革，取得了明显的成效，但是在预算管理过程中仍然存在目标不明、责任不清、透明度低、流程不畅、效率低下、铺张浪费等问题，目前的预算制度缺乏对支出机构的需求施加必要的控制以及对支出结果进行考核。当前，以预算管理模式为研究对象，从转变政府职能入手创新预算管理理念、转变预算管理模式、改革预算管理制度、重构预算管理流程，对中国绩效预算管理相关问题进行深入研究很有必要。绩效预算是对公共部门扩大预算充当的约束机制，主要强调预算的绩效性原则，是约束公共部门扩大预算规模内在冲动的一种工具，是对财政支出的约束机制。绩效预算通过对公共部门提供公共品的成本、效果进行评价，为财政配置资源提供参考，以降低财政成本、提高支出绩效、缓解公共财政压力。

专栏1－2

澳大利亚公共服务绩效评估体系①

澳大利亚的公共服务绩效评估体系是依据以下文件构建起来的。这些文件包括：

第一，联邦政府服务宪章。1997年3月，霍华德政府首次发布服务宪章，宪章指出了政府服务所应依照的为公众所接受的系列标准；它是一种关注公共部门为公众服务结果的服务指标文件，是进行绩效测量和责任管理的有力工具。联邦政府的部及附属机构也被要求提交部门服务宪章。宪章的贯彻情况由附属于公共服务委员会的澳大

① 财政部预算司：《预算管理国际经验透视》，中国财政经济出版社，2004年版。

利亚标准有限公司负责评估；对于通过模范贯彻执行服务宪章、明显改善服务质量和效率的部、其他机构或公务员，联邦政府将给予一定奖励。

第二，行为手册（Code of Conduct），由公共服务委员会制定，并由国家服务专员和绩效申诉专员共同签署后发布。它是对联邦公务员进行工作绩效评估的基本依据。

第三，绩效合同。1987 年的改革将许多部合并，产生了一些超级大部，将一些原来的部级机构改制成为专门的以绩效为基础的执行机构，由部和它们签订绩效合同。机构首脑拥有人事和财务管理的较大权限，但必须达到合同规定的产出和后果。

第四，基准测试。由产业委员会（Industrial Committee）推动。它是指管理者在有关机构中寻找一个业绩最佳的组织，研究该组织的成功经验（作为基准），并据此调整自己的管理方式以获取同等或更高的业绩。① 再依据有关标准确定业绩指标，并寻求最佳的实施办法。作为不断改进和创新的一部分，联邦政府在 1993—1994 财年的预算中宣布，在劳工部、教育培训部、社会保障部、退伍军人事务部和海关等部门必须进行基准复核；在决算评估中，国会依据市场测试、外部采购（Outsourcing）、买卖方调查等方式进行基准评估。

第五，程序管理和预算方案。它是《财政管理改革法案》的主要特征，注重政府活动的目的和效果与效率的评估，强调资金价值。目前已经有较完善的项目预算程序，绩效预算方法已经贯彻到所有预算内机构。

第六，部长预算措施报告（Portfolio Budget Measures Statements, PBMS）。在新财年开始前各部均需向国会提交该报告。报告必须说明新预算执行的具体措施，包括预计将达到的社会效果；报告要区别已

① David Corbett: Australian Public Sector Management (2nd Edition), Allen & Unwin PtyLtd, Nsw, Australia, 1996。

完成的结果信息和将会产生的绩效信息，还要解释正常支出项目年度之间的变化，以供国会进行评估及审核预算。

第七，部长评估计划（Portfolio Evaluation Plans，PEPS）。1987年，因应执行“计划管理和预算（PMB）”，各部首次被要求提交此计划。该计划要求对三至五年内的所有项目进行评估，评估结果向财政部报告。

第八，部门年度报告。报告对过去年度预算绩效（将PBMS和PEPSS与实际执行情况对比）进行评估，并据此提出新政策动议，供内阁参考。评估结果通常都要求公开发布。

第九，滚动预算。目前实行4年期滚动预算。通过每年滚动编制，这种预算预测逐渐成为部长和各部门预测的基础，同时也成为衡量财政部工作绩效的标准：一般要求预算预测同实际结果相差不应超过0.5%。

第十，审计长报告（Audit Report）。每年6月30日财政年度结束时，财政部协助审计署进行各机构的预算绩效审计，并向国会提交审计长报告。可以选择单个机构或项目或者是交叉部门的类似功能进行交叉审计，但不能审计所有的绩效指标和信息。虽然不能审计所有的绩效指标和信息，但可选择单个机构或项目或者是交叉部门的类似功能进行审计。

第五节 扣政府生产力内核 顶层设计跨越发展

政府在国家竞争力的提升过程中扮演着至关重要的作用。通过提高其自身的运行效率，充分发挥公共支出的倍增效应，优化配置公共资金，激活整合社会资源，保障政府和市场的双高效运行，共同推动社会发展。预算管理是现代政府管理的核心和政府运行的枢纽，而绩效预算是枢纽之中的内核。应该以此为抓手，尽快进行战略路径选择，实现产业蛙跳，破解习得性无助，激活各种生产要素，挖掘社会潜能。

一、跟随云物大智旋律，开展战略布局

云物大智不仅是一个单纯的技术概念，而是一个涉及多方面的极复杂的社会范畴。在未来的几年，云物大智将会陆续引爆一系列重大变革，从产业领域延伸至思维革新和社会变革。在这一轮变革中，中国应该抓住这一难得的机遇，迅速实现由追随到引领的华丽蜕变。

（一）云物大智内涵

云物大智是云计算、物联网、大数据、智慧工程的简称，这四项都是新一代信息技术，被称为继计算机、互联网之后世界信息技术革命的第三次浪潮。

云计算（cloud computing），根据美国国家标准与技术研究院的定义，是指一种按使用量付费的模式，这种模式提供可用的、便捷的、按需的网络访问，进入可配置的计算资源共享池（资源包括网络、服务器、存储、应用软件和服务），这些资源能够被快速提供，只需投入很少的管理工作，或与服务供应商进行很少的交互。

物联网（The Internet of things），实质就是物物相连、人机相连、人物互连的互联网，具体有两层意思：一是物联网的核心和基础仍然是互联网，是在互联网基础上延伸和扩展的网络；二是其用户端延伸和扩展到了任何物品与物品之间，进行信息交换和通信。

大数据（big data），或称巨量资料，或称海星信息指的是所涉及的资料量规模巨大到无法通过创新软件工具在合理时间内达到撷取、管理、处理并整理成为帮助企业经营决策的、更积极目的的资讯。

智慧工程（Wisdom Engineering），就是把感应器嵌入和装备到电网、铁路、桥梁、隧道、公路、建筑、供水系统、大坝、油气管道等各种物体中，并且进行普遍连接，与现有的互联网整合起来，实现人与物、物与物、人与人的系统无缝隙的整合。

云物大智四者之间有着紧密的联系。云计算是互联网的广泛普及和深度应用，实现了从芯片感知操作系统、应用软件到服务产业链的垂直整合。物联网突破了机器到机器的连接，是感知、传输、处理等技术高速发展的产物。大数据是大量数据的处理技术，实现了从数据到知识的飞跃。智慧工程基于云计算、物联网和大数据技术，并将其完美结合，将数据、知识、设备、网络转换成为智慧。

过去几个世纪，世界上发生了两次科学革命和三次技术革命，不断推动文明的升级和世界的现代化进程。随着以纳米技术、信息技术和生物技术交互作用的第四次技术革命和认知科学为主的科学，不断耦合，云物大智将成为中流砥柱，开启一个新的时代。

（二）云物大智的时代特征

云物大智时代将带来全新的资源配置模式和国际竞争格局，中国要实现战略突围，首先需要明确云物大智的时代特征。

一是数据成为关键生产要素。随着云物大智技术的不断发展，数据将像能源、材料一样，成为战略性资源。2012 年 3 月，奥巴马政府在白宫网站发布了《大数据研究和发展倡议》，将其视为“未来的新石油”，提出通过大数据加速在科学、工程领域的创新步伐，强化美国国土安全，转变教育和学习模式。2013 年 5 月，英国政府宣布建立了世界首个开放数据研究所，旨在从开放数据中寻求产品创新、创业机遇和经济增长点。如何利用数据资源发掘知识、提升效益、促进创新，使其为国家治理、企业决策乃至个人生活服务，是云物大智时代的重要战略课题。在数据领域的落后，意味着国家安全将在数字空间出现漏洞，国家创新能力将在未来国际竞争中落后于人。因此，中国应加快推进大数据技术研发与应用。

二是资源配置超越地理限制。物联网通过智能感知、识别技术与普适计算、泛在网络尤其是下一代卫星互联网的融合应用，能实现全球资源的无法物理隔离的无缝隙网联。在此基础上，云计算使全球资源的从“端”到“云”的重新分布，结合大数据和智慧工程，将给全球资源配置方式带来全局性的颠覆、整合和创新。随着全球网联水平的不断提高，由于云物大智在社会生活和经济各行业中起到的基础性和工具性地位，将带来全球经济乃至社会的变革，改变人们生活工作甚至是思考的方式。

三是国际竞争延伸至赛博空间（Cyberspace）。领土、领海、领空这三大领域是传统国际竞争的焦点。随着进入云物大智时代，更重要的竞争领域开始凸显——赛博空间，其是哲学和计算机领域中的一个抽象概念，指在计算机以及计算机网络里的虚拟现实，有的文献译作网络电磁空间，有的误译为网络空间。美国2014财年预算提出增加赛博安全防御经费，奥巴马政府希望，通过给予研究人员更多资金和资源，美国将能够在当前的全球赛博军备竞赛中开展竞争。美国国防部计划扩大赛博司令部规模，该司令部由军事黑客和文职人员构成，负责进行网络监控、开发新的赛博工具、保障防御和数字侦察任务。此外，俄罗斯、英国等先发国家也纷纷加大在赛博空间的投入。

（三）中国由大变强的战略举措

在先发国家纷纷采取战略布局的情况下，中国若固步自封，信息化发展只会形成虚假发达状况，就如西班牙幻影般破灭——西班牙称霸世界时间很短，究其原因在于富而不强。中国要在现代科技革命的进程中实现弯道超车，由模仿追随向引领发展的世界科技强国迈进，必须尽快采取有效措施。

一是扩大人才供给。人才是中国云物大智发展的短板之一，政府应采取多种措施，扩大大数据相关人才供给。（1）实施教育培养计划。在大学相关专业的本科及研究生培养阶段，有针对性地增加相关课程，增加学生在感知技术、数据仓库、数据搜索、数据挖掘与可视化等领域的知识积累，扩大人才储备规模，扩充科研力量。（2）积极引进国外人才。加大从其他国家地区引进人才的力度，实施各项优惠政策、营造良好发展环境以吸引国外优秀的技术人员，增强中国相应研发实力。（3）鼓励企业培训。制定政策优待、资金补贴、奖励机制等一系列激励措施，鼓励企业对管理者普及数据分析技术培训，帮助树立云物大智发展理念，明确云物大智在指导生产决策、提升企业效益、拓展产业空间等方面的重要作用，推动企业使用相关技术，明确消费需求、创新产品及服务。

二是支持企业研发。产业安全是国家安全的基石，而产业安全依赖企业实力，尤其是企业的研发能力。（1）加大研发支持力度。在明确关键技术的基础上，确定重点支持领域，加大研发支持力度。整合核高基、电子发展基金、云计算专项、物联网专项等项目，支持云物大智技术的开发、研究和应用示范，引导企业加大研发力度，实现关键技术突破。（2）以政府采购推动研发。在政府部门和公用事业的信息化应用中采购大数据技术，以政府采购引导国内大数据发展。结合当前的云计算、物联网等试点工程，充分发挥示范效应，积极开展云物大智技术应用，带动社会其他领域的数据处理技术应用与升级。根据国外应用经验，研发初期可确定部分重点应用领域，如电子政务、医疗、教育、能源、交通等，以点带面加速大数据技术的应用，并总结示范经验予以推广。（3）优先支持民生领域的应用。当前云物大智的研究应以与国计民生密切相关的科学决策、环境与社会管理、金融工程、应急管理（如疾病防治、灾害预测与控制、食品安全与群体事件）以及知识经济为主要应用领域。因此，应优先支持其研究。

三是加快标准建设。三流企业做产品、二流企业做品牌、一流企业做标准。这对于国家竞争也同样适用，必须加强标准建设。（1）完善知识产权保护体系。在云物大智时代，需要不断的技术、产品和服务创新，以促进数据共享和整合，推动数据价值的创造。这些创新需以建立有效的知识产权保护体系作为保障。（2）加快行业标准建设。加快制定相关标准和指南，鼓励存在缺口的重要领域推进关键技术研发，推动行业标准制定机构出台各种类型的标准，并给予资金支持、税收减免、费用补贴、金融支持等激励措施。

四是开放政府信息资源。根据中国信息发展水平，信息资源高度集中，初步估算有80%由政府掌握。政府掌握如此大量的信息资源，利用效率却不高，形成了大量资源浪费。（1）尽快建设信息资源开放平台。根据中国实际情况，利用美国开源标准，借鉴美国 data. gov 和 apps. gov 运营方式，尽快构建中国信息资源开放平台，促进信息共享与业务协同，努力为人民群众提供更方便快捷、更优质高效的公共服务，以满足各级政务部门经济调节、市场监管、社会管理、公共服务等方面的需要。（2）加大数据集中力度。根据跨部门协同办公的需要，以部门业务信息为基础，从标准、流程、数据三个方面来设计，形成“物理分散、逻辑集中”的公共数据中心。通过制度保障和技术支持，对关键部门、重点业务、重要数据，进行集聚，统一处理，形成统一的政务信息资源目录和政务信息资源库，形成海量数据交换、共享、查询和管理机制。进一步通过数据集中挖掘，提高数据利用率，提高各级政府行政管理效率和公共服务水平。（3）出台配套的规章制度。出台一些配套制度：一是公开数据集的目录，强制要求进行数据公开和共享；二是奖惩制度，对于公共及时、可靠的予以奖励，不符合规定的予以惩处；三是预算制度，从预算角度控制各部门经费使用方向，推动数据共享，抑制信息孤岛的出现。

云物大智时代，中国要时刻把握“四个联动”，即人才、企业、标准、政府四个方面相辅相成，共同发挥作用，必将实现中国的新跨越，使中国经济社会永续发展。

二、充分发挥幂数效应，实现跨越发展

乘数效应（Multiplier Effect）是一种宏观的经济效应，是指经济活动中某一变量的增减所引起的经济总量变化的连锁反应程度。在经济学中，

乘数效应更完整地说是支出/收入乘数效应，是宏观经济学的一个概念，也是一种宏观经济控制手段，是指支出的变化导致经济总需求与其不成比例的变化。

乘数效应以一个变量的变化以乘数加速度方式引起最终量的增加。它包括正反两个方面作用。当政府投资或公共支出扩大、税收减少时，对国民收入有加倍扩大的作用，从而产生宏观经济的扩张效应；当政府投资或公共支出削减、税收增加时，对国民收入有加倍收缩的作用，从而产生宏观经济的紧缩效应。乘数效应是制定宏观政策要考虑的因素。而在管理中表现为某一政策的实施是否也具有乘数效应，且这个乘数效应是否是管理者所追求的。

比如，一个促进销售计划的实施，管理者希望这个计划可以成倍的增加，但是结果往往发现，如果没有其他的策略实施的配套，乘数效应很难实现。再比如，激励政策，管理者采取了诸如结果激励方法、过程激励方法等，但是最好的结果也可能只是对某些具体的行为产生效果，而持续的激励或者自发的激励效果却不可能实现。因此，管理者希望能够实现一个乘数效应，即一种措施产生多重效果。

而绩效预算发展的不是简单的乘数效应，而是一种幂数效应。绩效预算下的财政支出产生的效用不是呈倍数扩大，而是呈指数扩大，几何级增长。因此，应充分发挥绩效预算的幂数效应，实现中国跨越式发展。

发挥幂数效应需要采取相应措施：

第一，战略计划。战略计划是一个决定“组织将采取的方案和这一方案在接下来的若干年度内所需分配的资源数量”的过程。战略计划不同于战略选择，战略选择是决定一个新战略的过程，而战略计划是决定如何去执行它。在战略选择的过程中，管理者决定组织的目标和达成这些目标的主要战略，战略计划过程针对这些目标和战略，寻求能高效率的、经济的实施这些战略的进一步计划；战略选择是非系统性的，随着市场环境的变化，战略可能被修改，而战略计划是系统的，每一个年度都有战略计划过程，这一过程的结果体现为具体的执行方案和时间表。

一个正式的战略计划过程对组织的贡献体现在：（1）战略计划提供一个年度经营预算的编制框架；（2）正式的战略计划促使管理者花时间思考重要的长期性问题；（3）战略计划制定过程中的争论和讨论有助于澄清整体战略，统一和协调各层次管理者与组织战略的关系。战略计划还涉及到组织重要的资源分配问题，在这方面，投资分析、价值链分析和作业成本分析都是战略计划制定过程中的重要分析技术。

第二，预算准备。预算准备是为战略计划所作的进一步年度安排，编制预算有三个基本目的：一是协调组织各部门的工作；二是指定管理者的责任，授权其开支数额，告知其要达到的业绩；三是获得一个评估管理者实际业绩的基本标准。在预算准备过程中，应当考虑两方面重要的行为因素：一是预算目标的难易程度，如果预算目标过于容易，预算标准过于宽松，管理者很可能把他们的期望值定在预算的标准上，使实际的执行结果比没有预算时还要差，如果预算目标过于困难，预算标准过于严格，管理者将预见到预算的不现实性以至于没有动力去实现它，先发国家实证研究的结果表明，“严格而可实现”的预算通常导致最佳的执行结果，充分发挥预算的激励和控制职能；二是预算过程的参与，参与式预算允许预算执行者对预算编制充分发表意见，而不是将预算强加给其执行者，这就能够大大减低管理者与预算执行者之间的信息不对称。参与式预算使预算执行者产生责任感并激发其创造性。由于预算执行者参与预算编制，就很可能使预算目标成为预算执行者的个人目标，由此也产生了更大程度的目标一致性。

第三，分析财务业绩报告。分析财务业绩报告的主要内容是将实际业绩与预算作比较，并分析差异产生的原因。由于宏观经济环境以及市场竞争条件的复杂多变性，许多不可控的客观因素对预算执行结果产生影响。继续依据事先确定的预算标准对预算实际执行情况进行衡量将无法体现预算执行的真实效果，这时就要对预算标准进行调整，以反映预算期间组织经营活动的实际经济背景。其次，对于实际作业水平超出弹性预算相关范围的差异，应当扩大预算的弹性空间，并对作业量加以相应调整。另外，对于预算单位现有经营效率的差异问题，在诊断评价中要慎重考虑。因为有些预算单位经营效率很高，如果采用“一刀切”的做法，以增量的方式要求不同效率的预算单位按相同的增减比例控制其业务量及费用水平，势必增加高效率预算单位的负担，而又无法充分挖掘低效率预算单位的潜能。

第四，绩效评价。预算执行效果评价涵盖了绝大多数的重要财务性指标，但并不能反映组织的整体绩效，这主要体现在一些非财务性指标上，如产品质量、客户满意度、创新及组织变革等。如果将预算标准的执行情况作为绩效评估的唯一标准，忽视影响国家竞争能力的重要非财务性指标，将会导致短期行为，阻碍长期战略的实现。这些短期行为势必导致公共产品质量下降，给组织的长期持续发展造成危害。因此，绩效管理应在预算业绩评价的基础上，充分考虑预算执行结果对产品质量、客户满意度等指标的影响。

第五，管理者补偿。在绩效评估的基础上，确定管理者的报酬补偿，激励性报酬是鼓励和促使管理者达成组织目标的一个重要机制，管理者通常对有回报的工作投入大量的精力，而对没有回报的工作付出的努力较少。因此，首先应将预算执行结果以及管理绩效与激励性报酬机制联系起来，对于达到预算控制标准、绩效良好的给予奖励，对于未达到预算控制标准、绩效较差的给予惩罚；实施收益分享计划，以促进组织整体效益的提高。所谓“收益分享计划”，是指按照预先确定的反映生产率和利润率改善的公式，员工和公司分享财务收益的计划，收益分享计划能使员工分享组织或主要部门的效率改进而带来的收益，这些计划鼓励团队合作，并就他们对组织的总贡献进行奖励，一些得以普遍应用的收益分享技术包括：利润分享计划、拉克尔计划、集体收益与分享计划、风险—收益平衡计划和员工持股计划等；重视非财务激励手段的运用，比如给予下级部门及所属员工适当的自主权，增强其责任心以及对出色完成工作的满足感；通过实施非货币性的表扬计划提高员工的自尊心和荣誉感。管理者补偿的宗旨在于激励员工的积极性和成就感，激励措施既可以采取财务性激励（如奖金），也可以采取非财务性激城（如提升、工作委派）。激励补偿标准的确定可以以内部奖惩制度为基础（被激励者可预期的、固定的），也可以以高层管理者的主观判断为基础（依赖提供激励者的主观判断，能够反应环境变化）。方式上，可以采取个体激励方式，也可以采取群体激励方式。

三、创新政府生产力系统，破解社会发展中的习得性困境

近年来，国内外普遍对中国的未来产生了一种“习得性无助”情绪。要破解这种不利情绪，需要构建政府生产力系统。而在这个系统中，绩效预算就是对整个政府生产力系统中的人（官员）的行为、物质和能量，即财政收入与支出进行控制的一个控制系统。

（一）中国习得性困境的产生

习得性困境（Learned helplessness）是指通过学习形成的一种对现实的无望和无可奈何的行为、心理状态，也指因为重复的失败或惩罚而造成的听任摆布的行为。

“习得性困境”是美国心理学家塞利格曼1967年在研究动物时提出的。他用狗作了一项经典实验，把狗关在笼子里，只要蜂音器一响，就予以电击，狗关在笼子里逃避不了电击。多次实验后，蜂音器一响，在给电击前，先把笼门打开，此时狗不但不逃而是不等电击出现就先倒地开始呻吟和颤抖。本来可以主动地逃避却绝望地等待痛苦的来临，这就是习得性困境。

从2008年的全球金融危机以来，中国经济一方面要控物价，一方面又要保增长，忙得不亦乐乎。增长越保越低，物价越控越高。尽管从主要的经济指标上看还不是那么不堪，但市场上的悲观气氛似乎在不断蔓延，无论国内还是国外，有不少的学者专家对中国经济未来的预期不看好。

首先，中国经济发展路径的瓶颈开始出现。尽管关于现阶段中国经

济出现问题的根源众说纷纭，但根本的一条就在于中国的经济增长模式是不可持续的。保罗·克鲁格曼（Paul Krugman）在其“亚洲经济奇迹的秘密”（The Myth of Asia's Miracle）一文中提出，抛开制度和意识形态等因素，一个国家的经济增长不外乎两种模式：一种是依靠投入要素的增长，一种是通过提高单位投入要素产出效率的提高维持增长。前者是不可持续的，因为最终随着经济增长，投入的产出边际效率递减，为维持增长，必然要求投入越来越大，最终面临资源约束。而第二种模式能够持续的关键在于知识和创新的支撑，世界经济百年来的发展表明，无论是二次工业革命还是近代电子、信息技术的革命，都是支撑近代全球经济快速发展的根本动力。

中国过去三十多年来的经济增长模式是对第一种增长模式的有力诠释。众所周知，多年来中国的高增长靠的就是投入的高增长。尤其是2009年以来的4万亿，更是把投资的高投入当成了经济增长的不二法宝，国进民退和大量资本对房地产市场的投机使得企业把大量资本用于投机，形成全民炒房的局面，这样下去，企业创新支撑增长无疑会成为一个传说。

时至今日，随着外需低迷，消费不振，投资的增长效应递减以及由此带来的债务和通胀压力，都决定了中国靠投入拉动增长的模式走向了终结，而替代性的创新支撑发展机制不但没有形成，反而日渐衰微，这才是中国经济问题之痼疾所在。

当然，中国经济痼疾绝非一朝一日所形成，无非现在显性爆发了而已。看清了这种增长模式的症结和转型的困难，无论政府如何通过加大投资“稳增长”，若其现有模式不改，未来的经济前景也难以乐观。

在生产效率没有提升的情况下，投入要素成本如劳动力成本的提升也造成了跨国企业的资本转移，如阿迪达斯关闭中国工厂转移到东南亚地区就是一个现实的例子。在产业升级无法完成、生产效率无法提升情况下的要素成本提高，再加上欧美国家诱导制造业回归本土以解决自身失业率的政策的引导，中国产业尤其是低端制造业，面临着“欲做血汗工厂而不得”的尴尬局面。随着制造业日益趋冷，产业工人对经济走向的悲观会有更多现实的感受。

其次，经济政策多变而无法形成对未来稳定的预期。改革开放三十多年来，政府中心主义的思想仍然主导着中国经济方方面面的决策。这种大政府下的“政府中心主义”在金融危机爆发后的表现尤为抢眼。在2009年初的时候中国率先推出4万亿刺激计划，这让我们曾一度自豪地宣称“中国率先复苏”，也笃信大政府可以“集中力量办大事”、“决策迅速”等优势。

但回过头来看，缺乏论证的“迅速决策”，如果出现了问题，其后果也是非常严重的。正如我们今天所看到的经济困局一样，政府中心主义下的天量投资尽管保住了增长，但暂时的增长换来的却是巨量的地方债、持续两年的通货膨胀和至今高烧不退的房地产市场。所谓的两难局面其实是这种“非理性拍脑瓜”决策的必然结果。

（二）绩效预算控制系统是一个有机的、开放的系统

绩效预算控制系统具有开放性。开放性是指任何系统只有把自己保持在不断与外界进行物质、能量、信息交换的状态下，才能具有抗拒外界对它的侵犯，维持自身的动态稳定。开放性越高的系统其适应能力越强，发展水平亦就越高。系统设计运用这一观点去观察和处理问题，即称之为开放性原理。如动植物，都是一个不断与外界进行物质、能量、信息交换的系统。植物从外界吸取食物、阳光、水分和空气，又不断排出废物和废气才能维持自己的生存和发展。太阳系是一个开放系统，它一方面不断地向外界抛射出物质，辐射出能量；另一方面，它们也不断从其他天体得到物质和能量，正是在这种物质、能量交换中才能维持自己的稳定。一旦这种交换停止，则太阳系就能失去生命。人类社会亦是一样，只有使自己保持与自然界不断进行物质、能量和信息交换，才得以维持和发展的。绩效预算控制系统只有坚持开放性，才能永葆活力。

绩效预算控制系统具有目的性。所谓目的性就是指系统在内部各要素以及与外部环境的相互作用过程中，具有趋向于某种预先确定状态的

特性。这里的目的就是指事物运动状态可能达到的某一个状态。在目的未确定之前，事物发展存在各种可能状态，究竟达到何种状态，要视各种因素来确定。目的性是事物间相互联系和相互作用的运动结果，它是以其他事物为参照，将两者的运动差异性缩小为零的一种运动状态。以往只把目的限于人的行为，同意识相联系，而这里的目的性则不局限于人和活动，即使是具有反馈调节行为的机器亦适用。

（三）绩效预算控制系统符合自组织原理

绩效预算控制具有自组织特性。自组织原理是对自组织现象产生的条件。有数目众多的要素（系统的基本单元）所组成的开放系统，由于要素之间的协同与竞争的矛盾运动，会出现某些稳定状态的涨落，其中有的涨落会在一定的外界条件和系统内部的非线性机制作用下得到放大，使要素在更大范围内协同运动，从而产生了系统从无序走向有序，从低级有序走向高级有序的自组织现象。它揭示了系统发展的有序化过程。这一过程只能产生在开放系统之中，而且是在随机涨落的情况下才能实现。

（四）绩效预算控制系统符合层次性原理

绩效预算控制系统是层次分明的系统，是各层次逐级组织起来的系统。层次性原理亦称等级结构原理。层次性是指组成系统的各要素在系统中所处地位和发挥作用是不同的。系统是许多要素或子系统构成的，每一个要素又有若干个子要素或子子系统构成。在一定条件下的要素，对组成其子要素来说又可看作是系统，而在某种意义上的系统，对更高层次来说，它又是组成更高系统的要素。这种系统与要素的相对性，就决定了系统具有层次性。这样的层次结构是一层层愈来愈高级的系统。运用这一特性去一步步的完成系统设计就是层次性原理。

（五）绩效预算控制系统符合分解—协调原理

绩效预算控制系统充分验证了分解—协调原理。分解—协调原理就是系统的可分解性和可协调性原则。即指在人们认识和构造系统的过程中，可将设计对象的活动过程或组成结构分解为若干个相互衔接和关联的部分，通过研究和协调这些部分的关系或调整结构，可以使系统的功能达到最优（或满意）。一般来说，系统的功能是由系统的结构所决定的，结构与系统各部分间的关联与协调有关。在结构确定的情况下，系统各部分的协调关系和协调程度只对系统功能的强弱产生影响，而不能使系统的功能发生质的变化。也就是说系统各部分间的协调程度只能起到量的影响，而不能引起质的变化。

分解—协调原理不能根本改变系统的功能，这种分解—协调原理中的分解，其侧重点是指系统结构的可区分性，其中的协调是指在保持系统定性的基础上，调整和优化系统各部分之间的关系。分解—协调的目的在于调整子系统与总系统的关系，使系统的整体功能得到优化。这样需要有一个反复协调过程。其协调过程就是要各子系统（局部）优化，设计过程中最困难的是局部最优化与整体最优化的协调问题，只有通过多次反馈调节才能得到协调。①

四、引入专业化制衡架构，激发社会潜能

不受制约的权力导致腐败，绝对的权力导致绝对的腐败。行政决策、执行和监督权力协调理论接纳了“权力必须分立并且互相制衡”的基本原则，有利于提高腐败成本，建立廉洁政府。构建专业化制衡管理架构，有利于建设高效、廉洁和服务型政府。有助于深化行政管理体制改革，进一步转变政府职能，形成行为规范、运转协调、公正透明和廉洁高效的行政管理体制，同时有利于绩效预算改革的全面推进。

传统体制下行政权力过于集中，缺乏权力之间的制衡和对权力的监督，为权力寻租、权大于法、卖官鬻爵、权钱交易、暗箱操作等腐败行为的滋生提供了土壤环境。只有实现对权力的有效制约，使执行更透明、

① Ramli R., Zailani S: The Impact of Organizational Efforts Towards Employee Productivity: New Evidence from Government Service Department in Malaysia. European Journal of Scientific Research, 2011, 57 (1), pp. 133-145.

公正，监督更充分、有力，才能从源头上、制度上遏制腐败。面对权力被部门侵蚀的状况，必须从制度上让权力与利益脱钩，彻底根除部门利益。因此把现行部门的集权剥离分开，做到均衡制约就显得很有必要。让各职能部门各司其责，形成整体合力和制衡效应，成为相互协调的互动体制，从而达到防止公职人员滥用权力的目的。采用这种方式即使一时难以杜绝贪污腐败，也会大大增加其难度和代价。

行政权力协调理论强化了政府权力的公共服务性质，重新定位了政府的职能。当前政治体制改革的一个重要方面是转变政府职能，使政府从“全知全能”转变为“有限责任”，从权威命令转变为科学决策，从人治管理转变为依法行政，从“传统部门利益型政府”转变为“现代公共服务型政府”。只有从制度上保证权力与利益脱钩，尽可能消除行政机关谋取部门私利的可能和积极性，才能进一步降低行政成本，大力推进公共财政改革，规范公务员队伍的待遇和收入分配，防止出现公共权力利益化、政府资产部门化、部门收益个人化的现象。服务型政府是在新公共管理理念下的全新的政府管理机制，政府不必把所有事情都包下来，而是把服务委托给社会，政府权力中心将逐步让位于社会中心、居民中心。通过下放权力，由社区组织、社区中介、民营机构完成部分政府职能。①

如何实现行政管理的专业制衡机制改革，是比较敏感和困难的问题。新构架下的政府职能能否达到高效运转、适应高速发展的经济基础？已有试点的做法是否科学？是否能推广？这些都还有待于实践检验。例如，决策部门同本级政府之间的关系问题；区分决策、执行和监督的客观标准的确定；独立的决策机构、执行机构和监督机构设立以后作为执法主体资格的法律依据问题等等。此外，还有如何突破改革阻碍，以达成妥协和共识；政府职能如何合理配置的问题；决策权和执行权的各项监督制约机制如何置于公众的监督之下；决策交给行政部门后，如何衡量决

---

① Cleverley W. O., Felkner J. G.: The Association of Capital Budgeting Techniques with Hospital Financial Performance, Health Care Management Review, 1984, 9 (3), pp. 45 - 58.

策的科学性、有效性等等细节问题，均需在实践中探索。

（一）建立专业化财政制衡机制，保证财政公共性

政府预算制度为市场对政府经济行为进行约束提供了一个基本手段。政府预算制度的形成最终在代议机关与政府间建立起了一种财政分权格局，使得市场可以对政府及其活动进行规范和约束，从而成为真正的“公共财政”。具体表现为政府只能根据代议机关通过的税收法令征税，使得政府的收入活动不能超越市场的根本约束与限制。政府必须按照经过代议机关批准的预算安排支出，代议机关以法律的形式确立政府的支出预算，实际上就是市场通过代议机关并借助法律手段直接而具体地规定和约束着政府的行为。政府在预算执行过程中如要调整业经批准的政府预算，则需经过代议机关同意才可以变更。政府预算执行过程中代议机关可对预算执行情况进行检查和监督；公众、立法机构和审计部门要检查和监督的是，预算部门是不是执行了预算作出的公共决策，是不是履行了预算明确的责任，核心是监督财政部门履行职责的状况。代议机关还可对政府决算进行审议。可见，政府预算制度的确立使得市场通过代议机关掌握了政府及其财政行为的根本决定权和监督权，进而将政府财政的根本权限转移到了社会大众手中，这就是现代政府预算制度的根本点之所在。

（二）重塑预算管理流程，建立财政分权制衡机制

中国预算管理中，编制、执行、监督三个环节没有明晰的职责界定和划分，特别是在财政内部，各个业务部门同时兼有这三项职能，造成工作的交叉与扯皮，管理混乱而低效。体现在预算编制运作上，职责过度分散，没有权威的部门负全部的责任。预算部门尽管名义上是预算编制的专职部门，[①] 但事实上对预算编制介入程度不深不细，只能是在业务部门编制好的预算基础上进行局部调整和汇总，很多预算编制工作由

① Eni D. I., Upla J. I., Oko C. O.: Effects of Land Degradation on Soil Productivity in Calabar South Local Government Area, Nigeria, European Journal of Social Sciences, 2010, 18 (1), pp. 166 - 171.

业务部门承担。而业务部门由于既管资金分配又管执行、监督，客观上不能集中过多精力去深编细编预算，以致预算较粗，质量较低。而市场经济先发国家，在财政内部预算编制、执行和监督三个环节是相互分离的，特别是在预算编制上有专门的机构，专职负责此项工作，其他部门、单位只是配合，不具有编制预算的职责。如法国，预算编制统一由预算局负责，而预算执行主要由公共会计局负责。预算局和公共会计局在预算管理中的职责分工非常清楚。这种制度有诸多好处：一是使预算编制具有统一性，预算局能全面掌握预算编制的政策与标准，政出一门、一个声音，对各部门的预算管理具有很强的约束力；二是能够有效防止财政内部业务司（处、科）为所管部门争预算、争指标问题的发生，使财政部内部比较协调一致，有利于加强管理，提高工作效率；三是有利于实现财政内部权力的相互制衡。由此可见，实行编制、执行适当分开，可以加强相互监督与制衡，从而提高工作效率。

对于预算的编制、审议批准、执行、决算过程中的各个环节也要进行多层次的预算监督。对预算的监督最集中体现于对预算的审议和批准上，执行中的自身监督和审计部门的事后监督也十分重要。如美国，财政部门的监督是通过财政总监制度来体现的。财政部内设一名由总统任命的财政总监，负责监督预算的执行和财政政策的执行，处理财税违法问题，他同时对总统和国会负责，发现问题可以直接向国会报告。在联邦政府各部委内部也都驻有一名由总统任命的财政总监，他对总统和财政部负责，所在部门的每一笔款项支出均需经过他签字才能拨付。审计部门监督是由总会计署（GAO）直接对国会负责，对联邦预算执行情况逐一进行审核，确认每一笔支出是否按国会通过的预算法案来分配使用。总会计署将其审计结果连同行政当局的决算一起送交国会审议批准。

在预算管理过程中，对预算编制的准确性、科学性、及时性进行审计，并对预算执行中的预算批复、调整、预备费动用等情况进行即时监督，通过事前、事中与事后的预算执行审计，实现对预算的全程监控。在这一过程中，行政机关与立法机关的权力制衡至关重要。其法治化与规范化的程度使预算作为一种工具与手段真正起到了控制与制约行政权力的作用。

（三）建立专业化制衡的绩效审计，推动绩效预算实施

预算三权分立中，监督权的独立实施是非常重要的环节，也是建立财政权力专业制衡机制的重要内容。20 世纪 40 年代，绩效审计就开始登上了政府审计的历史舞台，进一步扩展和深化了权力分立和制衡作用。政府绩效审计在 20 世纪 70 年代后得到迅速发展。如今绩效审计已成为许多国家政府审计关注的焦点和主要的工作内容。早在 1972 年，美国政府审计师绩效审计的工作量就已占其总工作量的 86%。绩效审计的出现和发展一方面加重了政府审计部门的责任，另一方面也强化了政府分权制衡机制。中国目前虽然还没有全面实行绩效预算，但不少审计部门已经先行一步，开始在审计工作中不仅进行合规审计，同时也审计政府的支出是否取得了应有的效益。① 因此，中国在绩效预算的改革中，可以以绩效审计推动绩效预算的实施。政府的各项财政支出都有一定目的性，通过绩效审计可以看出该项支出是否完成了预期的目标，与同类支出相比效率如何。人代会上不仅要报告关于财政预算执行情况的审计，还要报告对政府绩效的审计。通过这样的方法可使政府各部门的决策者增加在使用财政资金时的“压力”，同时强化政府的三权分立和制衡，保证绩效预算改革的实施。②

---

① 郭济：“探索政府部门人力资源开发规律　推动政府生产力发展”，《中国行政管理》，2005 年第 1 期，第 111 页。

② Peden E. A：Productivity in the United States and Its Relationship to Government Activity：An Analysis of 57 Years，1929 - 1986，Public Choice，1991，69（2），pp. 153 - 173.

第二章
搭建绩效预算框架
提高资源配置效率

作为资源配置的重要机制之一，政府应明确树立绩效预算理念，深化预算绩效管理改革，确保公共财政管理健康运行。在公共财政治理框架的构建过程中，应准确定位预算绩效管理改革，摆脱传统预算管理模式的束缚，破解制度变迁中的障碍，全面推进改革持续深入，促进资源配置效率的提高。在先发国家纷纷采取战略布局的情况下，中国要在现代科技革命的进程中实现弯道超车，尽快采取有效措施，由模仿追随向引领发展的世界新角色迈进。

第一节　顺应云物大智时代　创新资源配置形式

纵观世界历史的发展，人类社会经历了各种不同的社会形态。伴随着社会形态的更替，社会资源配置形式也相应地变化着。在技术创新风起云涌的今天，最有可能带来新一轮产业变革的技术业已崭露头角，这就是“云物大智”。在这一轮变革中，中国应该抓住这一难得机遇，实现社会资源配置的新形态。

一、社会历史发展引领资源配置变革

马克思在其经济著作中提到了资源配置理论，并对人类发展不同社会形态中的资源配置方式进行了深刻的分析和预测，为资源配置理论奠定了基础。中国在现代化建设中的资源配置情况经历了一段曲折的探索，这就要求我们在现实的基础上与时俱进，选择适应中国经济发展的资源配置方式。

（一）马克思关于资源配置的基本理论

马克思提出，资源配置在不同的社会形态中就会有不同的表现形式，一定社会形态中的资源配置方式取决于一定的经济形式和生产力水平。因此，资源配置方式的选择、替代和变革都具有客观性，是不以人们的意志为转移的。马克思就是以此为理论依据，提出了“直接—间接—直接”的资源配置方式的发展规律。马克思将资源配置方式分为直接资源配置方式和间接资源配置方式。直接资源配置方式可分为前商品经济时代的封闭型直接资源配置方式和未来社会的计划资源配置方式。而所谓的间接资源配置方式就是我们今天所说的以市场为基础进行的资源配置。

前商品经济时代以封闭型直接资源配置方式为主。当时的生产力水平比较低下，生产分工的范围也很狭小，这就决定着当时资源配置的基本方式只能是个人自给自足的“鲁滨逊生产方式”和小范围分工协作的“农村家长制小生产方式”的资源配置。随着世界经济的发展，“这种方法如蜗牛爬行的进度，无论如何也不能适应 15 世纪各种大发现所造成的、新的世界的贸易需求”。

进入商品经济时代后，市场逐渐成为资源配置的基础。市场资源配置方式是资本主义社会化商品经济发展的必然要求。马克思主要从社会劳动分配和价值规律入手，分析了市场对资源配置的作用。他提出：“不同的生产领域经济力求保持平衡，一方面因为每一个商品生产者必须生产一种使用价值，即满足一种特殊的社会需要，而这种需要的范围在量上是不同的，一种内在联系把各种不同的需要量连成一个自然体系；另一方面，商品的价值规律决定社会在这所支配的全部劳动时间中能够用多少时间去生产每一种特殊商品。”①

但是，马克思对市场机制的分析主要借以批判资本主义经济制度，他认为“商品生产者及其生产资料在社会不同劳动部门中的分配上，偶然性和任意性发挥着自己的杂乱无章的作用”，② 而且他还认为市场资源配置方式的缺陷是无法从根本上克服的，必须由计划资源配置方式来代替。计划资源配置方式是马克思设想的未来的配置资源方式。所谓计划配置资源方式，就是指分配社会劳动时间于不同的生产部门，即资源配置是有计划进行的。③ 在马克思预见的未来社会中，已经不存在商品经济，整个社会在生产资料公有制基础上实行直接社会化生产和产品交换经济，并对资源配置进行“有意识的社会调节”，以此克服市场的种种缺陷，使资源配置达到最优化。

（二）中国经济建设在资源配置方式上的探索

应该说，马克思从他所处的那个时代出发，看到了当时市场经济所存在的种种弊端和问题，因而提出了计划配置资源方式，这在当时是非常有意义的。但是，历史的发展并非像马克思所预料的那样，全球经济分工不断拓展，市场日益复杂，市场经济体制也不断完善和发展，单纯的计划资源配置方式根本不能适应经济发展的要求。正是由于理论与现实的差距，导致了诸多国家在选择资源配置方式上都走过了非常曲折的道路，而这一过程几乎贯穿了整个20世纪。

在20世纪初，以列宁为代表的苏俄就开始对计划经济体制进行了具体设计。十月革命之后，苏联建立了世界上第一个典型的集中计划经济

① 《马克思恩格斯全集》第23卷，人民出版社，第394页。
② 《马克思恩格斯全集》第23卷，人民出版社，第781页。
③ 王元龙：“论马克思的资源配置理论”，《当代经济研究》，1995年第2期。

体制国家，实行典型的计划资源配置方式。在随后的几十年里，一系列国家都根据这一原型在本国进行了长期的实践和探索。而实践的结果表明，只有在革命初期和战后恢复时期，当经济结构比较简单、人民群众革命热情高涨和国家利益绝对首要的条件下，这种集中计划体制才能为公众所接受。而且在这种情况下，它有利于动员资源，集中地用于国家指定的用途。同时，当社会经济有比较大的粗放式发展余地时，计划资源配置方式也能够使经济发展保持比较好的势头。苏联在“二战”之后和新中国成立初期的经济高速发展都证明了这一点。但是，当进入和平建设时期，特别是进入集约增长阶段以后，这种集中计划体制的缺陷就充分暴露出来，其突出表现就是经济结构不合理、价值规律和价格信息失灵、激励机制严重不足。

由于经济发展不如理想，从20世纪50年代中期开始，处于社会主义阵营中的国家陆续着手对原有的经济体制进行改革。但是，由于对计划经济体制的缺陷及其根源缺乏透彻的认识，对改革的目标模式没能做出正确的选择，或者由于改革的实际措施和操作上有重大失误，大多数国家的改革没有取得成功，经济发展停滞落后。到20世纪80年代末90年代初，半个世纪的长期计划资源配置和高度集权专政使这些国家中的政治、经济和社会隐患达到积重难返的地步，最终导致了东欧剧变和苏联解体。

而在中国，特殊的历史原因（如大跃进、文化大革命）使得计划经济的严重弊端较早暴露了出来，社会经济矛盾已经到了非解决不可的地步，但另一方面政治上还保持着相对稳定的局面。这就使中国有必要也有可能集中精力解决经济领域的问题，重新选择资源配置方式。在这个关键的历史时期，以邓小平为代表的第二代领导人审时度势，果断地进行了以依靠市场配置资源为核心的经济体制改革，并取得了突破性成果，最终使中国冲破传统计划经济体制的束缚，保持和提升了经济的生命力与活力。当中国的经济体制改革进入深化阶段后，资源配置方式也必然要随之进行更深层次的调整，运用市场来配置资源的范围也越来越大。完善市场资源配置方式的措施聚焦于推动资本市场的开发开放和可持续发展，尤其是土地、技术、人力资本和产权等多种市场的共同发展，以营造和谐的市场环境。

（三）当代中国社会资源配置方式的变革

在资源配置方式的选择上经历了一段曲折的道路之后，中国开始对资源配置方式进行变革，寻找适合中国社会经济发展所需要的配置方式。

1. 变革传统的计划资源配置方式的必要性。在对历史的分析和总结中，我们可以发现传统的计划配置资源方式的根本缺陷。在传统的计划经济体制中，资源配置的要点是由集中编制的预定计划统筹宏观和微观的资源配置决策。而在这种情况下，要达到资源的优化配置就必须具备两个前提条件：一是完全信息假定，即计划机构对全社会的一切经济活动都拥有全部信息；二是单一利益主体假定，即全社会利益一体化，不存在相互分离的利益主体和不同的价值判断。但是，上述两个前提条件都是不可能具备的，甚至是连基本具备都达不到。因此，采取这种资源配置方式，在制定计划和执行计划时，必然会遇到两大障碍。

一是信息障碍。在现代经济中，要保证资源配置决策正确，必须解决信息的收集和处理问题。由于生产结构不断复杂，科学技术一日千里，“信息爆炸”已成为我们这个时代的重要特征。对于计划经济体制来说，要依靠国家的力量将全社会的信息量收集、整理和汇总是不可能。而且即使做到了，决策机构要在极短的信息有效期内做出正确的判断和决策并通过执行机关去反馈信息也是根本不可能的。

二是利益障碍。激励机制是资源配置决策能够得到贯彻执行的保证。在集中计划经济的资源配置方式下，经济决策是由决策机构做出的，而做出这一决策的依据是全社会的整体利益。即使其决策是准确无误的，也无法完全代表社会成员的个体利益。每一个经济活动的当事人，包括计划的制定者和执行者，都有他们自身的利益，而且这种利益同社会的整体利益经常发生矛盾冲突。这种矛盾冲突很容易导致计划的制定和执行发生偏离，这种偏离的累加和扩大又会直接导致资源配置的低效率。

实践证明，消除资源配置障碍的唯一方法就是以市场机制为基础进行资源配置。市场资源配置方式能够通过市场中不同经济活动当事人之间的按一定规则进行的交易活动来实现稀缺资源的优化配置，价值规律和价格机制在资源配置中起着关键作用，这样才能克服传统计划经济体制的种种缺点。

2. 采取市场资源配置方式的同时保持调控的客观性。市场资源配置方式虽然能够克服计划体制的缺陷和弊端，但其高效运作也必须建立在完全竞争和价格完全灵敏的基础之上，也就是说经济领域必须不存在垄断，同时价格也能充分及时地反映资源的供求状况。实际上，这些条件也不可能完全具备，即使在成熟的市场体系中也只是基本具备，仍然存在“市场失灵”和“市场缺陷”的情况。如果采用单纯的市场资源配置方式，那么市场的失灵和缺陷在一定条件下就可能导致社会资源的巨大浪费。所以，必要的调控和政府干预就成为市场资源配置的有效辅助手段。对于中国现阶段来说，调控和政府干预的重点是充分发挥市场自我调节的作用，减少政府干预，政府辅助完成经济调节、市场监管、社会治理和公共服务等，通过深化财政、税收、金融、投融资体系等方面的体制改革，建立健全财政政策，以及国家宏观调控体系，在推动市场化改革的过程中发挥政府的杠杆调节作用。

越是强调以市场为基础配置资源，越要完善国家的宏观调控机制。它不仅不会影响市场作用的发挥，而且还能促进市场对资源配置起基础性作用，同时对一些特殊的社会经济资源实现间接配置，使整个社会的经济体系更为合理。

二、把握时代战略机遇，构建资源配置新形式

如今，云物大智时代的到来已经是大势所趋，尤其是在电信、金融等行业，几乎到了“数据就是第一生产要素，就是业务本身”的地步。应如何把握新一代的战略发展机遇、优化社会资源配置，提高经济生产效率，将成为中国在世界竞争格局中成败的关键。

（一）云物大智时代巨大的商业价值

之所以将大数据技术放在如此重要的地位，是因为大数据能够广泛运用于人们生产、生活的各个方面。对企业研发、生产、流通等领域都有重要影响。

大数据将怎么样改变人们的生活？维克托·尔耶·舍恩伯格在《大数据时代：生活、工作与思维的大变革》中前瞻性地指出，大数据时代最大的转变就是放弃对因果关系的渴求，取而代之关注相关关系。也就是说只要知道“是什么”，而不需要知道“为什么”。而大数据的最大商业价值，在于在海量数据分析后得出的预测。

举个最简单的例子，企业不必大量生产每一款产品，可以先把实物图放在网上销售，按照订单数量生产。仅此一项，即可节约30%成本。比如说，过去电商平台大量销售企业库存商品，原因在于国内大部分制造企业，对于国内消费市场两眼一抹黑。特别是外销转内销的广东制造企业，转内销后，每年按照设计的款式生产几十种，实际上热销的就只有几款，因此浪费了大量人力物力成本。但借助大数据分析后，企业找市场的眼光就“精准”很多。

相对于大数据，云计算对普通互联网用户来说可能要熟悉得多，尤其是对智能手机用户来说，云服务、云存储、云安全更是他们已经在体验的云计算解决方案之一。但这只是云计算在互联网发展新时代所能表现出的服务功能之一，事实上在信息化建设领域，云计算已经成为国际信息技术竞争的战略制高点。也正因如此，在近年来中国信息化建设的战略布局中，云计算已经成为了不可或缺的环节。需培育一批具有国际影响力的系统集成企业，扶持一批具有创新商业模式的网络运营服务企业，集聚一批具有自主知识产权、占领技术高端的创新型企业。

物联网将和智慧城市同行。数据显示，“十二五”期间，中国将有600—800个城市加入到智慧城市队伍中来。随着智慧城市从概念导入期进入实质推进期，北京、上海、广东、武汉、宁波等几乎所有的一线城市和50%的二线城市，都在朝着智慧城市的方向努力。智慧城市高达2

万亿元的市场空间，无疑将为一大批新兴产业提供广阔发展前景。

中国工程院院士邬贺铨指出，智慧城市就是用智能技术构建城市的关键基础设施，从而形成物联网，实现对物理城市的全面感知。互联网促进了人与人之间的联系，促进了人与物之间的联系，使世界形成一张新的“物联网”。这是一个发展空间非常大的产业，打造数字中国，占领经济社会发展制高点，需率先建设物联网，实现产业转型，提升社会资源配置效率。

专栏2－1

物联网开启智慧城市①

2013年2月，国家明确提出了90个智慧城市试点单位，作为智慧城市的重点项目智慧水务也是备受关注。目前，国内关于智慧水务的概念已经开始热议，但是城市污水的智慧管理观点都大相径庭。

城市污水处理综合运营管理系统利用目前蓬勃发展的云计算和物联网技术，以集团化管理的城市污水处理公司下属的分布在各地的污水处理厂、泵站的生产设备、在线仪表、自控系统作为物联网中的感知层；通过无线网络、Internet网络及通用数据采集平台建立网络传输及通讯，实现感知层数据的实时采集、传输、存储，形成物联网中的网络层；通过部署基于云计算的综合运营管理系统，实现综合运营管理应用，建立应用层的云计算架构体系，从而形成完整的基于云计算的城市污水处理综合运营管理系统。

城市污水处理综合运营管理系统的建立将辅助实现集约化管理的目标，各厂生产运行实时情况通过感知层及网络层传输到公司运营管理中心，各类运行情况一目了然，公司运营管理中心可对各厂运行进行实时有效监管；各类生产运行数据智能汇总到公司运营管理中心，每日、每周、每月生产运行情况直观展现，公司运营管理人员可实时

① 来源于物联网世界，http：//newos. rfidworld. com. cn/2013－07/ddff06922607fcbb. html.

> 掌握运行情况，实现综合调度与管理；各厂在出现疑难的工艺问题时，公司的专家团队可通过运营管理中心大屏幕进行远程查看与诊断，实时传递会商结果及处理方案，提高处理效率；各厂统一使用公司服务器上的工艺仿真模拟、优化调度专家系统等，充分结合了云计算与物联网的优势与特点，实现工艺优化和调度决策。
>
> 华信数据研发的城市污水处理综合运营管理系统借助云计算和物联网技术将企业的生产过程、调度监控、事务处理、决策等业务过程进行数字化，通过各种信息系统网络加工生成新的信息资源，提供给各层次的人们洞悉、观察各类动态业务中的一切信息，以作出有利于生产要素组合优化的决策。使企业资源合理配置，实现实时运行监视告警、企业形象展示、生产精细化管理、生产优化调度、经营成本分析、日常办公管理、辅助经营决策等综合管理应用。提升企业技术管理水平，达到优化管理模式、降低运行成本、提高办公效率等目的，以使企业能适应瞬息万变的市场经济竞争环境，求得最大的经济效益。

（二）充分发掘信息化对资源配置的巨大作用

改革开放以来，中国信息化发展可以大致划分为三个基本阶段，即探索模仿、融合接轨和凝练创新。特别需要指出的是，由于中国地区和城乡差异显著，不同行业和组织在信息化发展中存在多模式共存、多阶段交叉的现象和特点。这就要求中国在信息化进程中必须把握好现实可行性与发展前瞻性的关系。

信息化在企业转型升级、国家创新体系建设以及国际间竞争中起着关键作用。信息化水平不仅是企业核心能力的重要表现形式，而且是国家综合实力和发展战略的重要依托。从一定意义上说，信息化的过程是信息技术应用与经济社会活动相融合的过程。在促进工业化、信息化、城镇化和农业现代化同步发展的时代背景下，虽然信息化水平的提升会受到技术革新的推动，但主要还是通过与工业化、城镇化和农业现代化的融合深度来体现的。一方面，融合深度反映了信息技术应用在工业化、城镇化和农业现代化进程中的必要性和战略作用；另一方面，融合深度也反映了信息技术应用在工业化、城镇化和农业现代化进程中的智能程度。近年来，中国互联网和移动通信的发展已经进入一个全新的阶段：网民数量剧增，网络消费群体不断扩大；大量新兴技术、新型信息产品、新颖网络应用形式的出现，深刻影响着人们的社会生活和组织的运营方式。当前，信息技术应用与其传统模式相比，呈现移动性（如泛在互联、移动商务）、虚拟性（如虚拟体验、赛博空间）、个性化（如精准营销、推荐服务）、社会性（如社交媒体、社会商务）、复杂数据（如富媒体、大数据）等鲜明的新特征。这些新特征是技术进步和应用创新两者交错互动、螺旋式演化的结果，形成了当前信息化实践和发展的主流色调。特别是云计算、大数据等新型计算模式以及社会化网络应用的涌现，进一步凸显了这些新特征。

展望信息化发展的未来，信息技术应用将在社会资源配置中发挥着不可替代的作用，将成为中国经济建设中的主流现象和趋势，并给中国信息化进程乃至现代化建设带来机遇和挑战。

第二节　明确预算改革角色
提升资源配置效率

随着社会的不断发展，人类对资源的价值也越来越重视。面对日益激烈的竞争环境，如何有效地利用社会资源，充分发挥经济增长的潜能也受到更多关注。伴随着一次又一次的技术革命和产业创新，资源的内涵又增添了新的内容。市场通过价格机制来调节资源配置，那么政府的宏观调控是如何通过预算来配置资源的呢？

一、梳理社会资源，优化资源配置途径

在经济学中，资源有狭义和广义之分。狭义资源是指自然资源；广义资源是指经济资源或生产要素，包括自然资源、劳动力和资本以及一切可用来创造财富的东西等。可以说，资源是社会经济活动中人力、物力、信息和财力的总和，是社会经济发展的基本物质条件。在任何社会，人的需求作为一种欲望都是无止境的，而用来满足人们需求的资源却是有限的。因此，资源具有稀缺性，提高资源配置效率至关重要。

（一）把握社会资源内涵，明确资源配置途径

自然资源、经济资源、技术资源通常被称为人类社会的三大类资源。经济资源又称人文资源，是直接或间接对生产发生作用的经济因素，其中，劳动力是社会经济发展的首要条件。技术资源广义上也属于社会人文资源，其在经济发展中起着重大作用。技术是自然科学知识在生产过程中的应用，是直接的生产力，是改造客观世界的方法和手段。技术对社会经济发展最直接的表现就是生产工具的改进，不同时代生产力的标尺是不同的生产工具，主要是由科学技术来决定的。在当代，科学技术对生产力发展的巨大推动作用，集中表现在邓小平的论断，即“科学技术是第一生产力”。

社会资源具有以下突出特点：第一，资源的社会性。人类本身的生存、劳动、发展都是在一定的社会形态、社会交往、社会活动中实现的。劳动力资源、技术资源、经济资源、信息资源等社会资源无一例外。社会资源的社会性主要表现在不同的社会生产方式产生不同种类、不同数量、不同质量的社会资源。社会资源可超越国界、超越种族关系，谁都可以掌握和利用它创造社会财富。第二，资源的继承性。社会资源的继承性特点使得社会资源不断积累、扩充和发展。知识经济时代就是人类社会知识积累到一定阶段和一定程度的产物，即“知识爆炸”，使社会经济发展以知识为基础。这种积累使人类经济时代发生了一种质变，即

从传统的经济时代（包括农业经济、工业经济，农业经济到工业经济有局部质变）飞跃到知识经济时代，这是信息革命、知识共享的必然结果。社会资源的继承性，使人类社会的每一代人在开始社会生活的时候，都不是从零开始，而是在前人创造的基础上向前进的。

（二）改善市场经济环境，优化资源配置途径

社会资源的配置经历了漫长曲折的发展变革，每次变革都与当时的社会经济环境直接相关，环境的需求决定了资源配置方式。因此，改善和优化市场经济环境对于有效配置资源起着直接的、重要的作用。

1. 工业文明时代的社会化大生产要求按比例配置资源。相对于人们永无止境的欲望或需求而言，资源总是相对稀缺的，有限的资源要满足人民多方面的需求，就必须对资源进行合理配置。概括地说，资源的合理配置就是把有限的经济资源或生产要素合理配置到社会经济的不同使用方向上，使它们在生产过程中得到最有效的利用，以满足社会多样化的需求。怎样才算达到了资源的合理配置？按照发达国家主流经济学的说法就是达到“帕累托最优”，通俗地说，就是实现物尽其用、人尽其才、地尽其利，生产者得到正常利润，消费者得到最大福利，供求双方皆大欢喜。

人类社会的生产活动是在一定生产关系下进行的，从来就是社会化生产。我们这里讲的社会化生产不是通常意义上在一定生产关系下的社会生产，而是指由于生产力发展引起的在社会规模上的一系列生产部门的社会分工和专业化，以及各经济单位彼此相互联系、相互依存进行的社会化生产。由于社会化生产是建立在社会分工和协作基础上的，为了保证社会再生产的顺利进行，客观上要求社会资源按比例配置到社会生产的各个部门。

2. 计划与市场有机结合，调节社会资源配置。市场调节和计划调节在社会资源的配置过程中，都具有积极作用和消极影响两个方面，市场经济体制必须将这两种调节有机地结合起来，取长补短，充分发挥两者的积极作用，克服其消极影响。社会化大生产和商品经济构成了计划调

节与市场调节存在的共同基础，使两者能够结合在一起作为调节经济的手段，促进经济的发展；计划与市场所要解决的基本问题是按比例分配社会劳动，虽形式和途径不同，但都有一个有效、优化的要求。

发展现代化经济必须将市场和计划两种手段结合起来，在运用市场手段时，需注重宏观调控，综合运用计划、经济、法律和必要的行政手段，引导市场经济健康发展；在运用计划手段时，要以市场为基础，总体上应当是指导性计划，综合协调宏观经济政策和经济杠杆的运用。只要坚持以市场作为配置社会资源的基础，同时正确运用市场和计划两种手段，使之有机结合，就一定能推动社会主义经济持续、稳定、健康发展。

3. 计划调节和市场调节各有利弊。国外早期关于计划与市场问题的争论分为两条线索：一条是 20 世纪 20 年代在苏联经济学界内部；另一条是 20 世纪 30 年代在欧美经济学界范围之内。

（1）苏联内部的争论。20 世纪 20 年代，在苏联经济学界内部主要是围绕实行新经济政策后应建立什么样的经济体制模式，以及如何看待计划和市场的作用而展开的，因而具有很强的实践探索性。苏联建立之初实行的实际上是一种实物经济。后来由于遇到种种难以克服的困难，不得不转而实行新经济政策。在实行新经济政策期间，并非所有的经济学家都放弃了实行实物计划的思想，重要的代表人物是克里格曼。他们试图用庞大的、无所不包的实物计划控制整个国民经济活动，完全否认和排斥市场的作用。他们把新经济政策看作是暂时退却的阶段，认为新经济政策期间重新发挥作用的市场手段只应存在到农业的社会化时为止。

另外一些经济学家和实际经济部门管理者则提出了计划与市场相结合的理论。他们认为，在计划经济体制中必须考虑到市场、货币和价格的作用。因为市场是一个自动机制，它显示出每个经济部门、每个企业的活动成果，没有市场价格就不能对经济现象进行测定和比较。所以计划应在存在市场关系的条件下形成，计划的影响必须是对市场发展本身的影响，而且这种影响应该用与市场一致的手段进行。即使战时，他们也反对完全的指令性计划，强调在追求计划目标和计划影响经济过程时要发挥信贷、工资、价格政策和国家财政政策的作用。

到了20世纪20年代末，这种计划与市场结合的理论主张不再适应斯大林的政治目标，市场经济作为计划经济的对立物、在理论上实践上都被排除在外。市场机制与计划性的不可调和性被奉为斯大林理论发展的一个公理，成为长期禁锢人们思想的一个教条。

（2）欧美经济学界的争论。与苏联国内的争论无关，在苏联以外也出现了围绕计划问题的讨论。在计划经济代表者和反对者之间进行的长期争论（20世纪30年代达到高潮）。首先是由奥地利经济学家米塞斯于1920年发表的《社会主义经济制度下的经济计算》一文引起的。他认为建立在私有制基础上的自由市场竞争形成的市场价格是经济计算的必备条件，因为只有竞争中形成的价格变化才能显示产品的稀缺程度，从而合理地分配、运用和控制资源，进行经济计算，对资源的投入作出评价。集中计划经济不可能发挥市场和价格的功能，不可能有经济计算。进而断言，没有经济计算就没有经济。

哈耶克、罗宾等人则认为，在计划经济中，经济计算和资源的合理配置在理论上是可能的，但在实践上是行不通的。他们认为，市场的功能是提供一种“试错法”来分配资源，而计划经济恰恰缺少这种功能。哈耶克认为，经济计算以分散信息、分散决策和具有经济动力为前提，在计划经济中，由于缺乏信息，无法进行合理决策，缺乏经济活动的动力，因而不可能对国民经济计算，也无法实现资源的合理配置。罗宾斯认为，关于经济计算，理论上是可以设想用一组数字计算来求解，但实际上行不通。这是因为，要在几百万个预计数据的基础上列出几百万个方程，而统计数据又要根据更多的百万个方程来计算，当解出这些方程时，它们所根据的信息已经过时了。因此，在没有市场经济的条件下，无法建立经济的均衡。

1936年，波兰经济学家兰格发表了《社会主义经济理论》，为计划经济辩护。他认为，计划经济可以解决资源的合理配置问题，用计划代替市场是可能的，也是可行的。按兰格的观点，市场是用“试错法”建立经济均衡的，计划经济中虽然不存在资本货物和生产资源市场，但中央计划可以模拟市场，不必求上百万个方程，只需利用试错法根据经济关系的变化来提高或降低价格，就可以确定供求相当的均衡价格，按照这种均衡价格就可以做到合理的资源配置。他甚至认为中央计划模拟市场过程以实现均衡所需程序远比资本主义私有制条件下通过自由市场竞争达到均衡状态简单得多，好得多，因为中央计划机构对整个经济活动所掌握的信息、知识比任何私人企业家都要宽广得多、准确得多。在后来的东欧国家经济改革中，波兰经济学家布鲁斯认识到市场不能被指令性计划所替代，试图把市场引入计划经济中，建立一种计划与市场相结合的体制，被称为利用市场机制的计划经济模式。捷克斯洛伐克经济学家锡克认为，经济中的计划与市场都具有调控功能，市场机制要在宏观收入分配计划下发挥基础性的或主导性的调控功能，并主张实行政治民主化、资本中立化和工人共同参与企业管理。

（3）中国经济学界对计划与市场关系问题的探讨。计划与市场的关系问题，不是一个新问题，在中国经济学界经过了长期的探讨与争论。它所涉及的根本问题是在经济中计划与市场究竟占有什么样的地位，相互之间是什么关系。从时间上看可以大体分为三个阶段。

第一阶段，从新中国成立之初到改革开放之前。主要是围绕怎样看待市场的作用，怎样认识和对待商品货币关系及商品生产存在的原因，是否应该尊重和利用价值规律，价值规律在经济中起什么作用等问题进行讨论。这一时期，中国实行高度集中的计划经济体制，市场机制的作用只存在于极小的范围之内。理论界研究的重点也主要集中于如何实现国民经济有计划按比例发展。20 世纪 50 年代，有人提出应尊重和利用价值规律，讲求利润和经济效益，给予企业以生产和价格自主权，后来被作为修正主义观点受到批评。

第二阶段，从改革开放到 20 世纪 90 年代以前。主要是围绕如何发展商品经济，发挥市场作用并把它与计划结合起来以及如何结合等问题展开的。20 世纪 70 年代末，理论界有人提出了实行“计划调节与市场调节相结合”，大力发展商品经济。也有人提出“计划经济与市场经济相结合”，并认为“商品经济就是市场经济”。然而，这一时期，人们所说的市场经济，多数学者只是把它作为一种调节手段，而不是今天我们所理解的作为资源配置方式或经济体制类型。到 20 世纪 80 年代中期，对市场经济有了较深刻的认识，初步形成了市场经济的理论观点。他们认为，唯一能够代替行政命令的资源配置方式的是以市场机制为基础的资源配置方式，因此仅仅要求经济的商品化或货币化是不够的，主要是实现经济的市场化，使市场成为稀缺资源的基本配置者。对如何实现计划与市场的结合，先后有“大计划小市场”的观点和“结合论”。“大计划小市场”的观点主张，大的要管住，小的要放开，或者说是宏观要管住，微观要放开，实际上就是在坚持计划经济的前提下，有限地发挥市场调节作用。“板块结合论”则主张，按不同经济活动领域，一块由计划调节，一块由市场调节，对企业而言，就是既要完成计划，又要面对市场，实际上是一种双重体制和双重经济调节机制。“立体结合论”主张，市场调节是基础，计划调节的是市场本身，即计划作用于市场，市场调节企业活动，因而计划与市场的结合是有机的结合。“功能结合论”主张，按计划与市场的功能作用的有效性实现二者的结合，这是计划与市场互补性结合。总的来说，这一时期理论界对计划与市场关系的认识和讨论可以概括为“结合论”。

第三阶段，20 世纪 90 年代以来，对市场的认识进一步深化，从作为一种调节手段到作为一种资源配置方式、一种经济体制类型，而计划则是建立在市场作用基础上的一个宏观调控手段。20 世纪 90 年代初，有学者提出以行政命令作为社会资源的配置方式同以市场配置资源的配置方式之间，的确存在着彼此排斥或相互替代的关系。对于社会化经济，只有两种可供选择的社会资源配置方式，除了以手段为基础的方式，就是以市场机制为基础理论的方式。既然如此，所谓经济体制改革，就无非是用后一种方式取代前一种方式。以市场配置为基础的商品经济运行方式是一种适合社会化大生产的能够保证有效率成长的经济体制，因而它的确立是不可逆转的历史趋势。随着邓小平视察南方谈话的公开发表和“十四大”提出的在宏观调控下发挥市场在资源配置中的基础性作用的社会主义市场经济体制的确立，理论界的认识逐步统一起来。对计划与市场关系的认识，也从“利用论”、“结合论”发展为市场“基础论”，市场经济真正被人们理解为一种资源配置方式或一种经济体制类型。

因此，市场和计划二者调节的领域和形式虽有差别，但目标一致，即都是为了实现资源的优化配置和经济的顺利发展。它们各有优劣，可以做到优势互补，扬长避短。市场是受国家宏观调控的市场，计划是充分尊重价值规律、以间接调控为主的计划。

二、完善预算体系，推动公共资源配置

人类社会的生产过程，就是运用资源，实现资源配置的过程。在特定的技术条件约束下，由于资源的有限性，投入到某种产品生产的资源的增加必然会导致投入到其他产品生产的这种资源的减少，因此，人们被迫在多种可以相互替代的资源使用方式中，选择较优一种，以达到社会的最高效率和最大程度上满足消费者、企业及社会利益。从这个意义讲，人类社会的发展过程，就是人们不断追求实现资源的优化配置，争取使有限的资源得到充分利用，最大限度地满足自己生存和发展的需要。在市场经济中，市场对生产资料和劳动力在社会各部门之间大体保持适当比例关系的调节，在制定国民经济和社会发展战略目标，搞好经济发展规划及总量控制，进行重大结构和重大生产力的布局和调整等方面的作用，从整个社会发展来看，国家宏观调控的目的都是为了保证社会生产的顺利进行，保证有限的资源得以最大限度地利用。

（一）市场通过价格机制有效配置资源

在市场经济条件下，不是由人的主观意志而是由市场根据平等性、竞争性、法制性和开放性的一般规律，由市场机制通过自动调节来对资

源实现配置的，即市场通过实行自由竞争和“理性经济人”的自由选择，由价值规律来自动调节供给和需求双方的资源分布，用“看不见的手”进行优胜劣汰，从而自动地实现对全社会资源的优化配置。

1. 优化资源配置的重大意义

资源优化配置指的是能够带来高效率的资源使用，其着眼点在于“优化”，它既包括企业内部的人、财、物、科技、信息等资源的使用和安排的优化，也包括社会范围内人、财、物等资源配置的优化，经常说的“劳动优化组织”、“改善企业经营管理”、“下岗分流，减员增效”等都是属于资源优化配置的范畴。资源的优化配置是以合理配置为前提，以经济和社会的可持续发展，以及以整个社会经济的协调发展为前提的。资源配置是否优化，其标准主要是看资源的使用是否带来了生产的高效率和企业经济效益的大幅度提高。市场优胜劣汰的竞争机制，必然导致一部分企业破产倒闭。一般说来，那些在同行业中科技水平不高、生产效率低、经济效益差的劣势企业，会因其产品和服务缺乏市场竞争力而遭淘汰。因此，从资源使用角度看，归根到底是看有没有实现生产的高效率和高效益。

资源的优化配置主要靠的是市场途径，由于市场经济具有平等性、竞争性、法制性和开发性的特点和优点，它能够自发地实现对商品生产者和经营者的优胜劣汰的选择，促使商品生产者和经营者实现内部的优化配置，调节社会资源向优化配置的企业集中，进而实现整个社会资源的优化配置。因此，市场经济是实现资源优化配置的一种有效形式。

在企业内部，部门或地区资源的合理使用，则主要是由市场途径来实现的。这种优胜劣汰的竞争机制促使企业改进技术，改善经营管理，提高劳动生产力，降低生产成本，提高经济效益，实现资源优化配置。同时，也促进企业面向市场组织生产，优化资产结构，形成合理的创新机制，从而在微观的企业、部门或地区范围内实现资源的合理配置。

然而，由于市场调节作用的有限性使市场调节又具有自发性、盲目性、滞后性等弱点，因此，社会生产和再生产所需要的供求的总量平衡，经济和社会的可持续发展，社会公共环境等，必然要由国家宏观调控来实现。

2. 市场配置资源的积极作用

依靠市场运行机制进行资源配置的方式。这种方式可以使企业与市场发生直接的联系，企业根据市场上供求关系的变化状况，根据市场上产品价格的信息，在竞争中实现生产要素的合理配置。市场调节的实质就是价值规律调节。价值规律是通过价格、供求和竞争调节社会劳动分配比例的，是一种“看不见的手”的调节。正如恩格斯所说，“只有通过竞争的波动从而通过商品价格的波动，商品生产的价值规律才能得到贯彻，社会必要劳动时间决定商品价值，这一点才能成为现实。”

3. 资源优化配置的积极作用

（1）推动科学技术和经营管理的进步，促进劳动效率提高。企业作为市场主体以利润最大化为目标从事生产经营活动。企业要使产品价格具有竞争力和实现利润最大化，必须使自己生产商品的个别劳动时间即个别价值低于社会必要劳动时间即社会价值。在竞争机制下，劳动生产率较高、个别价值较低的企业，在竞争中处于主动地位，能够以高于个别价值的价格出售产品，以此获得较高的收入。相反，劳动生产率较低、个别价值较高的企业，在竞争中处于被动地位，只能按低于其个别价值的价格出售产品，获得较少的收入以至蚀本。这样，企业作为市场主体，在市场机制的调节下，从自身利益出发，会主动采用先进的科学技术，改进经营管理，以提高劳动生产率，进而带动整个社会生产力的迅速发展。

（2）引导企业按照市场需要优化生产要素组合，实现产需衔接。企业作为市场调节信号的接受者，主要通过市场价格的涨落，了解市场供求状况，并据此安排和调整生产经营方向、品种、数量和规模，进行生产要素的组合。当某种商品的价格上涨，意味着该商品在市场上供不应求，企业就会自动扩大生产经营规模。反之，若某种商品价格下跌，表明该种商品在市场上供过于求，企业则会缩小生产规模，或调整经营方向，转而生产其他商品。市场是企业的“生命”，关系到企业经营效益的好坏和企业的发展。所以，面向市场进行生产经营，是企业发展的内在要求。

（3）发挥竞争和优胜劣汰机制，增进商品生产经营能力。企业从事商品生产经营必然为争夺市场份额展开激烈的竞争。竞争以外部的强制力，迫使企业在生产经营中强化管理、降低成本、提高效益；激励企业面向市场自主经营、自负盈亏、自我积累和自我发展；促使企业增强创新意识和锐意进取的活力。

（二）政府通过预算配置公共资源

预算是政府活动计划的一个财务反映，是政府调节经济和社会发展的重要工具。发挥预算管理的作用，提高政府财政的预算效率，是政府通过预算配置资源的有效手段。

政府配置资源的手段有多种选择，总的来说，政府通过财政进行资源配置的主要手段是支出和税收。一是财政支出。财政支出中一部分表现为政府直接购买商品和劳务，主要是购买进行日常政务活动的商品与劳务；另一部分为政府的投资性支出或资本性支出，这种以国家为主体的投资活动，是政府财政支出中有别于直接购买商品和服务支出的部分，称政府投资或财政投资。二是税收。税收的资源配置作用，包括两个方面的内容：一是为公共产品筹集资金，主要目的在于协调公共产品和非公共产品的供给关系；二是用影响消费倾向的办法改变私人部门的资源配置，主要目的是通过税收影响私人收入水平，从而影响人们的消费倾向，进而影响投资需求来改变资源配置。在市场失灵环节，政府应通过调整税收结构作出适当的干预。由于市场失灵只发生在个别环节，所以税收政策不应在整体上冲击市场机制对资源的优化配置，税收政策应该是中性的。三是财政补贴对相对价格和资源配置具有特殊影响。财政补贴（包括减税等）的增加，意味着受益者收入的增加，以及他们能够购买的商品和劳务的增加。在现实经济生活中，无论是由于价格上升引起的补贴增加，还是由于财政补贴增加引起的价格上升或下降，都将产生同样的结果，即财政补贴的数额与有关商品、劳务或生产要素的价格变动有着密切的联动性关系。由于财政补贴所涉及的商品、劳务或生产要素只是全部商品、劳务或生产要素的一部分，因而补贴进入市场后，必然使得原来的相对价格体系发生变动。由于市场对资源配置起基础性作用，而市场配置又主要通过市场价格变动来实现，因此财政补贴对相对价格结构产生的影响，就将同时对资源配置产生一定的调节作用。正是有鉴于此，在二元经济条件下，财政补贴的基本功能之一，就是用来纠正价格结构的某些变形或扭曲，矫正或弥补计划价格的不足；而在自由价格体制下，则被用来克服自由价格的某些消极作用，特别是用以实现自由价格机制所不能实现的社会目标，诸如公平分配目标、社会稳定目标等。

预算是政府的基本财政收支计划，预算的执行是财政收支的筹措和使用过程。随着中国经济社会的高速发展，预算管理在政府财政中，不仅有利于提高政府工作的透明度，而且还能提高政府部门的运行效率。但由于基层政府的财务管理，忽视了预算管理的重要性，致使财政收支矛盾较为突出。因此，预算管理在政府财政中具有重要作用。

（三）构建预算管理框架，优化资源配置

预算本质上是一种分配稀有公共资源的活动，需要在各类潜在的支出目标之间作出选择。今天，政府在公共资源的配置方面效率低下的典型表现是预算方案不能满足民众的需要。此类问题可以归结为“效率”问题，政府公共预算作为政府配置资源的主要方式，首先需要考量的价值目标是公共支出的配置效率，即将有限的公共投入配置到能最大发挥经济效率的领域中去。

一般意义上，资源配置的经济效率的获得，是通过市场化的方式进行的，在经济行为主体根据自身的约束和偏好来自主、分散进行经济决策时，能实现资源的最优配置，这就是所谓“看不见的手”的定理。然而，政府配置公共资源，相比于市场化的资源配置方式，二者的不同之处在于：（1）市场化方式所配置的资源是私人资源，而公共预算配置的

是公共资源；(2) 在决策方式上，市场化配置资源是市场中的经济行为主体的自主分散决策，政府公共预算是以政府意志对资源的集中决策；(3) 在市场化决策中，决策主体就是受益主体，而公共预算的决策主体与受益主体是分离的，决策主体是政府，受益主体是公民。因此，构成市场化资源配置效率的制度要件在政府配置资源过程中是不存在的。将政府公共预算中的效率问题抽象为公共产品投资的效率实现问题。这里存在两个层面的问题：第一，在理论层面上，如何认识和理解公共资源配置效率长期以来都是一个很模糊的问题；第二，设计和完善可行的公共预算制度，是亟待解决的现实问题。

随着市场经济的发育和公共财政体制的建立，以及部门预算、国库集中收付、政府采购等各项财政改革的不断深入，中国现行预算科目体系存在的问题越来越突出，集中体现在以下几个方面：

一是与市场经济体制下的政府职能转变不相适应。中国目前市场经济体制已基本建立，政府职能也发生了很大转变，市场在资源配置中的基础性作用日益突出，政府公共管理和公共服务的职能日益加强，财政收支结构也发生了很大变化。这既不能体现目前政府职能转变和公共财政的实际，也带来了一些不必要的误解，影响各方面对中国市场经济体制的认识。

二是不能清晰反映政府职能活动。在市场经济条件下，政府的重要职能，就是要弥补市场缺陷，满足社会共同需要，政府活动讲求公开、透明。政府预算必须反映公共需求，强化公共监督。但中国现行预算支出科目主要是按经费性质进行分类的，把各项支出划分为行政费、事业费等等。使用这种分类方法，从科目上看不出政府究竟办了什么事，很多政府的重点支出如农业、教育、科技等都分散在各类科目中，无法形成一个完整的支出概念，支出预算不透明、不清晰，往往造成“外行看不懂，内行说不清”。

三是财政管理的科学化和财政管理信息化受到制约。按照国际通行做法，政府支出分类体系包括功能分类和经济分类。功能分类反映政府的职能活动，经济分类反映各项支出的具体用途。中国现行的支出目级科目就属于支出经济分类范畴，但它涵盖的范围偏窄，财政预算中大多数资本性项目支出，以及用于转移支付和债务等方面的支出都没有经济分类科目反映，而且，现行目级科目也不够明细、规范。这些都不利于细化预算编制，加强预算单位财务会计核算，提高财政管理信息化水平。

因此，进行政府收支分类改革，建立一个科学、完整、规范的政府收支分类体系，既是公共财政体制建设的必然要求，也是增强财政预算透明度，扩大公民民主参与预算过程，推进社会主义政治文明和政治民主的必然要求。

针对现行收支分类体系存在的主要问题，进行政府收支分类改革的目标，就是要适应市场经济条件下转变政府职能、建立公共财政体系的总体要求，逐步形成一套既适合中国国情，又符合国际通行做法的较为规范合理的政府收支分类体系，为进一步深化财政改革，提高预算透明度，强化财政监督创造有利条件。政府收支分类是财政预算管理的一项重要的基础性工作，直接关系到财政预算管理的透明度、科学化和规范化，是公共财政体制建设的一个重要环节。

在设计新的政府收支分类体系的过程中，主要遵循了三个基本原则：一是公开透明。确保按新科目编制的预算符合市场经济条件下公共财政的基本要求，不仅要我们“说得明白”，还要让老百姓“看得明白”。二是符合国情。既要合理借鉴国际经验，实现与国际口径的有效衔接与可比，又要充分考虑中国目前的实际情况，尽可能满足各方面的管理需要。三是便于操作。科目设计在内容和层级上既要充分满足管理的要求，又要尽可能简化，方便实际操作。

新的政府收支分类能够基本实现“体系完整、反映全面、分类明细、口径可比、便于操作”的改革目标。新的科目体系与部门分类编码和基本支出预算、项目支出预算相配合，能对任何一项财政收支进行“多维”定位，清楚地说明政府的钱是怎么来的，用在哪些方面，怎么用的，为预算管理、统计分析、宏观决策和财政监督等提供全面、真实、准确的经济信息。

三、加快公共预算改革，提升资源配置效率

提高资源配置效率是现阶段社会经济的迫切需求。改革现行政府预算管理体制是加强政府宏观调控的现实选择。市场经济条件下，政府财政具有资源配置、收入调节、经济稳定与发展等职能。而现行体制运行中客观上存在着财政越位缺位并存、财权重心上移与支出重心下移、支出责任划分不清的情况。从而导致政府过多介入竞争性领域，有的公共性领域投入不足，中央与地方以及地方各级政府之间相互推诿，下一级政府对上一级政府宏观调控政策响应度不够，影响了宏观调控的效果。因此，必须对现行政府预算管理体制进行改革，促进政府职能转变，提高资源配置的新途径。

（一）预算管理在政府财政中的重要意义

预算涉及国家治理的方方面面，公共预算是政府配置资源的重要工具。作为一种货币化的公共政策，它是调节各种利益分配的重要工具，在国家政治生活中发挥着极其重要的作用。预算是国家治理的前奏，政府依据每年的财政预算来安排政府活动，进行国家治理，它为政府活动提供了一种约束，将政府的活动限定在某一范围内，从而对国家治理有一定的引导作用，这也正是阿伦·威尔达夫斯基（Aaron Wildavsky）提出“如果你不能预算，你如何治理?”的原因之所在。预算是“国家治理的核心”，一国的预算体制与预算能力反映该国的国家治理水平。我国的预算制度经历了数次改革，尤其是部门预算制度的建立，提升了我国的预算能力，但不可否认的是，我国的预算能力与水平总体不高，对社会的治理能力没有得到显著发挥，一定程度上制约了国家整体治理能力的提高。因此，有必要以公共预算作为突破口，通过对预算制度进行改革，建立现代化的公共预算制度，以提升国家的治理能力，从而能够进一步推进国家政治体制的改革与发展。

预算管理对政府财政管理具有十分重要的意义，预算管理对政府财政的重要性主要表现在三个方面，即有利于明确政府与公民的权利和义务、促使政府为公民提供公共服务和规范政府整体的财政收支行为。

1. 明确政府与公民的权利和义务

中国在预算公开方面起步较晚，随着民主政治深入人心，政府执政理念的增强以及民众民主意识的提高，要求预算信息公开的呼声也越来越大。政府作为公民代理人，有义务公开财政预算，公民作为委托人，有权利要求政府公开预算。预算管理在明确政府与公民的权利和义务方面具有重要的意义，预算的内容要体现民意，通过预算可以明确政府与公民各自的权利和义务。

2. 促使政府为公民提供公共服务

公共预算是政府分配和使用公共资源最重要的政策手段之一，通过预算可以促使政府为公民提供最优的公共服务和公共产品，与全体公民的切身利益息息相关。政府预算应优化社会资源配置，为公民提供公共商品和服务，让公民公平享受社会资源，从而使更多的民众生活得更好。

3. 规范政府整体的财政收支行为

政府预算是政府组织和规范财政分配活动的重要工具，政府收支分类是财政预算管理的一项重要的基础工作，通过预算能规范政府的收支行为。政府预算直接关系到财政预算管理的透明度，政府预算能真正体现其本质，实现其功能，预算资源集中统一配置，预算收入税式化、预算信息明细化和预算监督全程化有利于规范政府整体的财政收支行为，提高财政资金的使用效益和部门预算的约束力。

（二）如何发挥政府财政预算管理的作用

加强政府财政中的预算管理，发挥好政府财政预算管理的作用，可以从实行综合财政预算形式、改革财政预算编制方法、合理调整财政支出范围、建立财政绩效预算体系以及加强对政府预算的监督等五个方面入手。

1. 实行综合财政预算形式

发挥政府财政预算管理的作用，要实行以部门预算为基础的综合财政预算形式。实行综合财政预算形式的方式主要有两种，一是把预算内外两块资金有机结合起来，建立统一的预算管理体系；二是以编制部门预算为突破口，规范完善部门预算编制，增强预算的综合性和完整性，推动财政管理不断走向规范化和科学化。

2. 改革财政预算编制方法

改革预算编制方法，有利于发挥预算管理在政府财政中的重要性。改革财政预算编制方法可以从三个方面采取措施，一是打破传统的“基数加增长”的预算编制办法，引入零级预算和弹性预算；二是由财政部门对下年的经济形势进行预测，使各部门预算编制更加符合政府的宏观经济发展要求；三是严格按照财政部有关政府收支分类改革的规定，实现预算的定额定员标准化。

3. 合理调整财政支出范围

优化支出结构，合理调整支付范围。不仅要调整和减少维持性支出的范围，使财政将重点转到社会公共需求这方面来，而且还要深入优化支出结构。优化行业内部的支出结构和提高环保、教育等方面的预算支出比例。另外，合理调整财政支出必须遵循下述三个原则，即政府职能必须得到充分体现，效率和公平指标必须得到落实，必须要遵循法律法规。

4. 建立财政绩效预算体系

构建财政项目评价体系，有利于构筑公开透明的政府财政预算管理。在预算支出管理中建立一个以绩效为核心，以项目预算绩效管理为基础，以财政管理信息化建设为重点的财政绩效预算体系，使预算管理从封闭式管理转为透明式管理，实现预算专业化职能部门业务协同发展，切实抓好预算管理工作，有助于预算管理在政府财政中的作用得到最大发挥。

5. 加强对政府预算的监督

完善预算体制改革，加强对政府预算资金的绩效监督，要充分发挥人大的监督作用，建立健全预算编制、执行、监督相对分离又相互制约的预算管理体制。加强对政府预算的监督，全方位推进财政预算监督体系建设，建立事前审核、事中监督、事后检查的财政监督运行机制，切实提高人大进行预算监督的有效性，增强预算报告的详细度和透明度。

综上所述，政府只有充分意识到预算管理在政府财政中的重要性，通过大力开展部门预算，实行综合财政预算形式，改革财政预算编制方法，合理调整财政支出范围，建立财政绩效预算体系，加强对政府预算的监督，才能发挥政府财政预算管理的作用，使政府预算管理更加科学化、精细化，进而促进政府预算效率和预算管理水平的提高。

（三）向绩效预算的转变势在必行

中国的预算管理伴随着改革的深入取得了十分显著的成效，预算的编制、审批、执行与监督，逐渐趋于规范合理，体现出一种以合规控制为导向的改革。但是，随着改革的深入，仅仅以合规控制为导向的预算改革已经不足以满足公众对于政府提供公共产品与服务的质量和效益取向的要求。因此，引入对资金使用效果的评价，实现以绩效控制为导向的预算管理模式势在必行。

1. 预算合规控制与绩效控制的特点

政府预算管理包括实施过程管理和结果导向管理。预算实施过程管理是对行政行为的整个过程进行引导，其重点在于预算实施过程的合法合规性，而对于预算最终目标的实现并没有强制性的规定，以合规控制为导向的预算管理就属于过程管理的范畴。而结果导向管理则是将政府预算管理的重点放在目标的设定及评价上，而将预算过程的管理权力下放给各个预算实施部门，即重点要求各部门能够在限定的资金范围内达到申请预算所承诺的预定目标，也称以绩效控制为内容的结果导向的预算管理。

两种预算控制模式的特点在于：预算的合规控制要求政府公共支出的方向及数额、预算编制和执行必须在法律法规及制度赋予的范围内，通过采用分项排列的预算编制方法力图对政府活动的每一项支出对号入座，并且将各项支出额度细化到具体预算单位的每个支出项目上。在执行中遵循“打酱油的钱不能买醋”的原则就是一种合规控制，实际上是一个程序化的内部控制过程。它通过对各部门以及所属单位的支出控制来约束各部门的支出规模与方向，以期能够全面、完整、细致地反映出公共财政收支状况以及政府的活动范围和方向，使得监督部门及社会公众能够更深刻地了解政府行为，对预算的审查和监督也有据可依。绩效控制则是以结果为导向、以绩效评估为核心、以项目成本为衡量标准的预算管理模式。它的宗旨是有效降低政府提供公共产品的成本，限制政府支出的扩张，提高财政支出效率。它的主要内容包括绩效目标管理、绩效运行跟踪监控管理、绩效评价实施管理、绩效评价结果反馈及应用管理等方面的内容。具体有以下几个特征：一是建立绩效目标，赋予各预算部门充分的自由权，使其能够根据本部门的预期目标灵活使用资金。二是强调预算支出的效果，也就是公共产品与服务的质量。三是要求成本和结果均可量化。通过建立绩效指标体系，对成本结果进行量化评估，检测资金的使用效果，提高预算安排的合理性。四是实行结果报告制度。预算年度结束后，各部门要汇报各绩效指标结果、绩效目标实现情况等信息，以便进行监督和改进。预算的绩效控制不仅仅追求支出的合法合规，更要求资金投入具有良好的效果，因此又被称为结果导向型预算。

2. 合规控制与绩效控制的关系

结果导向管理理论认为程序和规则固然重要，但是能够达到满足公民需要的预定结果更为重要。它要求在预算编制过程中，不是单纯地满足于划分各种经费，而是在财政资金的合法合规使用成为基本守则的前提下将资金交给各个部门，由部门在绩效目标的约束下自主决定资金的配置。由此，财政部门工作的重点也不再是监控资金的使用是否符合规定，而是设定绩效目标并评价其是否实现。这种管理制度可以弥补过程管理的缺陷，促进政府行政效率的提高。

（1）合规控制是绩效控制的基础。虽然基于合规控制的预算管理重点不在支出效益，并且制约着各个部门资金使用的自主性和灵活性，但是基于国际经验和中国现实，合规控制依然不可逾越，它是预算绩效控制的前提。预算的制度设计保障了资金使用的合规性。预算是围绕着国家年度工作计划和政府职能编制的资金计划，它规定了政府活动的方向、范围和规模，为政府部门的行动提供了合规控制的标准。因此，预算经审批后，就要求各部门严格按照预算执行，确保将每一项资金按照规定使用，以保障政府活动按照预期进行。如部门预算须填报按完整细化要求设计的预算表格，遵循“两上两下”的编制程序以及规范的政府采购、国库集中收付的制度设计等，都是保障预算合规控制的制度基础。长期实施合规控制能够使预算约束转化为预算遵从，这正是绩效控制模式所必需的基础前提。

（2）绩效控制是合规控制的目标。部门预算不能仅仅止于合规审查，在此基础上，最终实现公共预算资金的绩效控制才是预算管理所追求的真正目标。部门预算制度设计的最终目的是通过规范部门支出，提高支出效益。只有引入绩效控制，部门预算才能真正实现由投入导向向结果导向转变，从而改变各部门的支出动机，鼓励管理制度的创新和管理者的节约意识，从而实现支出效益的提高。如果说预算的合规控制能够将各部门的行为约束在一定的框架之内，那么预算的绩效控制则能够在此基础上使各部门明确自己的目标，提高自身的服务意识。

3. 预算管理向绩效控制导向转型的动因

随着改革的深入，单纯的预算合规控制局限性日益显露，因而有观点认为在两种预算控制导向管理模式下，不应过多将控制重点置于预算过程的控制管理，而应在预算的具体安排上给部门更多的自主权，将控制重点转至花钱的效果上，即实施结果导向的绩效控制管理。

（1）单纯的合规控制会造成资金使用效益不高。合规控制的预算管理方式强调资金使用及管理的合法合规，对最终的支出效益约束力不强。首先，影响支出结构的合理性。合规控制导向下的部门预算编制方法和管理模式主要是为了控制支出，避免预算部门对资金的滥用。部门预算的基本支出按照定员定额标准拨付，项目支出则根据项目人员及项目所需资金，结合以前年度项目资金结余情况统筹安排。在合规控制下，既有经费成为预算的固化支出，是影响财政支出数额的重要因素。其次，预算的考评结果与预算没有挂钩。预算确定之后，对预算执行的审查侧重于资金的使用是否合法合规，忽视了资金的产出和结果，拨款之后缺少跟踪问效机制，难以衡量财政资金的使用效益。在这样的制度安排下，各预算部门不需要对财政资金使用效果承担责任，会诱使各部门把工作重心放在如何申请到更多的预算拨款上，而不是考虑如何利用财政资金提供更好的公共产品和服务，往往导致预算执行的结果偏离最初的政策意图。

（2）单纯的合规控制会影响支出控制效率。预算合规控制的重点在于预算的执行要完全遵照既定的预算，这种控制方式要求每个部门都要将其运行所必需的资金安排与相应金额详细列出，如人员经费、公用经费、项目经费及其他经费等，对预算执行的审核就建立在这些信息基础之上。这样的控制方式虽然对于保证预算执行的合规性具有重要意义，但在外部环境不是很稳定的条件下，往往会导致预算执行困难或出现调整频繁的现象，从而耗费大量的时间和资源成本。另外，政府部门委托代理关系的一个重要特征就是其代理链条较长所产生的信息不对称问题严重，由此，导致的交易费用过大，管理成本过高。合规控制下的各部门并没有足够的灵活性对预算进行必要的调整，也没有动力去追求预算资金使用的效益，他们只是将各自的责任定位在合法合规使用财政资金上，缺乏完善相关问题的积极性和主动性，从而无法有效提高资金使用的效益。因此，合规控制重投入、过程和规则，而轻目标和结果。这种机制导致公共支出在保证预算合规执行的同时，却忽视了结果的有效性，管理效益不高。

4. 绩效预算促进社会资源配置效率的提升

20 世纪 80 年代，先发国家掀起了预算改革的浪潮，逐步启动了以结果为导向的新绩效预算制度。相对于 20 世纪 50 年代美国胡佛委员会提出的绩效预算而言，新绩效预算制度，不但强调“绩”，即产出，更注重“效”，也就是结果或者效果。中国对于绩效预算的研究起步主要在2002年之后。1998年公共财政体制建立之后，财政赤字规模不断扩大，引发国债负担率快速上升，接近国际警戒线水平，债务风险增大。中国每年大规模的财政投入虽然也使产出大量增加，但这种产出是以高投入为代价的，因此，效率十分低下，财政效率损失风险也在不断提高。传统预算管理模式使得国家财政投入大，但效果却不明显，这也是中国只重视预算投入的合规性而忽视财政投入的效果所致。

中国已经意识到传统预算管理模式的缺陷，也正在逐步向以追求结果为导向的绩效预算管理模式转变。中央政府逐步放松对预算投入的控制，在多个地区实行绩效预算改革试点，各地方政府也结合本地区实际，积极探索绩效预算管理模式，先后出现了“河北模式”、“浦东模式”、“浙江模式”等多个有代表性的绩效预算管理模式。因此，绩效预算正好符合提高资源配置效率的迫切需求。

第三节 搭建绩效预算框架 构建正向资源配置

兴起于20世纪90年代的新一轮绩效预算改革，在发达经济体国家取得了较大的成功。中国在初步建立市场经济体制的基础上，正致力于服务型政府和现代财政建设，绩效预算改革已经提上了议事日程。从先发国家推行绩效预算改革的实践来看，绩效预算在明显有利于提高公共资金使用效率和改进政府部门绩效。绩效预算改革是一项系统工程。中国推行绩效预算改革，不但要面临OECD国家改革中曾经碰到过的问题，而且还要解决由于中国特殊国情所产生的问题。因此，如何在中国推行绩效预算理念，实现正向资源配置，将是我们亟待解决的问题。

一、树立绩效预算理念，合理设计绩效评估体系

近年来，中国正致力于服务型政府和现代财政的建设，在预算制度方面推行了以部门预算、收支两条线、国库集中收付、政府采购以及规范预算编制程序为主的改革。这些年来，中国的预算制度改革取得了较大成绩，然而这些改革并没有真正解决公共财政资金配置低效率的现状。为改进政府绩效，提高公共财政资金的使用效率，我们应借进一步深化部门预算改革的东风，借鉴发达国家实施绩效预算改革的成功经验，建立预算绩效评价体系，为在中国最终建立绩效预算体系夯实基础。

（一）准确把握绩效预算特征，树立绩效预算核心理念

绩效预算是一种以支出结果为导向的预算管理模式，要求在预算编制、执行、监督以及事后评估的全过程中更加关注预算资金的产出和结果，促使政府部门花尽量少的资金办尽量多的事，这对于优化公共资源配置，促进高效、责任、透明政府的建设具有重要的现实意义。

一是按照绩效来优化预算资金配置。传统“投入型”预算模式下，预算部门在确定各部门预算时，所依据的只是各部门人员的多少、事权的大小以及以往的预算基数水平，但对于预算投入后能带来怎样的经济与社会效益关注甚少。预算与绩效脱节，只重过程不问结果，难免出现铺张浪费、预算效率低下的问题。绩效预算强调以目标为导向，将绩效考核作为预算分配的重要依据，在确定预算时，通过成本效益分析，横向比较，寻求最佳的预算投向，实现财政资源的优化配置。

二是通过效益成本考核提高资金使用效率。政府部门提供公共产品由于缺乏竞争，存在追求预算扩大但产品供给质和量无法保证的问题。传统的预算模式下，预算支出只是各部门工作的量化反映。预算部门关注的仅仅是各部门完成工作量的大小，但对于完成既定工作量投入了多少的资金量，是否物有所值，是否得不偿失却缺乏足够的重视。预算投入不计成本，随意性、盲目性很大。绩效预算从强调公共

核算的角度，将企业经营的成本理念引入预算过程。预算的确定所依据的不仅仅是预算支出所能带来的效益多少，还要考虑获得效益所付出的成本高低，促使预算资金使用者精打细算，科学规范地使用资金，提高资金的使用效率。

三是提高部门使用资金的自主性。传统的预算模式强调的是以控制为主，力求预算的细化，不仅对预算的总额进行控制，而且对预算资金的具体使用方向、使用方式都尽可能细化明确。各部门只能按照预算的要求使用资金，机动性很小。绩效预算为了提高资金使用效率，强调控制与放活并行。一方面对预算目标与总额进行集中控制，确定预算的数量与大体投向。另一方面，在预算的具体使用权上放活，在确保达到预期目标的前提下，给予各部门使用资金充分的自主权。各部门可以根据实际情况灵活调整资金的使用方向与方式，寻求资金效用的最大化。例如，新西兰 1989 年通过的《公共财政法案》明确提出，部门围绕绩效预算目标享有更大的自主管理权。

四是增强财政透明度，便于民众考核绩效。实施绩效预算的核心问题是对政府的支出作出绩效评价，而对于政府行为的品头论足显然只有作为政策直接感受者的广大民众最有发言权。因此，实施绩效预算就必须充分保证民众在绩效评价过程以及预算执行监督过程中的发言权与监督权。只有民众参与其中，评价的结果才可能公正、客观，绩效预算本身才可能健康、高效地运行。因此，及时全面地公布财政信息，才能保证民众能够有手段对政府进行评价和监督。

（二）中国改革绩效预算的理论与实践

党的十八大报告明确提出“推进政府绩效管理”，加强和提高绩效预算管理。中国近年来已经进行了一些绩效预算管理的探索，取得了重要的经验。但也应认识到，绩效预算不仅是财政部门一家的事情，而是涉及整个政府的运行机制，建立全面彻底的绩效预算有赖于行政体制、社会环境的不断完善。因此，推行绩效预算不是一蹴而就的，必须坚定方向，循序渐进地推进。

一是确定科学有效的绩效指标体系。建立绩效预算的关键是构建一个有效可行的绩效指标体系。政府活动的效果多是公益性、社会性的，很难用经济指标或单一量化指标衡量。由于地方政府或基层部门提供的公共产品和服务较为微观、直接、具体，绩效考核易于量化，绩效指标容易确定。相比之下，中央政府提供的公共服务，如国防、外交等较为宏观、间接，效益具有外溢性，难以量化，指标也难以确定。绩效指标制定的合理与否直接关系到整个绩效预算实施的成败，绩效考核必须建立一个具有多重价值标准、多向维度以及多元评估主体的绩效指标体系来对政府支出绩效作出科学合理的评价，依靠民意进行考评成为非常重要的方式。

二是改进政府会计，提高预算信息管理水平。绩效预算需要对部门的支出做出绩效评估，并据此分配预算资金，因此绩效预算对于预算信息的广度提出了较高要求，实施绩效预算必须具有充分的预算信息与强大的预算分析能力。传统的政府会计在支出控制方面有其优势，但未将资产和负债的记录和管理纳入其中，未能以权利和义务为基点确认收入与费用，会导致对政府成本和绩效信息的歪曲和误导，无法支持以绩效为导向的政府预算改革。而权责发生制能够比现收现付制更好地解决绩效管理的问题，因为就绩效和成本而言，能够在资源用于生产产品和服务时确认费用，能够把绩效与成本有效地联结起来。国际上，实行绩效预算的国家，如英国、加拿大、澳大利亚等也均采用了权责发生制会计。例如，英国在《将纳税人的钱管得更好的会计核算：在政府实施资源会计与预算》的报告中提出，“资源预算是以资源会计为基础的公共支出规划和控制过程”。权责发生制会计和预算被看作是包含成本和收益的一个更为精确的方式，通过在预算系统中引入完全成本概念，支出机构有较强的激励去评估自己的营运成本。

三是强化支出机构的责任和压力。为了提高资金使用效率，就必须提高部门资金使用的自主权，发挥其预算执行主体作用。财政部门要由过去的注重合规性管理转向以绩效为导向的产出管理，从过去注重财政稳定性转向更关注于资源的有效配置。赋予支出机构资金使用自由度的同时，要强化其对结果承担的责任和压力，从法律、政治、内控等多方面入手对部门权力形成有效制衡，特别是要发挥审计、公众等外部的监督制约，保证部门自主权的灵而不滥。

四是增强财政透明度，依靠民众进行评估。民众是公共产品的使用者，所以民众对政府绩效的评估是决定性的。增强财政透明度、公开绩效预算信息，依靠民众对政府绩效进行评估是实施绩效预算制度的一个重要组成部分。实施绩效预算的核心工作之一就是建立一个公开、透明的财政过程，将政策意图、工作程序和实施过程全部进行公开。绩效信息是绩效评估的基础资料，是经系统化生成的，可以是数量性的也可以是描述性的，并通过应用各种标准和比较做出关于预期成果实现程度的判断。民众对预算绩效的评估和满意度，是构成良好政府治理的关键因素，有助于增强公众对政府体制的认可和信心。

五是建立中长期预算框架，保障预算项目实施。很多重大项目的实施是长期的，传统预算是以年度为划分的，会割裂项目的整体延续性。因此，绩效预算必须提高项目的战略规划，编制中长期预算。中长期预算框架在实施预算限额方面有明显的优势，便于政府编制年度预算并确定支出重点，更强有力地约束各支出部门的支出需求，更好地确保政府政策的延续性，从而对预算项目实施整体的评估。

专栏 2－2

上海市闵行区绩效改革实践[①]

上海市闵行区作为上海发展的大后方，经济总实力仅次于浦东，但是闵行区的一个显著特点是它处于城乡结合部，人口导入压力巨大。据统计，2009 年年末，全区常住人口为 181.43 万人，其中，外来人口 74.61 万人。除了上海市政建设所致的从市区迁入的动迁户

① 王志刚：“上海闵行财政预算绩效管理改革的启示”，《中国财政》，2012 年第 7 期。

外，外地大量流动人口也居住在此，国家统筹城乡发展、保证基本公共服务均等化战略给闵行的公共服务提出了更高的要求，也给财政带来了众多的挑战。预算再大也有限，尤其对于闵行这样的非核心城市区，工业依然有限，以房地产为主的第三产业对当地税收贡献显著，近年来频出的地产调控政策也给地方财政增收带来了压力，为此，闵行财政积极应对挑战，主动推进预算改革，2003年就开始了预算管理改革。2006年闵行区开始与财政部财政科学研究所、中国政法大学宪政研究所和美国耶鲁大学中国法律中心合作，启动了以“公共预算审查监督制度改革”为核心的公共预算改革。公共预算改革围绕预算编制模式、预算编制过程、预算公开与透明，到人大审议、预算执行监督等多个方面进行全方位的探索，旨在建立科学的、富有闵行区特色的预算编制模式，形成高度透明的、公开的和民主的预算编制决策过程，完善分层分类、繁简适度和清晰易懂的人代会审议预算报表体系。闵行区绩效预算管理从2005年起，经过六年时间的实践，已初步建立起全过程绩效预算管理的框架。2006年、2007年以项目绩效预算管理为重点，初步建立起项目事前、事中、事后的绩效评价机制。2008年结合“以结果为导向”的预算编制，开始将项目绩效预算管理推向深入。2010年11月财政部科研所在钓鱼台国宾馆举行的《2009—2010年年度财政管理报告》发布会上就闵行区财政局的绩效预算向财政系统及财政科研单位作了推荐，可以说闵行区绩效预算已经取得了阶段性成就。

（三）构建绩效预算评估体系，优化公共资源配置

美国国家绩效评估委员会在胡佛委员会提出的绩效预算概念的基础上对其进行了拓展。绩效预算是以任务驱动和结果为导向的预算，它包括所有与预算投入和产出相关联的预算重组，绩效预算关注的焦点是公共项目的结果，也就是公共项目是否最大程度地促进了公共利益，实现

了某种社会期望，它侧重于对政府行为责任和绩效进行衡量。绩效预算的目标不仅仅是提高财政投入效率，更重要的是提高其预算支出后公众的满意度（Zeng Congqin，2007）。

后来，学者们对绩效预算的核心要素进行了研究。洛仑兹（2012）提出绩效预算包括六大核心要素：一是中期框架与目标。政府中期框架内战略规划是绩效预算的重要组成部分，它包含了经济和社会发展的战略重点以及要达到的期望结果。目标包括长期目标和短期目标，长期目标和短期目标紧密联系，长期目标要通过单一方案的短期目标来实现，除此之外还包括跨年度社会目标和年度计划目标。二是政府项目的组织方案与指标的设置。在政府项目的组织方案中，强调以结果为基础对项目支出进行分类，项目中的每项工作要与相应的部门或机构的特定目标挂钩。指标设置要考虑定量测度的可行性，同时还要能反映出项目目标的实现程度，并能够向公众传达政府项目实施的目标和宗旨。三是以监测、评估、绩效衡量为元素构建政府绩效信息收集体系，用于执行过程的监测、程序的评估以及结果或者效果的衡量。绩效信息是包罗万象的，主要通过绩效指标的设置来获取。四是激励机制和绩效信息的整合要用于政府决策过程中。由于绩效信息不能够直接产生有用的结果，也不能直接用于政府决策过程，因此，在使用绩效信息前需要对其进行整合。绩效信息的使用包含两层含义，一方面它要被纳入到政府机构和项目资金分配的决策过程；另一方面，绩效信息还要服务于政府一般决策过程。只有绩效信息对政府机构资金产生实质影响的情况下绩效预算才会形成，绩效信息影响决策过程，反过来，决策过程也会影响绩效，所以，建立与机构个体奖惩相关的激励制度是必要的。财政部门常采取三种基本激励机制用于激励部门或机构，即货币奖励机制、弹性管理机制和公众认可机制。五是绩效审计和提高财政透明度。绩效预算的间接目的是实行程度更大的灵活性管理，但更大的自主权也增大了部门或机构在预算执行过程中产生偏差的可能性，因此需要对其进行绩效审计。提高财政的透明度可以提升公众对政府目标的认可度，公众也可以随时观察到政府目标的履行情况以及政府的效率。六是绩效预算元素的构成。完整的政府绩效预算主要包括中期框架与目标、项目方案与指标设置、绩效信息收集、绩效信息整合、财政透明度。

1. 搭建绩效评估模型，完善绩效评估体系

绩效评估是绩效预算的重要组成部分和关键点，前期所有工作的努力就是为了绩效评估，绩效评估如果出现问题，那么绩效预算改革就有可能失败。就绩效评估的主体来说，各国都不同。在英国，由隶属于国家审计署的审计委员会负责对地方政府绩效进行评估考量，并且该委员会还开发了一套综合政府绩效评估体系，包括综合评价、资源使用评价、服务评价和发展方向评价四个部分。在美国，由国家绩效评价委员会专门负责监督实施政府绩效评估工作，并从宏观、中观和微观三个层次展开，宏观评估主要是指全政府绩效评估，对象是政府执行《总统管理议程》五项改革的进展情况，五项改革包括人力资本战略投资、竞争性采购、改善财务绩效、电子政府以及预算绩效整合；中观评估主要是指部门绩效评估，对象是政府各部门财政年度内部门绩效目标的实现程度；微观评估主要是指项目绩效评估，通过使用项目评估评级工具对政府预算支出项目管理情况进行评估。但在奥巴马执政时期，又创设了白宫绩效，协调项目产出的跨机构协作问题，同时提出了评估就业行动方案、消减预算项目清单，要求机构设立优先排序的绩效目标以及将政府行为效果从项目评价中分离出来，增强项目评价水平等方面的预算绩效改革。在澳大利亚，实行绩效评估主体多元化和鼓励公民广泛参与。首先由总理内阁部设置的政府服务筹划指导委员会对全国政府服务整体进行综合绩效评估，主要方面包括政府整体服务、经济建设发展、政府职能定位及履行、公众满意度等方面。由政府各部门按照联邦财政部指定的评价原则对部门绩效展开评估，但绩效评价方案由各部门自行准备，联邦财政部还不定期向各部门提供好的评价案例作为参考。作为新兴市场经济体的新加坡，其部门绩效评估主要包括三个方面：预算完成比例、目标完成情况和资本化成本。其中资本化成本主要用于评估部门资源利用的

效果，其预算执行结果报告由审计署内部的共同会计委员会负责审编。法国创立了“任务—项目—行动”三层级新公共预算框架，在这种框架下，项目负责人、项目的可操作型负责人以及预算的可操作型单位负责人在拥有较大运用和分配资源权力的同时，都要对既定目标负责，其工作行动和结果都要被纳入绩效考核体系。这样一来，框架内的所有层级的负责人都必须要达到公共政策目标结果及其相对应的绩效评价指标要求，由此构成了法国绩效预算的评估体系。

2. 加强绩效评价结果应用，提高资源配置效率

绩效预算是以结果为导向的，因此对绩效结果的运用就显得尤为重要。绩效评价结果通常都是以绩效评价报告为载体，被不同部门和管理者使用。一般而言，先发国家的绩效评价结果主要被部门管理者和预算分配部门更多的使用。对部门管理者来说，他们可以根据绩效评价结果来调整政府经济目标，同时为评价结果中出现的问题提出解决方案。而对预算分配部门而言，绩效评价结果可以作为调整年度预算分配的重要依据。当然，也有国家根据评价结果来改善公共管理，如澳大利亚绩效评价结果用于指导议会、总理内阁部、财政部以及其他部门公共管理的改进，同时为政府宏观决策提供参考。部门绩效信息主要作为财政部和部门审核预算支出的依据和参考。

二、完善绩效预算制度，改进政府资源配置

预算绩效管理是政府绩效管理的重要组成部分，目的是将“结果导向”的绩效理念融入预算编制、执行、监督和报告及事后评估的全过程，从而在预算管理中注入一种“关注结果”的激励机制，以推进财政管理的科学化、精细化，提高财政资金的使用效益，促进高效、责任、透明政府建设。近年来，中国一些地区和部门积极开展预算绩效管理试点工作，取得了一定成效。但由于起步晚，实际工作中还存在着许多需要改进和完善之处，必须进一步深化改革，推进预算绩效管理制度创新。

（一）建立健全绩效预算制度面临的挑战

以结果为导向的绩效预算被越来越多的国家所认可和接受，同时也成为各国预算管理改革的方向。但是真正全面推行绩效预算管理，还面临许多挑战和困难。

首先，以绩效信息为基础的数据的获取。绩效信息是实施绩效评估的关键，如果绩效信息无法获取，或者数据质量不高都会影响到绩效评估的结果；再者就是绩效信息如何被有效地整合进入政府的决策过程中。其次，各级政府的支持。绩效预算的实施要涉及政府内部不同部门间利益的重新调整，这种调整可能会触及到既得利益者的利益，因此会受到较大的改革阻力。最后，组织的绩效评估与个人绩效评估的结合，绩效评估与部门使命和战略目标的结合，绩效评估的阶段性和政府目标的可持续性的问题。因此绩效预算改革的实施需要采取渐进模式，在改革中寻求突破，在突破中加强制度建设，分步实施，稳步推进。

（二）通过绩效预算改革，带动社会治理全面改革

绩效预算管理是一种全新的预算管理模式，绩效预算的实施不仅仅是预算模式的转变，同时要求配套改革政府部门。

第一，要求政府立法部门建立健全法律法规体系，使绩效预算能在法律的框架下推进，并使之规范化、制度化。例如法国建立了有关绩效预算实施的《财政组织法》。澳大利亚先后建立和修订了《基于绩效的支付协议法案》、《审计长法》、《预算报表诚信法》、《财政管理及问责法》以及《公共服务法》，美国通过了《政府绩效与成果法案》等。

第二，转变政府职能改变官僚体制作风，是实施绩效预算管理的前提。英国政府通过建立公共利益目标导向机制，推动政府职能转变，培养顾客服务意识，提高公共资源利用效率。美国纽约州发布《重塑政府系列报告——绩效评估和预算》来推动政府改革。

第三，改革政府会计核算制度。政府绩效评估的重要方面就是政府活动成本的衡量，而只有权责发生制会计核算模式才能够准确衡量政府

的活动成本，所以，绩效预算推行必须要有权责发生制会计核算模式与之相匹配。英国为了测量政府绩效，通过颁布《政府资源和账目法案》，以立法的形式来全面引入权责发生制会计制度。新西兰通过颁布《财务报告法案》来强化公共部门对权责发生制会计原则的应用。

第四，进行绩效审计。先发国家基本都成立了独立于政府部门而专门负责对政府部门绩效进行绩效审计的部门。成功的绩效审计能够有效地推动政治民主化进程，而这也正符合新绩效预算倾向公众的思想（Sandra. T. 和 Henk. J. 2010）。

（三）建立绩效预算框架，推行绩效预算管理

针对当前预算管理存在的种种问题，要实现预算管理科学化、精细化，提高公共资源的使用效益，迫切需要构建公共资源配置框架，推行预算绩效管理。

1. 建立绩效预算框架

首先，建立一个机制，即建立“预算编制有目标、预算执行有监控、预算完成有评价、评价结果有反馈、反馈结果有应用”机制，与预算编制、执行、监督实现有机结合。其次，完善两个体系，即完善制度体系和评价体系。制度体系着力从方向和目标上加以规划和指导，建立健全预算绩效管理相关制度及具体实施细则，增强操作性。绩效评价体系着力规范评价主体范围，合理运用评价方式方法，切实完善绩效指标体系。再次，健全三个智库，即专家库、中介机构库和监督指导库，实行动态管理，实现分建共享，为预算绩效管理提供智力支持和制衡监督。最后，实施四项工程。一是扩面增点工程，拓展预算绩效管理各环节的广度和深度，实现全覆盖。二是重点评价工程，按照由易到难、由小到大、由点到面的原则，先选择部分项目开展试点，再逐步推广到整个预算支出项目，并将评价结果作为编制下一年度财政预算的重要参考依据。三是质量提升工程，不断增强绩效评价的自评和外部评价的质量，力争做到“专家敢说，中介真评”。四是结果应用工程，围绕绩效评价结果报告、反馈整改、预算结合、信息公开、奖优罚劣做文章。

2. 推行绩效预算管理的作用

一是可以实现公共资源的公平分配。使有限的财政资金能够得到科学配置与合理运用，破除长期以来财政工作中的“重分配，轻效益”的错误认识。二是可以切实提高财政管理水平。运用科学的绩效评价体系，配合严密的财政管理体制，客观评价财政支出的经济以及社会效果，并以此为依据指导下年度预算工作。这样能从根本上提升各部门对财政科学化、精细化管理的认知水平，实现“奖优罚劣”的目的，为财政资金的有效使用提供制度保障。三是可以建立财政支出责任约束机制。有利于抑制部门之间普遍存在的争资金、上项目的需求冲动，抑制申报预算绩效目标的浮夸风，建立正确的激励奖惩机制，减少无效和低效支出，有效缓解预算收支矛盾。

（四）财政绩效监督的理论构架

财政绩效监督是近几十年来随成熟市场经济国家普遍关注政府支出绩效和推行新公共管理改革而产生的。一般认为，财政绩效监督是通过财政支出绩效评价，对财政支出和相关政府活动实行的全程监督，目的是实现相关政府活动的经济性、效率性和有效性，是在传统合规性财政监督基础上发展起来的、以绩效为中心的新型财政监督。在中国倡导“民本”、关注“民生”、实行服务型政府和公共财政条件下，探索财政绩效监督的理论与制度构架，对拓展中国财政监督理论与实践，充分发挥财政监督在推进公共财政体制完善，规范市场经济秩序，确保财政宏观政策执行，提高财政资金效益，提高政府绩效管理水平，实现中国梦。

财政绩效监督理论是财政绩效监督制度的基础，是客观描述财政绩效监督基本属性或特征的概念逻辑体系。财政绩效监督主要是监督财政支出及政府活动绩效并促进其优化。财政绩效监督在财政支出绩效评价业务执行过程中形成，财政支出绩效评价标准是财政绩效监督的具体业务内容。财政支出绩效评价标准主要包括成本—效益（投入—产出）分析、目标—结果比较、标杆评价、最低费用等。其中，目标—结果比较和标杆评价直接评价财政支出及政府活动绩效，如中国的 GDP 增长率、社会保障覆盖率、人均绿地面积等政绩指标评价和近年的“大学排行榜”评价等。成本—效益（投入—产出）和最低费用选择方法，则通过成本与效益比较或选择最低成本来确保效益优化，如各类基础设施支出项目的可行性研究报告就是成本—效益（投入—产出）的基本评价，可用于监督政府相关基础设施支出及项目；而失业率控制、低保标准等基本就是最低费用选择，可用于监督政府职能底线及履职水平。

三、推进绩效预算管理，正向提高资源配置效率

随着市场经济体制的逐步完善和公共财政体系框架的初步建立，各个社会阶层和广大社会公众对政府绩效管理水平和财政资金使用效益的关注度日渐提高。盲目决策，造成前建后拆等浪费政府资源的现象已经成为人民群众关注的热点问题之一。绩效预算管理已经成为国家选择的政府绩效管理的突破口和重要抓手。因此，推进预算绩效管理已是箭在弦上，势在必行。

（一）充分认识推进绩效预算管理的重要意义

推进绩效预算管理是顺应民意，提高政府绩效管理水平的重要举措。按照“执政为民”的理念，中国政府多次指出要完善预算制度，推进绩效预算管理。现阶段，市县财政仍属于“吃饭财政”，尤其是经济欠发达地区这一特点更加明显。目前流行的一句话：“吃饭靠财政，建设靠土地”就是这一特点的真实写照。由于政府绩效管理体系尚未真正建立，因此地方政府在决定项目资金安排时，都难免根据形势所需拍脑袋决定，谈不上科学决策，资金分配的盲目性在所难免。在政府绩效管理体系一时尚难建立的情况下，通过推进绩效预算管理，可以为政府绩效管理体系的建立探索有效途径，也为财政部门实施项目资金安排提供客观依据。虽然这一客观依据因为政府管理目标和绩效管理的大前提尚不存在，因而不敢说十分科学可靠，但总是有胜于无。

推进绩效预算管理是提高财政资金管理科学化水平和社会公信度的

现实选择。无论是计划经济时期，还是改革开放以来的财政转型时期，重分配、轻管理的财政痼疾一直未得到根治，这固然与强调财政分配职能与宏观调控职能有关，但更根本地是没有找到一条符合各地实际的财政管理资金的规范模式，社会公众无法了解和参与管理公共产品的分配使用。时至今日，社会公众的参与意识和知情意识、监督意识已空前强化，“执政为民”的理念正由理论变为实践，企图封闭起来管理社会公共产品的分配已经面临十分尖锐的社会矛盾，再走单纯分配资金而不注重分配客观依据和公众接受程度，只拨不管的老路已经难以为继。因此，推进绩效预算管理恰逢其时，也是提高财政资金管理科学化水平和社会公信度的现实选择。

（二）加强绩效预算管理，提高政府资源配置效率

20 世纪 80 年代以来，全球经济社会发生了根本性变化，公众价值观念和需求多样化，民主意识和参政意识不断增强，建立高效、责任、透明政府成为时代变化寄予政府的新要求。而绩效预算管理强调政府提供公共服务的质量和成本，关注财政资金的使用效益，其内容不仅仅是公共支出管理本身，更涵盖了整个政府管理的范畴，通过预算激励约束机制的构建和完善，强化政府部门履责意识。强调把公众作为顾客，要求政府的一切活动要从满足顾客需求出发，引入科学管理方法，重塑政府服务公众的理念，提升政府管理效率，使政府行为变得更加务实、有效。可以说，绩效预算管理作为推动政府管理改革的切入点和重要工具，顺应了经济社会发展和政治治理模式变迁的需要，是践行科学发展观和执政为民理念，也契合提高政府管理绩效的时代要求，为今后的民主政治改革奠定坚实的基础。

近年来，随着部门预算、国库集中收付制度等公共财政管理改革的深入推进，财政资金运行管理新机制基本建立，预算执行管理不断加强，财政资金使用效益不断提高。但是，预算管理中重分配、轻管理等问题仍未得到根本解决，特别是预算编制时产出和效益目标不够明确、预算执行进度慢、项目支出管理不够严、预算执行结束后缺乏科学问效等问

题仍然存在，一定程度上造成了财政资金闲置、浪费、低效，甚至影响政府重大政策的有效贯彻落实。而绩效预算管理既强调预算目标实现程度最大化，也强调预算资金使用效率最佳化，通过预算绩效管理的动态反馈和追踪问效机制、绩效结果与预算资源配置的正向激励和反向惩戒机制，从源头上控制好财政资金支出的“闸门”，将规范预算管理、完善预算编制、加强部门管理与提升财政资金使用效益有机衔接起来，实现财政资金由供给保障向有效提供转变。可以说，绩效预算管理改革是切实提高公共资源配置科学性、合理性的有效举措。

（三）绩效预算改革引领社会资源合理分配

纵览古今，诸多改革并不缺少技术的革新，然而技术革新到了一定阶段就会遭遇“天花板”，人们不得不停下来进行深入的反思，我们改革的目的是什么？现有的改革能否持续？未来改革的突破口又在何处？等等。绩效预算改革是中国公共预算改革的方向之一，中央已有共识，地方大量富有成效的改革实践探索为进一步改革储备了宝贵的经验。绩效预算改革需要中央与地方的“上下互动”，共同探索改革的方向，就绩效评估指标体系标准、绩效信息使用方式、绩效评估结果运用等方面达成共识并形成规范的制度文件，依此来切实推动政府职能转变和绩效政府建设。

随着公共财政管理改革步入深水区，如何在更深层面、更高层次上深化预算管理，切实提升公共服务水平，成为急需破解的重大命题。绩效预算管理构建了贯穿预算编制、执行和监督全过程的绩效管理体系，有助于更好地发挥公共财政职能作用，提高财政资金配置和使用效益，提升政府公共服务水平，是衔接政府预算管理改革与部门预算单位财政资金运行方式变革的一项预算管理制度创新，通过推进预算治理结构从控制取向到管理取向的整体转型，实现预算管理理念和模式转型的质变。可以说，绩效预算管理是基于对财政管理改革规律深刻认识的基础上，进一步深化预算管理作出的必然选择。

绩效预算改革的不断推进，能带来几个方面的改变。一是可以逐步实现公共资源的公平分配。使有限的财政资金能够得到科学配置与合理运用，破除长期以来财政工作中的“重分配，轻效益”的错误认识。二是可以切实提高财政管理水平。运用科学的绩效评价体系，配合严密的财政管理体制，客观评价财政支出的经济以及社会效果，并以此为依据指导下年度预算工作。这样能从根本上提升各部门对财政科学化、精细化管理的认知水平，实现奖优罚劣的目的，为财政资金的有效使用提供制度保障。三是可以建立财政支出责任约束机制。有利于抑制部门之间普遍存在的争资金、上项目的需求冲动，抑制申报预算绩效目标的浮夸风，建立正确的激励奖惩机制，减少无效和低效支出，有效缓解预算收支矛盾。

与此同时，在追求效率的同时，必须优先坚持公平性原则，且和谐社会的一个重要特征是社会处于公平、公正中，人人平等。同时，政府在配置资源时必须兼顾不同地区、不同群体的需求，从根本上解决资源分配低水平、不平衡、不全面的问题。通过制度创新来保障社会公平，改革和完善旧的体制，制定合理的政策，实现的“公平优先”。公平和效率是相辅相成的。坚持公平有赖于效率的提高，效率的高低又制约着公平的实现程度。因此，要在资源配置中引入市场机制，利用价值规律，利用绩效预算评估，打破资源占用上的条块分割和部门封锁，以满足广大人民日益增长的需求。

政府运用绩效预算改革的成果，不断的完善自身职能，摆脱以往那种“通管”姿态，消除制度建设和工作方式中的“路径依赖”，作为更超脱的“配角”调控资源配置，以便更适应自然规律和经济规律，从而支持社会经济的健康、持续、快速发展。政府明确自身权责的前提下，合理改善社会收入分配制度，促进社会的公平正义，维护社会稳定。

第三章
构建绩效预算体系
设置行政成本“总阀门”

绩效预算是公共预算管理理念的革命，也是推动政府职能转变的重要机制。当前，中国政府行政成本不但远高于欧美发达国家，而且长期远高出世界平均水平。绩效预算是政府成本的总控制阀，对公共部门在提供公共产品与服务过程中投入的人力、财力和物力等资源进行计划、衡量与控制，使有限的资源达到最大的效果。绩效预算对于进行政府管理创新、有效降低政府行政成本起着巨大的推动作用。

第一节　政府行政成本居高　制约节约政府建设

降低行政成本是行政管理体制改革的重要内容和目标。当前，降低行政成本已经成为新时期中国政府行政改革的当务之急。正确理解政府行政成本是降低行政成本的前提和基础。

一、科学界定政府行政成本内涵，构建成本治理的逻辑起点

在概念上，政府行政成本有广义和狭义之分。狭义的政府行政成本是指政府机构正常运行消耗的资源，包括修建政府办公建筑、购买办公设备和发放人员工资等，即政府行政费用概念。广义上，行政成本是政府在为社会提供公共产品和服务、实施行政管理等活动过程中对人力、财力和物力等资源的消耗，以及由此带来的经济社会方面的间接损耗。因此，广义的行政成本概念包括两个方面内容：一是政府行政活动带来的资源消耗；二是政府行政活动给社会带来的损耗和负担。前者是显性的，而后者往往是隐性的。

然而，尽管理论界对中国政府行政成本“居高不下”、“偏高”等方面达成普遍共识，但在行政成本概念方面尚未形成一致观点。这里认为行政成本是指广义的行政成本概念，包括以下四种基本类型：

第一，政府行政的人力资源成本，主要指公务人员行政开支，包括公务人员的工资、福利开支，该部分成本主要取决于政府机构规模和公务人员的数量。

第二，政府行政运行成本，主要指办公场所、公务车辆、办公设施设备等方面的开支，包括办公场所、办公设施配置、公务用车、通讯费、水电暖费用、招待费、差旅费等方面的开支。

第三，政府行政内部损耗成本，主要指行政过程中较低的行政效率对行政资源的内部消耗或对行政效率的消极影响，包括由于财政管理疏漏、贪污腐败而带来的政府收入性流失和支出性腐败。

第四，政府行政社会损耗成本，主要指行政活动给社会层面带来的资源损耗。因此，从这个意义上理解，降低政府行政成本，不仅包括政府机关行政运行费用的直接减少，还包含行政系统内部损耗和社会成本的降低。

二、准确剖析政府行政成本结构，把握行政成本的阶段性特征

如何控制和降低行政成本是一个世界性难题。在美、英等先发国家，政府主管部门也对行政机构的膨胀和行政开支的增长深感忧虑。与别国相比，中国的行政成本不但远高于欧美发达国家，而且还高于25%的世界平均水平。①

（一）政府行政机构规模、人员规模扩张较快，导致政府行政人力资源成本快速增加

确定适当的政府规模一直是理论界研究关注的焦点问题。政府规模的大小对政府行政成本的高低产生直接的影响，政府规模越大，政府行政成本越高。② 一方面，政府规模越大，行政费用支出就越高；另一方面，政府规模越大，行政协调成本和行政内部耗损就越大。改革开放以来，中国进行了7次国务院政府机构改革，国务院组成部门已由1982年的100个削减为2013年的26个，中央政府机构规模已趋于平稳。但是，在五级政府行政管理体制（中央—省—市—县—乡镇）下，地方和基层政府行政机构规模较大。2011年年底，全国拥有332个地级区划、2853个县级区划、40466个乡镇级区划。按照机构设置“上下同构”的原则，地方和基层政府行政机构规模对行政成本影响显著。反映到财政支出层面，中国地方政府支出规模呈现膨胀趋势，地方政府行政开支过大、上升过快。③

伴随政府机构规模的扩张，行政人员数量也有增无减。1978年改革开放之初，中国国家机关、党政机关和社会团体工作人员467万，占总人口比例的0.49%；2008年国家机关、党政机关和社会团体工作人员增

---

① 姜晓宁、雷良海：“降低行政成本 创建节约型政府”，《上海理工大学学报（社会科学版）》，2006年第2期，第60页。

② 谭桔华：“论合理政府规模与政府行政成本”，《湖湘论坛》，2005年第2期，第58—60页。

③ 平新乔：“中国地方政府支出规模的膨胀趋势”，《经济社会体制比较》，2007年第1期。

加到2228.5万，占总人口比例的1.68%。[1] 政府行政人员规模增长较快，政府行政人力资源成本也快速增加。2011年，公共管理和社会组织就业人员工资总额为6118.06亿元，[2] 是2003年公共管理和社会组织就业人员工资总额的3.4倍。

（二）政府行政运行成本高，人均行政管理费迅速增长。

首先，政府行政运行整体成本偏高。从财政支出角度看，政府行政成本总体过高现象表现较为明显。改革开放以来，中国行政管理费占财政支出的比重持续增大，已由1980年的6.15%上升至2006年的18.73%，行政管理费增长迅速；2007年以来，财政一般公共服务支出逐渐回落，并稳定在财政总支出的10%的水平，但仍然高于财政在科学技术、文化体育与传媒、医疗和卫生等方面的支出比例。

其次，人均行政管理费迅速增长。1950年，全国人均行政管理费平均仅为2.42元；到2011年，全国人均行政管理费[3]平均已经迅速上升至819.43元（见图3-1）。造成人均行政管理费迅速增长的主要原因是："三公消费"、职务消费问题突出；地方建豪华楼堂馆所和办公楼势头愈演愈烈；一些党政机关花钱大手大脚、铺张浪费现象严重。

（三）行政运行过程中形式主义、文牍主义严重，加之政府职能转变不到位，政府行政系统内部损耗成本高

如果仅从"官民比"数量的角度看政府行政成本，我国"官民比"的行政成本并不高。以广义的"官民比"概念（即财政供养人员与全国总人口之比）为基础，选取中国国有单位从业人员、美国政府雇员（含教师）、英国公共部门雇员进行同类比较后得出，2001—2011年间，美国政府雇员（含教师）占总人口平均比例为7.37%；英国公共部门雇员占总人口平均比例为9.89%；中国国有单位从业人员占总人口平均比例为5.1%，（见表3-1）。可以看出中国"官民比"并不是社会认知的那

① 数据来源：国家统计局。

② 数据来源：国家统计局：统计年鉴（2012）。

③ 2006—2011年，以一般公共服务支出代替行政管理费用支出计算。

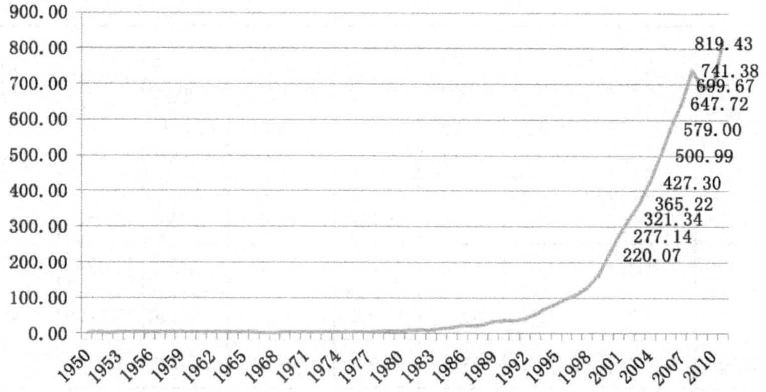

图 3-1 1950—2011 中国人均行政管理费用支出增长图

样高。社会对于政府行政成本高的认知，事实上并不是由于中国“官民比”造成的，很大程度上是由于政府行政运行成本、政府行政内部损耗成本等非人力资源成本形成的。政府行政活动中，“以文件落实文件、讲话落实讲话、会议落实会议”形式主义、文牍主义等官僚主义行政习惯，导致文山会海，消耗公务人员大量的时间和精力。政府部门职能交叉重叠、职能缺位带来拖沓推诿、部门相互扯皮现象，都会导致政府行政系统发生内部消耗。

表 3-1 中、美、英三国“官民比”情况测算表

年份（年）	美国政府雇员数（万）	美国总人口（万）	美国政府雇员占总人口比例（%）	英国公共部门雇员数（万）	英国总人口（万）	英国公共部门雇员占总人口比例（%）	中国国有单位就业人数（万）	中国总人口（万）	中国国有单位人员占总人口比例（%）
2000	20916	276059	7.58	5551	58886	9.43	78775	1267400	6.22
2001	21132	285082	7.41	5643	59113	9.55	74090	1276300	5.81
2002	21542	287804	7.48	5749	59319	9.69	69238	1284500	5.39
2003	21587	290326	7.44	5911	59552	9.93	66213	1292300	5.12
2004	21544	293046	7.35	6030	59842	10.08	64382	1299900	4.95
2005	21719	295753	7.34	6129	60235	10.18	62320	1307600	4.77

续表

年份（年）	美国政府雇员数（万）	美国总人口（万）	美国政府雇员占总人口比例（%）	英国公共部门雇员数（万）	英国总人口（万）	英国公共部门雇员占总人口比例（%）	中国国有单位就业人数（万）	中国总人口（万）	中国国有单位人员占总人口比例（%）
2006	21875	298593	7.33	6094	60584	10.06	64305	1314500	4.89
2007	22176	301580	7.35	6040	60986	9.90	64235	1321300	4.86
2008	22497	304375	7.39	6027	61398	9.82	64470	1328000	4.85
2009	22564	307007	7.35	6321	61792	10.23	64202	1334500	4.81
2010	22738	309330	7.35	6309	62262	10.13	65164	1340900	4.86
2011	22094	311592	7.09	6101	63219	9.65	67040.2	1347400	4.98
平均值			7.37			9.89			5.10

数据来源：US Census Bureau、Bureau of Labor Statistics、Office of National Statistics、中国国家统计局。

（四）政府行政管理科学化水平还不够，政府行政社会损耗成本高

行政成本中“额外的损耗”呈现出失控状态，投射到社会感知，便出现了“行政成本居高不下”的社会印象。① 首先，对企业、对社会影响较大的政府行政审批事项设置过多，各级政府行政审批制度过多过滥，办事程序复杂，行政审批繁琐度较高。其次，政府工作人员行政理念转变还不到位，缺少服务理念，依旧认为审批是“恩惠”和“施舍”，导致“门难进、脸难看、话难听、事难办”等“衙门”作风滋长。

三、缩减行政开支，降低行政成本是国际通行做法

纵观世界，行政成本是世界各国共同存在且非常严重的现实问题；② 降低政府行政成本，建设廉价、高效政府，也是世界各国政府极其重视

① 左同宇：“现阶段中国政府行政成本分析”，南京师范大学，2005 年学位论文。

② 何翔舟、贺新宇：“行政成本及其治理”，《政治学研究》，2004 年第 4 期，第 86—94 页。

的问题和追求的目标。在公共行政改革的浪潮中，为了使顾客和公众满意，各国政府普遍注重降低行政成本，提高政府效能。①

（一）为化解财政赤字危机，美国联邦政府启动“节流”运动，节省行政开支

2012 财年，美国联邦政府财政赤字将达 1.087 万亿美元，这已经是美国政府财政赤字连续第四年破万亿美元（见图 3－2），美国政府已经陷入并将长期陷入财政赤字的困境之中。为解决由于财政赤字带来的财政悬崖问题，民主、共和两党在 2012 年 12 月 31 日达成解决“财政悬崖”的妥协议案，该议案提出除调高年收入 45 万美元以上富裕家庭的个税税率等开源性的政策外，并于 2013 年启动约 1100 亿美元政府开支削减计划。

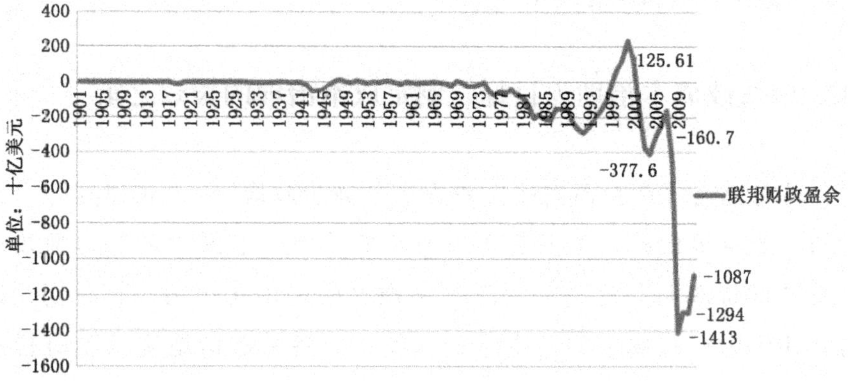

图 3－2 1901—2012 年美国联邦财政盈余变化

（二）在金融危机的冲击下，欧洲多国陷入债务危机，纷纷推出长期性的政府支出削减计划

由于受 2008 年美国次贷危机引发的全球金融危机冲击，2009 年以来在欧洲部分国家爆发了主权债务危机，冰岛、希腊等国家主权债务问题凸显，葡萄牙、西班牙、爱尔兰、意大利等国接连爆出财政问题。2013

① 唐铁汉：“降低行政成本提高政府效能”，《国家行政学院学报》，2007 年第 4 期，第 6—9 页。

年，希腊通过紧急法案，宣布将裁减1.5万名公务员，减少政府开支；葡萄牙也宣布紧缩措施，裁减3万名公务员，在未来3年内削减48亿欧元的政府开支。[①]

（三）为应对国内经济形势，新兴经济体国家也大幅削减政府预算开支，提高政府效率

在金融危机的影响下，以金砖国家为代表的新兴经济体国家经济增长放缓，政府财政赤字开始上升。为减少行政开支，2008年印度财政部下令，将中央政府日常开支削减10%，中央政府各部门今后不得在五星级饭店举行任何会议。[②] 2009年俄罗斯联邦预算在经历了连续9年的盈余后首次出现赤字，2010年俄罗斯总统提出大幅削减公务员建议，减少财政开支、提高政府效率。2011年，巴西政府也宣布削减500亿财政预算，以防止经济过热和控制物价上涨。[③]

四、以行政成本治理为目标，制定成本治理的长效之策

马克思在《法兰西内战》中提出“廉价政府”，主张建立一个精简的、成本很低的、不浪费人民血汗的政府。中国建设节约型政府正是“廉价政府”这一马克思主义理念的中国化运用。新时期，针对上述中国行政成本的基本结构和特征，将采取措施降低政府行政成本。

（一）整合政府职能、精简机构，以深化地方行政机构改革为重点，降低政府行政人力资源成本

降低行政运作成本要全盘考虑行政管理机构的总体布局，在优化组织结构与强化内部管控的基础上，减少管理层次，精简职能部门，缩短办事流程；抓好机构、人员的精减，以法律的手段强化编制管理，压缩行政编制，通过减事减人来减支；要剥离机关中的后勤服

①②③　赖先进：“政府行政成本的结构与治理问题研究”，《国家行政学院学报》，2013年第4期，第69—74页。

务部门，实现后勤服务的社会化，使行政管理像现代企业管理那样科学、合理、高效，从根本上解决因财政供养人口多而导致行政成本高的问题。①

政府规模的选择不能简单地选择“大政府”还是“小政府”模式，而是根据经济社会发展情况科学界定政府职能和确定合适的政府规模，建立精干、高效能的政府。中国政府规模的现实问题，不仅仅是绝对数量的问题，从根源上是结构性和功能性的双重问题。② 因此，应该以新一轮国务院政府机构改革为契机，整合政府机构职能，深化地方政府行政机构改革，优化政府结构。推进以省内单列、全面直管为主要形式的省直管县改革，减少行政层次。科学设置地方党政部门和机构，适当扩大县、乡镇政府管理幅度。推进机构编制的法治化建设，③ 走出“精简—膨胀—再精简—再膨胀”的怪圈，杜绝人浮于事、机构臃肿的现象。

（二）推进政府行政“厉行勤俭节约、反对浪费”制度化建设，以“三公消费”治理为突破口，有效降低政府行政运行成本

中央出台的《关于改进工作作风、密切联系群众的八项规定》，已经取得明显成效。但改进作风是一项“持久战”，还需要进一步强化政府行政“厉行勤俭节约、反对浪费”制度化建设。在提高公务员节俭意识的同时，建立制度化和规范化的制约机制，从根本上扭转浪费之风。加快建立和推行以行政首长为重点的行政问责制，追究政府官员由于失职造成的铺张浪费和行政成本失控的责任。④ 进一步推进“三公经费”的公开透明，建立刚性的“三公经费”问责体系，控制职务消费，有效降低政府行政运行成本。

---

① 姜晓宁、雷良海：“降低行政成本　创建节约型政府”，《上海理工大学学报（社会科学版）》，2006 年第 2 期。

② 罗杰、唐李：“中国政府规模：比较研究与优化策略”，《国家行政学院学报》，2010 年第 1 期。

③ 谭桔华：“论合理政府规模与政府行政成本”，《湖湘论坛》，2005 年第 2 期。

④ 唐铁汉：“降低行政成本提高政府效能”，《国家行政学院学报》，2007 年第 4 期。

（三）科学配置各级政府机构职能，克服形式主义、文牍主义，降低政府行政系统内部损耗成本

客观地说，一直以来中国机关工作人员行政管理的成本意识淡薄，没有节约公共资源的意识。因为花的是“公家钱”，办的是“公家事”，所以不自觉、不自制。首先，在进一步推进政府职能转变的过程中，以提高行政效率为前提，解决政府机构职能配置交叉、机构重叠、政出多门、多头管理问题，使同级政府部门体系职能配置达到有机统一、责权一致，建立完善的部门间协调配合机制，减少政府行政系统内部损耗。其次，以精简会议、文件活动为抓手，克服日常行政活动中的形式主义、文牍主义。财政预算约束机制是防治腐败制度体系建设中的关键节点，也是降低行政成本的制度保障。再次，通过建立财政预算约束机制，既减少政府行政运行成本，又降低由于财政管理疏漏、贪污腐败而带来的政府收入流失和支出性腐败成本。

（四）推进政府行政管理科学化、人性化，以“一站式”集中行政审批制度建设为核心，降低政府行政的社会损耗成本

政府行政管理科学化是降低行政成本的最有效的途径。按照“公众需求”和围绕“结果”进行政府流程设计。借鉴企业流程再造，推进政府服务流程再造，推进政府行政管理科学化。① 以服务型政府建设为目标导向，政府机构及其公务员必须牢固树立公共服务理念、公仆意识，推进政府管理的人性化。以新一轮国务院取消行政审批项目为契机，切实深入推进地方行政审批制度改革，防止明放暗不放和明减暗增等审批“回潮”现象。简化行政程序，推进“一站式”集中行政审批制度建设，提高公共服务便利化水平。

（五）实施绩效预算，严防财政资金的“跑冒滴漏”

绩效预算是一种预算拨款与行政绩效挂钩的一种财政预算管理模式，其对产出实际效果的考量，并通过评估反馈给预算拨款机构以动态的影

① 姜晓萍：《地方政府流程再造》，中国人民大学出版社，2012 年版。

响下一年度的预算拨款额度，可以有效的通过奖惩机制引导职能部门完成政府的政策目标。财政预算专业化制衡机制应当以绩效预算改革为基础与框架，分层次进行。针对职能部门的通用公共服务业务流程，通过强化内部的控制机制逐步实现预算流程优化、建立以预算编制为起点，预算调整与问责为终点，中间涉及预算执行、年度决算、绩效评估、绩效报告等环节的完整的、封闭的预算流程链条，最终建立涉及预算资金投入、执行、产出、成果、影响和反馈的一整套预算资金绩效管理与专业制衡模式。利用财政预算专业化制衡过程，使预算过程参与者之间相互牵制，以便全面、准确地反映、评估和监督公共部门受托责任的履行情况，及时纠正偏差，使预算执行结果与政策目标的偏离最小化。建立信息化平台，引入质量管理理念，从公共项目前期调查、战略规划、方案选择、实施及监督反馈全过程，实行绩效预算的运行模式。

第二节　完善绩效预算制度形成成本长效治理

财政预算是政府施政纲领得以具体实现的首要途径和资源保障，也是影响政府部门组织行为最有力的工具。要控制行政成本，确保财政资金配置和使用效益，既要解决思想意识方面的问题，更要通过深化财政制度改革，实行绩效预算编制和预算执行结果的绩效评估制度，从管理的体制机制上加以保证。

一、以结果为导向，形成行政成本长效治理机制

长期以来，制度缺失是中国政府行政成本居高不下的最重要原因。中国政府一方面掌握着公共资源和国有资本，一方面行使着行政和监管

的权力。在这种制度下，政府对自身使用能源和资本的约束主要靠自觉，却难以产生任何实质性的压力。不同层级的党政机关，其行政成本是多少，行政绩效怎样，如何计算，如何评估，一直没有一个系统的、科学的刚性管理制度和考核办法。公务员对钱物的使用，很多时候，很大程度上靠的是当事人的主观自觉，并没有严格的制度来管理。

绩效预算把市场经济的一些基本理念融入公共管理之中，旨在有效降低政府提供公共品的成本，提高财政支出的效率。它被称为“以结果为导向的预算”，即干多少事拨多少钱，在预算中融入了成本核算的理念，从制度上强化了政府内控机制。绩效预算由绩、效、预算三个要素构成：“绩”是指财政支出所要达到的目标，“效”是指用具体指标评估完成目标的情况和取得的成绩，“预算”是指财政为这一支出目标提供的拨款额。在这种制度下，对各部门绩效的评估既不是部门自己说了算，也不是由财政部门说了算，而是由纳税人的代表对政府的公共服务进行评估。无论是财政部门，还是用款单位，都必须在公众的监督下，才能取得政府预算的支持。

专栏 3-1

约束行政成本，绩效考核和预算控制需并行[①]

财政部日前发布《预算绩效管理工作规划（2012—2015 年）》，提出 2012 年将开展全国县级财政支出管理绩效综合评估试点。按照评估方案，县级财政供养人数低于或等于标准的得满分，超出标准 50% 以上的得 0 分，超出标准在 50% 以下的按一定公式计算得分，财政供养人数超标越多得分越少。

将财政供养人员控制作为一项重要指标纳入到县级管理绩效评估方案中，毫无疑问具备强烈的现实针对性。近几年来，县级财政改革

① 摘自《南方都市报》，2012 年 11 月 2 日。

的呼声高涨，而这种呼声之由来无非因为现行财税体制使县级财政的困境难以化解。但我们在看到县级财政多为“吃饭财政”的同时，还应注意县级财政的困窘部分缘于财政供养人数的失控，另外也不能忽视本来有限的财政资金在使用效率方面所存在的缺陷。

鉴于基层财政最大的支出往往是人头经费，如果从控制财政供养人数上着手，对于并不宽裕的县级财政来说，当能获得立竿见影之效应。但这一点于基层政府似乎有点“知易行难”，财政部新推评估方案的意义正在于，通过绩效评估这样一种自上而下的行政考核方式，逼使基层政府收紧人员编制的口子，以节约行政成本。

财政部对县级财政的现状早有了解，并曾出台了一些办法。2010年，在一份名为《关于建立和完善县级基本财力保障机制的意见》中，财政部要求县级财政强化自我约束，科学统筹财力，规范预算管理，不得违规购买、更新小汽车、新建办公楼、培训中心，不得搞“政绩工程”、“形象工程”，一度获得了舆论的好评。

从前年的要求县级财政自我约束到现在的推行绩效评估，不知道其中是否存在因果联系，也不知道财政部的要求是否得到了良好的遵行，但就情理而言，一个判断呼之欲出：在节约行政成本的问题上，施加压力远比自我约束有效得多。

不再良药苦口般地希望基层政府自我约束，而是建立评估和考核机制，这是一个进步。也许唯一可以讨论的是最后的效果。据报道，财政部提出了“扩大向社会公开绩效信息的范围，回应社会关切，接受社会监督”的计划，但“本部门内部全面公开”的时间已然设定在了2015年，公众又如何从这套绩效评估机制中获得本地财政供养人员超编等信息，以开展社会监督呢？

政府开支厉行节俭，需要上级的绩效评估等行政方式，更需要从预算源头上进行根本控制。而能不能从预算上管住政府的“钱袋子”，舍财政公开和预算民主之外，别无其他捷径。

绩效预算的核心是通过制定公共支出的绩效目标，建立预算绩效评估体系，逐步实现对财政资金从注重资金投入的管理转向注重对支出效果的管理。绩效预算的目标应是老百姓受益，而不是政府部门做了哪些工作。因此，绩效预算不仅是预算方法的改变，更是整个政府管理理念的一次革命。它既可以降低行政成本，提高财政资金使用效益，也可以大大激励各部门多干实事，提高政绩，对建设服务型政府具有重要作用，因此应该成为我们预算管理制度改革的方向。在降低政府行政成本方面，我们也可以向发达国家的政府学习，引进绩效管理的理念，即通过财政预算来控制地方政府绩效。

二、建立绩效预算制度，控制财政预算交易成本

财政预算的本质，是社会公众与政府之间围绕预算资金使用和公共产品供给进行的委托代理交易。作为交易，财政预算存在交易成本，即财政预算的运行程序成本。制度经济学认为，交易成本过高会降低交易绩效。那么财政预算的交易成本过高也会降低预算绩效。为了控制财政预算交易成本，应当在预算法中构建绩效预算制度，构建有效的内部激励机制，保证预算执行主体的本位利益与社会公共利益挂钩，促进预算执行主体自觉地以社会公共利益最大化为目标运用财政资金。

（一）财政预算是委托代理交易

在经济学领域，康芒斯根据交易主体之间的关系将交易分为“买卖的交易”、“管理的交易”和“限额的交易”三种类型。其中，“管理的交易普遍存在于社会政治领域，表现为全体公民与国家权力之间的交易——公民让渡自由权利形成国家，国家由此获得公共权力为全体公民谋利益；还表现为公民与政府之间的交易——公民缴纳税赋与政府提供公共产品之间的交易”。财政预算是一种“管理的交易”。它体现了全体公民让渡其财产权所形成的国家预算权，和国家行使预算权为公民谋利益的交易关系；也体现了公民纳税形成预算资金，和政府运用预算资金

提供公共产品之间的交易关系。

在法学领域，双方当事人之间配置权利义务的协议称为契约，而契约的订立和履行过程过就是交易。[①] 在财政预算中，政府获得预算资金使用权，承担提供公共产品的义务。立法机关代表公民行使预算决策权，通过配置预算资金表达对公共产品的需求，承担合理配置预算资金的义务。因此，财政预算实质是公民与政府之间，围绕与预算资金有关的权力和义务的交易。那么，公众为什么让渡财产权形成预算资金，并且将预算资金交由政府使用？根本原因在于：公共产品具有非排他性、非竞争性，而且投资规模大，任何私人都无法或不愿提供，而公共产品在社会生活中是不可或缺的。所以，公民自愿让渡财产权，形成公共资金，并委托政府使用这笔资金为社会公众提供公共产品。这样看来，财政预算实质是社会公众与政府之间围绕预算资金的使用、公共产品的供给而进行的委托代理交易。

（二）财政预算存在交易成本

威廉姆森认为，签订合同涉及"合同签订之前的交易成本"和"签订合同之后的交易成本"。马修斯认为，"交易费用包括事前签订合同和事后实施合同的费用，…从广义上讲，交易费用是人和人之间关系的费用，而生产费用是人与物之间关系的费用。"波斯纳将交易成本定义为"市场机制运行的费用，即当事人双方在通过市场进行交易时，搜集有关信息、进行谈判、订立契约并检查、监督契约实施所需要的费用。"

可见，生产成本是制造、提供某种产品或服务而支付的成本，关注人与物之间的关系。而交易成本是在契约的订立、履行、监督过程中，支付的信息成本、谈判成本、监督成本等，是市场机制运行过程中产生的程序性成本，关注人与人之间的关系。同理，在财政预算的编制、审批、执行、审计各阶段均存在交易成本。财政预算交易成本并不是提供公共产品的实体成本，而是财政预算运行的成本、程序性成本。从交易

---

① 马喆："以绩效预算制度为核心的财政预算交易成本控制研究"，《甘肃理论学刊》，2012 年第 2 期。

成本的用途来看，包括信息收集成本、信息分析成本、谈判成本、预算调整成本、寻租成本。从交易成本的表现形态来看，包括人力、资金、时间成本。从交易成本存在阶段来看，包括编制、审批、执行、审计成本。

在预算的编制、审批、执行、审计过程中，各预算主体为了弥补自身的有限理性、争取更多的本位利益、维护既得利益，不得不为获取并分析预算信息支付信息成本，在激烈的博弈中支付谈判成本和寻租成本。[①]

（三）绩效预算制度的构建和对交易成本的影响

当前，中国实行的是投入预算管理制度，关注预算资金的支出，并不关注预算资金的使用绩效。编制预算时主要考虑的是各级政府、部门、单位为履行职责需要多少预算资金，以及上一年度的预算资金的余缺，虽然预算法中提到了“上一年度预算执行情况”，但没有规定上一年度预算执行情况对本年度预算的实质影响。因此，中国的预算管理制度相当粗放，无论预算执行主体是否实现为公共利益服务的预算目标，都不影响其下一年获得预算资金的数额。由于预算执行主体没有自我约束的意识，其预算行为与社会公众的需求之间存在诸多不协调之处，造成财政预算交易中存在更多的“摩擦力”，即威廉姆森所说的交易成本。

与投入预算对应的是绩效预算管理制度，绩效预算制度将部门长期战略规划细化为财政预算的绩效指标，根据绩效指标确定部门年度绩效目标，将绩效目标的实现情况与部门下一年度预算支出结合起来，有力地促进了各部门自觉实现预算绩效目标；而且，绩效目标绝大多数为量化目标，使绩效评估容易操作。

绩效预算制度使预算资金成为一种“潜在利益”，将预算执行结果与预算资金配置联系起来，只有预算部门和预算单位自觉履行预算方

① 马喆：“以绩效预算制度为核心的财政预算交易成本控制研究”，《甘肃理论学刊》，2012 年第 2 期。

案，实现预算的公益目标，才能在下一年度继续获得预算资金支持。因此，绩效预算制度是一种激励预算资金使用主体为公共利益最大化服务的有效机制，应当成为一种法定的预算管理制度，预算法应当对绩效预算的基本制度和运行程序做出规范，为财政预算交易成本控制提供制度保障。

三、引入预算绩效问责制度，加强行政成本源头治理

绩效管理的几个关键特征（即目标导向、权力下移、对结果负责）中，对结果负责就是靠绩效问责来保证的，没有绩效问责，目标导向只是一句空话，权力下移对组织而言则是混乱的起点。对绩效预算而言，绩效问责的作用表现在以下几个方面：①

第一，绩效问责为组织使命和目标的实现提供了制度保证，而追求组织目标的实现度正是绩效预算区别于其他预算模式最根本的特征。依据绩效指标开展对预算支出的绩效考评是开展绩效问责的前提，而绩效指标的设定主要依据组织的使命、战略目标以及组织和个人的职责，因此，绩效问责关注的焦点就是组织和个人职责的履行情况。这样，借助于绩效指标，绩效问责实际上就对政府组织和个人的活动内容进行了定位，即在各自的职责范围内，有利于组织目标的实现。凡超出职责范围，不利于组织目标实现的活动均将被追求相应的责任，这就保证了组织使命和目标的实现。

第二，绩效问责是预算权力下移的制度保证。预算权力下移，是绩效预算制度的基本特征。在预算权力下移的过程中，权力和责任的匹配就成为制度设计的焦点，权力下移必须伴随着责任中心的下移，在委托—代理关系中，代理人权力的增加，其损害委托人利益的可能程度也在加深，如果没有相应的问责制对其机会主义行为进行惩处，代理问题将

① 邓毅：“绩效预算制度研究”，华中科技大学，2008 年学位论文。

严重到足以破坏组织功能的程度。从这个意义上讲，绩效问责是预算权力下移的制度保证。

第三，绩效问责本身就是预算绩效管理的一种手段。绩效预算作为一种预算管理模式，有三个基本的环节：设定预算支出的绩效目标，对绩效目标的实现度进行考评，促使责任人对目标实现度（结果）负责。绩效问责将绩效与问责相结合，是促使责任人对绩效结果负责的制度安排，因而本身就是绩效预算的有机组成部分。它通过与结果相联系的惩罚手段，在预算中注入了一种以结果为导向的负激励，绩效问责与其他的正激励机构相结合，共同构成了一个有效的激励系统，保证了预算绩效管理的实施。

因此，需要从多个视角来考虑构建中国的预算绩效问责制度。[①] 一是建立和完善问责法律制度体系。长期以来，公共部门缺乏一种问责意识。问责制在公共部门的引入，首先就会面临这种非正式制度的阻碍。在这种情况下，就必须赋予问责制一种更强有力的、正式的制度形式，以对抗放任责任的非正式制度，这样才能突破制度瓶颈取得变革的成功。事实上，国外问责制都是以正式的法律制度的形式来强制实施的。二是实现问责主体的多元化。在充分发挥行政系统内部机构的同体问责主体作用的同时，积极探索发挥行政系统外部机构、团体及公众等异体问责主体作用的方式，保证异体问责成为问责的主要方式。为此，应探索人大代表对政府的问责制、民主党派对执政党的问责制、民主党派对政府的问责制、新闻媒体对执政党和政府的问责制、人民法院对执政党组织和政府的问责制，实现问责主体的多元化。三是形成一个完整的责任追究系统，建立并完善问责制度的支撑系统。问责制的良好运转需要一个完善的支撑系统提供支持。这包括：绩效问责的功能建立在准确的绩效信息的基础上，这要求建立和完善预算支出绩效考评制度，以提供准确的绩效信息；绩效问责建立在预算透明的基础上，这要求完善预算报告

① 邓毅：“绩效预算制度研究”，华中科技大学，2008年学位论文。

制度，使问责主体了解机构和个人职责的划分以及全面、真实的绩效状况；绩效问责要发挥公众和传媒的监督作用，这要求放松对传媒的信息审查制度，避免报喜不报忧的情况。

四、完善政府绩效评估，倒逼行政成本降低

政府绩效评估体系是绩效预算的基础，政府绩效评估体系在绩效预算中的具体作用包括如下几方面：首先，政府绩效分为政府行政总目标、部门总目标、部门目标结构、部门行政合规性、部门项目执行情况五个部分。当某一部门这五部分内容规定清晰以后部门预算的支出结构和支出总额界定也就有了基本依据。其次，政府绩效评估标准说明的是政府各部门应该和可能做到什么、做到何种程度、什么时候做完。因此，一旦政府绩效评估标准明确下来，支出预算的合理性也就相应可以规定下来，支出结构的确定也就有了阶段依据。最后，政府绩效评估指标本质上指明的是从哪几个方面和哪些点上去衡量政府绩效，同时也说明了政府绩效的可量化方面和不可量化方面。因此，一旦政府绩效评估指标确定下来了，当人们确定财政支出绩效评估指标体系时，也就可以把财政支出合理性指标测定与政府行政效果对应起来。

财政支出绩效评估体系，不仅是对财政支出情况进行评估和监督，它的根本意义是要以财政支出效果为最终目标，考核政府的职能实现程度，也就是考核政府提供的公共产品或公共服务的数量与质量及成本。正因为财政支出绩效评估体系有着这样的功能，因此，仅从财政的角度来进行财政支出绩效评估，就很难全方位地反映财政支出的实际效益与效率。从这个意义上讲，财政支出绩效评估体系，是一项以财政部门为主体，政府其他职能部门共同配合而形成的管理公共产品和公共服务的制度。

由于财政支出范围广泛，再加上支出绩效呈多样性的表现特点，既有可以用货币衡量的经济效益，还有更多的无法用货币衡量的社会效益，

而且不同的项目有不同的长短期效益，直接效益和间接效益。长期以来，财政部门一直无法采取一种比较准确的办法，来对财政支出进行衡量。而这一“盲点”，恰恰是减少资源损失浪费、提高效率的关键点。财政支出绩效评估体系，就是要把“不可衡量的事”变为可衡量的，确定政府的职能、财政支出的目标以及实现这些目标所需的步骤，在给定目标的前提下寻求最有效率的实现目标的方式，以最低的成本最大限度地满足公共需要和社会经济发展的需要。

财政支出绩效评估体系在绩效预算中的关键作用是从质和量两个角度说明政府资金的使用状况，从而使绩效预算的功能突出反映在资金使用效率评估对预算拨款的约束上。因此，可以说财政支出绩效评估是绩效预算的核心内容，但政府绩效评估体系解决的是预算编制依据问题，财政支出绩效评估体系解决的则是编制好了的预算究竟是否被执行好以及事后来看优劣之处是什么。这两者可说是绩效预算中前后相承的两大侧面。

专栏 3－2

浦东绩效预算改革将引入第三方评价机制①

“以后压力当然大了！”2 月 23 日，浦东新区社会发展局一位人士捏着一份《浦东新区绩效预算改革试点方案》（以下简称《方案》）说。

两天前，该《方案》在浦东新区政府常务会议上获得原则通过。其中，浦东新区社会发展局分管的“义务教育”项目，被纳入浦东 2006 年绩效预算试点项目范围。“这是中国预算改革的一个重大突破。”一直呼吁在中国尽早推行绩效预算的上海财经大学公共政策研究中心主任马国贤教授断言。

---

① 范利祥、吴群：《浦东绩效预算改革将引入第三方评价机制》，《21 世纪商业评论》，2006（02）。

财政部在2006年的工作重点中也首次表明，2006年要积极推进绩效考评等工作，逐步建立以结果为导向的财政资金使用新模式。

对此，财政部副部长楼继伟也在一次国际研讨会上透露，建立绩效预算体系是为了进一步加强中国公共财政管理，提高财政资金的使用效益，其核心是通过制定公共支出的绩效目标，建立预算绩效评价体系，逐步实现对财政资金从目前注重资金投入的管理转向注重对支出效果的管理。

如今，众多人士期待已久的绩效预算，随着浦东综合配套改革试点工作的逐步深入，终于被推向其财政预算改革轨道。

浦东试点

“中央财政每年都会在义务教育尤其是农村义务教育、医疗卫生上投入大量的资金，但这些钱有没有真正花到实处？有没有起到预期效果？始终是个谜。”马国贤说。

最近两年，中央财政在义务教育上的投入均在100亿以上；几天前，中央财政还预拨专项资金36.9亿元，输入西部地区农村义务教育。而不久前，上海财经大学公共政策研究中心和财政部教育司联合对中国农村义务教育进行过一次评估，“很多地区效果不佳。”

而分析其原因，马国贤认为，中国现行的教育经费拨款体制采用的是基数法计算办法，基数法预算的核心问题是拨款与效果脱节，带来了很多问题。比如在这种体制下，没有人重视教育质量评估，农村教育低质量的问题得不到充分反映，而且造成了城市学校教师大量超编，而农村学校严重缺编。

绩效预算也是浦东综合配套改革试点中的一个重要内容。浦东新区财政局在一份《以综合配套改革试点提升财政管理服务水平》的文件中，明确表示，要“以绩效预算为抓手，进一步调整优化财政支出结构，加大对涉及民生民计、社会保障和消除城乡二元结构等领域的投入”。

而根据《方案》，2006年列入浦东新区绩效预算试点的项目包括义务教育、中小学校舍达标、孙桥现代农业专项、招商引资专项、外高桥港区四期配套道路、公交扶持补贴项目、河道整治工程、促进就业专项和物业管理等九项，均是与“民生民计”有关的区级支出项目，设计资金量38.7亿。

评价结果与政绩挂钩

马国贤认为，由于绩效预算关注的不是预算的执行过程，而是执行的结果，不是政府的钱够不够花，怎么花，而是政府在这些地方花了钱，老百姓最终得到了什么。因此绩效的衡量是实行绩效预算的基础。这也意味着，绩效预算难度最大、最为关键的部分是如何制定绩效指标。

浦东新区财政局一位人士向本报记者提供的一份《浦东新区预算绩效评价实施办法》（试行）显示，浦东把试点项目的绩效评价标准划分为四档，综合得分在90分以上的为“A”，80至89分的为“B”，70至79分为“C”，69分以下为“D”。

而评价指标设置的也较多，大致包括内在因素（如项目的进度、质量、预算执行情况等）和外在因素（达到预期目标程度、成本效益分析评估、对社会效益实际影响等）两个方面。

“但事情并没有这么简单，真正实施起来相当复杂。”马国贤说，由于各个项目都有自身的特点，因此“评级指标难以统一设立，每个项目都应有自己量身定做的评价指标。”这也是财政部想推而迟迟没有推出的主要原因。“评价指标的确定，也是推行绩效预算国家普遍面临的一个难题。”

此外，为了体现这一新预算管理体系的“公开、公平、公正”的原则，浦东新区在绩效预算评价中还将引入第三方参与，比如行业

> 协会、民间组织甚至咨询机构都可能为政府的财政项目打分，实现评估主体的多元化。
>
> 浦东新区政府人士还特别提醒本报记者注意这项预算改革中最重要的亮点，评定结果“将与政绩挂钩”。这些结果除了作为确定今后年度编制和安排预算的重要参考依据外，还将作为预算信用等级评定、部门年度目标管理考核及干部年度考核的重要参考依据。

导入政府绩效评估后，预算从“用了再算”将转到“算了再用”。长期以来中国的公共财政预算属于“软”约束，人员编制增加和行政办公经费的增长由政府决定，预算处于消极服从地位，加之大量预算外资金的存在，使得财政预算的应有作用没有得到切实发挥，随意扩张人员编制、挪用挤占预算资金的情况时有发生，导致预算对政府行为的约束软化，甚至流于形式。财政资金是政府运行的命脉，也是有效监督政府行为、控制政府规模、压缩行政成本的最有效工具，控制住财政就可以产生倒逼效应，极大地约束政府行为，迫使政府各个层面、各个环节进行必要的改革以适应财力的支持程度，实现政府责、权、利分配平衡，社会资源得以优化配置。

第三节 加强预算执行控制 保障预算顺畅运行

绩效预算执行是利用现有资源贯彻执行绩效预算编制政策的阶段，绩效预算执行要关注预算执行本身的基本职能，以预算执行控制为手段，有效推进预算执行。

一、建立预算执行控制模式，实施绩效预算外部执行制度

财政预算控制经历了三个阶段：通过中央机构对支出项目进行外部控制、通过支出部门对投入进行内部控制以及对产出的管理决策负责。传统的预算控制制度着重点是遵照执行，即通过详细的投入控制保证不透支和不改变执行中的预算内容。这种方法的目的是确保财政纪律，但存在两个问题，一方面是过细的控制耗费大量的时间和资源，使得预算僵硬，没有给予预算管理者应有的灵活性。另一方面，传统的预算控制方法关注对公共物品的资金支付，但问题往往发生在其他地方，如人员过多、权力集中、公共服务资金支付拖欠。①

在预算发展的各个阶段，所有的国家都建立了外部控制，某些国家甚至在其预算体制已经高度发展的情况下仍然坚持外部控制。很多国家则已经转向了内部控制。也有一些国家开始强调管理责任、产出及结果控制。OECD 国家经验表明，绩效预算控制改革的顺序是政府在对支出具有强有力的外部控制之后，才转向内部控制，同样在内部控制成熟以后再强调产出和结果控制。如果不遵从这样的顺序，在内部控制高度发展之前就将广泛的决策自由下放给管理者可能会造成很大的风险。②

表 3－2　　绩效预算执行控制模式③

控制类型	执行部门	控制对象	责任方式
外部控制	中央机构	投入：详细明确的支出项目	与详细说明的预算和政府范围内的规则保持一致，对交易进行事先审计
内部控制	支出部门	投入：支出的种类	部门制度服从于政府范围内的标准，进行事后审计

①②③　郝书辰、王进杰："政府绩效预算执行控制改革研究"，《财政研究》，2007 年第 4 期，第 24—28 页。

续表

控制类型	执行部门	控制对象	责任方式
管理责任	执行管理者	产出、结果及运营成本	对产出和结果的责任 事前详细对产出进行说明 事后对结果进行审计

外部控制有三个基本特征：支出和控制被委托给两个部门、控制针对资金投入加以实施、控制是在资金支付之前实施的。[①] 现代预算百年发展历程表明，外部控制是其执行控制的一种重要方法。外部控制是在预算投入方面实施的，并未涉及产出，而且对与产出有关的数据也没有进行系统的汇编。尽管其作用范围有限，但投入控制仍然可以发挥重要作用，因为它是对支出的事前控制，可以在整个政府系统应用，节约公共支出，并将那些决定支出的合法性和适当性的机构与那些实际花费支出的机构予以分开，而且它还可以对特定的交易进行准确的描述。艾伦认为预算外部控制一直被预算管理者使用的原因在于：一是预算政府职能的相对简单；二是管理技术有限；三是信息成本过高；四是会计和行政制度落后。

外部控制通过向支出部门强调政策规则和指令，对资金投入进行详细的控制，要求实际操作的管理者准备并实施详细的预算，根据行政事务规则雇用并监管人员，根据政府的规定购买物品。[②] 此外，它们还必须向中央有关机构定期汇报其活动情况。许多发展中国家预算管理改革主要集中在加强外部控制，以便减少腐败。随着经济和社会的发展，以外部控制为基础的管理成本会增加。原因在于控制程序繁琐，并且监督过于复杂。外部控制认为遵守规定比高效率的运作更为重要。但在各个部门内部，由于大量的部门管理者受过专门的训练，熟悉人事、预算和采

①② 郝书辰、王进杰：“政府绩效预算执行控制改革研究”，《财政研究》，2007 年第 4 期，第 24—28 页。

购制度，从而导致部门规避外部控制越来越多。另外，在外部控制日益完善的情况下，负责监管支出机构的中央机构对项目和经济问题比对详细的投入控制更感兴趣，为提高支出效率和增加支出的有效性，在中央机构和支出部门中建立管理责任，转向内部控制和管理自主便是自然选择。

二、推行内部控制制度，保障预算顺畅执行

绩效预算内部控制制度具有三个明显特征：一是内部控制意味着那些使用公共资源的人，要为确保其行为的合法性和适当性负责。在内部控制之下，运作机构必须根据政府规定建立起标准的人事、采购和其他管理制度；二是内部控制仍然集中在投入上，但是管理者在采取行动之前不必获得外部同意；三是为了取代事先审计，在进行支出之前，政府转向了事后审计并在财政年度结束之后，也不再审查所有的交易，采取抽样审查的方法以确定运用是否与规定相一致。

内部控制主要使用政策控制和过程控制，同时部分程度上引入效率控制。在控制类型上采取指令控制、激励控制和协同控制的部分作法，因此，内部控制是一种过渡型控制类型，既强调外部法律和规则的重要性，又给予支出部门一定权限。在资金的使用上关注在中央有关机构授权情况下，支出机构安排使用资金的合法性和合理性。尽管内部控制使管理者在运作中享有更大的决策自由，但仍要按统一的规定执行。在管理资源的过程中，它们必须遵守政府的工资和各类制度，必须根据事先规定的程序进行采购，必须遵守外部规则。根本的区别是某项特定的交易是否符合规定，是由它们自身而不是由外部机构做出的。

内部控制赋予支出管理者一定权限，但仍然没有给予它们足够的自

主权。[①] 在外部控制中支出管理者必须按统一规定使用资金，削弱了管理者在实际运作中的决策自由，但管理者在做出关键性运作决议时仍必须得到中央预算部门的批准。

三、实施绩效预算评估，推进公共项目动态评估

绩效预算是以绩效目标为导向，凸现结果、责任、激励的一种预算管理模式，是涵盖绩效目标驱动、绩效过程管理、绩效结果激励以及绩效的后评估奖励的系统化多层次预算管理框架。进行动态性绩效评估，实现公共项目的绩效管理。预算编制在达到财政资源的有效控制后，应进入项目预算阶段。项目预算阶段的典型特征是预算支出项目必须反映政府战略政策和部门核心政策，改革的重点在于设计有效政策并确保政策与预算之间有效联系的机制。同时与项目预算相对应的预算执行必须强调内部控制为主，外部控制为辅，为产出预算要求的管理分权打好基础。为对项目预算的执行绩效进行评价，这个阶段的绩效评估应以节约和效率为评估目标，同时构筑修正收付实现制的会计基础。继续推行项目绩效评估，然后涵盖基本支出，在全面推进绩效评估的基础上，注重项目支出的经济效率和有效性。构建财政项目评估体系的总体构想是：在预算支出管理中建立一个以绩效为核心，运用特定的指标体系，通过定量和定性分析，对预算决策、配置、使用中的合理性做出综合评估的运行体系。引入预算绩效评估，渐次实现支出决策和管理中各相关层面的平衡到位和各相关要素的全面优化。财政支出绩效就是指政府为满足社会共同需要，履行其职能过程中，进行的财力分配与所取得社会实际绩效之间的比较关系。其基本内涵是政府资源配置的效率性和政府资源运用的有效性。对项目支出进行动态性绩效评估，在政府投资项目预算绩效评估中逐步实现结果导向

① 安秀梅、殷毅：“论中国政府预算管理改革的优先序——兼议绩效预算在中国的适用性”，《中央财经大学学报》，2006 年第 6 期，第 1—5 页。

型项目预算绩效管理。

专栏 3 - 3

预算绩效评估规模有待继续扩充①

这厢是市民抱怨公共财政预算仍是一笔糊涂欠账，那厢是人大和政府正为最终构建“阳光预算”体制作有益尝试和努力，由于中间缺乏畅通的信息沟通和传递，社会各界对预算改革进展往往知其一而不知其二。上述背景是本文的写作起点。

12 月 12 日召开的上海市人大常委会主任会议披露，2011 年市财政局先后选择了两个批次共 35 个市级财政专项预算项目，对项目执行后的实际绩效进行评估，第一批 14 个绩效评估已完成，第二批 21 个预计 2012 年 2 月底前完成绩效评估。

换成白话，这一“事后评估”，相当于检验某项预算资金使用效果的一把标尺，能在一定程度上度量预算资金有没有用对地方。

据介绍，被纳入这项试点的 35 个预算项目，涉及重点民生、科技创新、结构调整和新产业扶持，涉及预算资金上百亿元，共有 24 个市级政府部门负责使用这笔巨额资金。能不能把钱用对地方，社会关注度高。估计在此项试点推出之前，上述 24 个部门未必对将预算执行也纳入绩效评估（本质上这是一种必需的监督）具备思想准备。

早报评论员目力所及，上海推进预算改革的进程在国内虽算不上冒尖，但也不拖全国的后腿。而说到预算公开所倚赖的政府信息公开立法，上海的速度曾经领先其他省份。论及预算改革的具体项目推进，闵行区一直担当着“领头羊”角色。

闵行区不但在全市率先尝试对部分预算项目的执行效果进行绩效

① 鲁宁：“预算绩效评估规模有待继续扩充”，《东方早报》，2011 年 12 月 14 日。

评估，而且从2011年年初开始，对本年度预算额度超过2000万元以上的18个公共服务项目的必要性进行了“预评估”，该“预评估”由该区人大常委会以公开听证会方式进行。凡在该区工作和居住的市民，不分户籍所在地，都可报名参与。实施效果是，听证会场场座无虚席，所采集的各方意见由该区人大常委会写成专项听证报告递交区政府，成为具体项目是否实施及如何实施的重要参考和约束。

就面上而言，从市级部门到区县政府，上海预算改革才刚开始迈步，且进展很不平衡。总体来说，重“争抢”预算立项而轻资金使用，重预算蛋糕分切而轻预算执行过程监管，重花光预算而轻花钱实际效果，这三个环环相扣的突出问题，依然是上海预算管理的三大短板。

现代预算学常识告诉人们，透明的预算立项和编制、公开的预算实施过程监督、预算执行绩效的评估及追责，是现代社会构建涉及事前、事中、事后的“阳光预算”体制缺一不可的环节。如果能把这三大环节都落到实处，预算浪费乃至预算腐败等各类“预算病”，将在最大程度上得到遏制。

拿此作对照，上海尚缺乏“事中”如何监督的试点。而“事前”及“事后”的试点也面临需要扩充的急迫。据介绍，在市人大常委会的敦促下，2012年针对市级部门的预算执行绩效评估，将扩大至48个市级预算部门共68个市级财政专项预算项目，这当然值得舆论鼓励。但同时仍要建议，请在2012年春天向社会公布2011年35个预算项目绩效评估的评估结果。

构建一个有效可行的绩效指标体系是实施绩效预算的重要条件。实施绩效预算需要对政府的支出做出绩效评估，但是，政府的工作不像市场活动那样有着直接的经济效益，政府活动的范围往往是那些市场失灵的领域，政府的投资也往往是那些社会需要，但短期内很难见到经济效益的项目。政府行为的特殊性决定了传统的和单一的成本、效率、产出等指标难以确切反映出复杂的公共支出绩效状况及综合价值。取而代之，我们必须建立一个具有多重的价值标准、多向的维度以及多元的评估主体的绩效指标体系来对政府支出绩效做出科学合理的评估。

四、探索引入第三方评估，实现公共预算执行的公平、公正

选择什么样的机构或单位作为开展政府支出绩效评估的主体，关系到绩效评估的成败和评估结果的公信力。对此，学术界的观点或做法归纳为：一是成立绩效评估委员会，领导本级政府的绩效评估工作。如有学者提出专门成立绩效评估委员会，负责起草绩效管理条例、编制评估手册、组织评估活动、分析评估信息、报告考评结果。二是成立行业性的绩效评估组织，进行专项评估。如美国于 2002 年 11 月根据布什总统签署的《2002 教育科学改革法》，专门设立了国家教育评估和地区协助中心，其任务主要就是：开展联邦教育项目的评估，分析这些项目的影响，特别是对学生在阅读、数学和科学等核心学科领域学术成绩的影响，并大力推广评估和研究成果。三是第三方评估。目前，中国还没有确定正式的绩效评估主体，所有评估工作都是在财政部门或政府行政部门主导下摸索进行。适当引入第三方评估将有利于提高预算绩效评估的客观性和公正性。

第三方评估又称社会评估，指由与评估对象无隶属关系或利益关系的第三方组织，主要是社会中介组织或民间组织实施的评估活动。第三方评估最主要的特点是独立性和专业性，评估组织实施者独立于被评估政府及部门，能够从机制上保证评估结果更客观公正；同时，第三方评估组织往往具有人才、理论和学术优势。第三方评估机构遵循“客观、公正、科学、规范”的原则和“以结果为导向、基于证据”的思路，按照资金使用单位和主管部门自评、第三方书面评审、现场评估和综合评估等程序，采用抽样调查、现场评估、满意度调查等方法，环环相扣，

互为补充，全面、科学实施独立的第三方评估。

专栏 3－4

第三方评估为绩效管理添新彩①

广东是全国财政收支规模第一大省，同时也是经济发展极不均衡的省，为此，推进财政绩效管理、提高资金使用效益显得尤为重要。从2011年起，广东省率先探索引入第三方绩效评估机制，有效弥补了传统政府自我评估的缺陷，在完善政府绩效评估体系、提升绩效评估公信力、民主性和科学性方面发挥了重要作用，为推进预算绩效管理改革再添新彩。

广东省自2003年开展财政支出绩效评估改革以来，积极探索引入第三方评估，邀请部分专家和中介机构参与重点评估和绩效自评。2011年初，根据省委、省政府“研究引入第三方评估的办法，在强化预算监督管理、提高资金使用绩效上闯出一条新路”的重要指示精神，深入研究和探索开展引入第三方评估财政资金使用效益工作，选取部分省级财政专项资金开展第三方评估试点，并于2012年进一步扩大了改革试点范围，通过竞争性招投标的方式，整体委托符合资质要求的第三方组织独立、自主地开展财政资金使用绩效评估工作，共涉及城乡义务教育、扶持战略性新兴产业等12项，专项资金120多亿元。

为确保改革的顺利推进，广东省财政厅专门制定实施了《关于引入第三方评估财政资金使用绩效的意见》和《省财政部分资金实施第三方绩效评估试点工作方案》，对改革有关事项作了明确规定：一是在近期改革目标上，针对预算管理的一个环节，选取部分专项资金开展试点，整体委托第三方组织评估资金使用效益；二是在评估范

① 《中国政府采购报》，2012年11月30日。

围上，从民生类专项资金、省委、省政府重大决策专项资金及省级部门掌握使用的专项资金中选择部分资金进行试点；三是在评估方法上，主要采用目标预定和实施效果比较法；四是在评估内容上，主要评估资金投入情况、实施过程情况和绩效情况，资金绩效情况包括经济性、效率性、效果性和公平性等方面；五是在工作程序上，主要分为选定第三方评估单位、签订委托协议、下达评估通知书、实施第三方评估、结果应用、信息披露和试点总结七个环节。

整合第三方评估的绩效预算评估过程设计可分为四个阶段。

第一，单位开展绩效自评。

各级主管部门和单位按照规定，对各项资金使用绩效情况全面开展自评，并按要求统计、填报基础信息数据，提交绩效自评报告及相关佐证材料。第三方评估机构运用描述统计方法，对资金使用单位提交的绩效自评材料进行汇总分析，形成单位自评情况得分。

第二，专家书面评审。

第三方评估机构组织专业技术、财务管理、绩效评估等各类专家，依据佐证材料、自评材料、评估指标及标准等对各资金使用单位提交自评材料的完整性、规范性、内容有效性及项目实施绩效情况进行审核、分析与评分。专家的书面评审主要采用目标对比法与效益分析法，重点考查项目实施的产出和效益，并与单位自评结果形成对照，从中发现差异与问题，为遴选出一定数量的、具有代表性的典型项目并对其实施现场重点核查提供依据。

第三，实施现场评估。

第三方评估机构根据项目属性、区域分布、资金额大小、书面评审结果优劣等因素，按照一定比率随机选取评估对象分批进行现场核查，保障资金使用的真实绩效。现场评估主要采取现场座谈会、答辩会、核查与资金使用和评估有关的资料、实地查看资金使用情况等方式进行。

同时，评审还采取问卷调查的形式，对实际受益群体进行满意度调查，并将社会效益、受益人群满意度作为考评指标依据。

第四，第三方机构综合评估。

第三方评估机构采用目标预定与实施效果比较、定性与定量综合分析、信息技术和数理统计技术等评估方法，对资金使用情况进行属地分类、评估指标分类等多种维度分析，对前期准备、资金管理、组织实施和项目绩效情况进行全面综合评估，并通过对自评得分、书面评审得分和现场评估得分三者间的对比分析，综合认定各项资金的评估得分及绩效等级。

实践证明，引入第三方评估改革试点意义重大，是深化预算管理改革的重要方向。从试点工作看，第三方评估已取得了初步成效。一是提高了预算绩效管理的公信力，推进了阳光理财。通过引入外部评估主体，弥补了政府内部评估的局限与不足，从根本上克服了内部评估既作“运动员”又作“裁判员”的矛盾，确保评估结果的独立性和客观性。二是提高了预算绩效管理的民主性，推进了民主理财。第三方组织的成员来自社会各阶层，更加了解和关注社会民意及利益诉求，促进了预算管理的民主参与，提高了资金使用绩效。三是提高了财政支出绩效评估的科学性，推进了科学理财。依托高等院校和科研单位，由专业人士组成的第三方评估机构，具有人才、理论和专业的优势，评估结果较为客观科学。

第四节 导入绩效预算工具
双向制衡公共权力

先发国家议会制度的演进史表明，预算与监督的过程既是利益平衡的过程，也是权力博弈、社会再平衡的过程。要实施好预算监督这把大刀，就要逐步理顺监督的权力制衡机制。在实践中，还需将绩效预算视作财政改革中的一个关键要素，在政治制度的动态运行中进行完善。

一、创设绩效监督工具，强化内部制衡机制

财政绩效监督与绩效预算、绩效评估概念既有区别又有联系，它是一种以绩效预算为前提、以绩效评估为手段的监督管理机制。它是指财政部门以提高财政资金分配与使用绩效为目的，在有效开展财政资金合规性监督的基础上，按照绩效管理的要求，运用科学的监督标准和分析方法，对财政支出行为过程及其结果进行客观、公正的评估与监督的活动。它包括了对财政支出行为过程和结果两个方面的监督。行为监督体现了财政监督的监控职能，包括投入监督和管理过程监督；结果监督反映了财政绩效监督的最终目标，包括产出监督和影响监督。

简单地说，绩效监督就是对财政资金“3E”的监督，即经济性（Economy）、效率性（Efficiency）、效果性（Effectiveness）。而绩效评估是建立绩效预算和绩效监督的基础，是编制绩效预算和进行绩效监督的重要工具。与绩效监督相比，绩效评估更关注支出结果的评估，更注重定量定性指标的全面性，更适用建设单位的项目管理和验收。所以，要建立财政绩效监督机制，就必须首先建立绩效评估体系，用绩效评估体系编制绩效预算，实行预算绩效管理，这样绩效监督才能有的放矢，才能对财政支出行为和结果进行有效地再监督，真正建立起以财政支出结果为导向的公共财政管理机制，加快预算公开透明的程度，实行阳光财政、民生财政。

专栏 3－5

北京市启动预算绩效监督　从个案到制度[①]

“预算绩效监督”，对大多数人来说是一个比较陌生的专业名词；

① 《北京晨报》，2013 年 1 月 14 日。

但对另一句话肯定不陌生——我是纳税人，我有权知道我的纳税钱是怎么花的。五年来，市人大正是以预算资金使用绩效监督为突破口，不断探索和深化对国家权力运行的监督，维护人民的合法权益。

从“三公”经费、行政经费、政府债务的公开，到国有资本经营预算审批，再到市级大额专项资金专题询问……在市人大的推动下，市政府已经出台专门的意见和办法，预算绩效监督的管理正从单个部门扩大到整体政府、从工作层面上升到制度层面。据悉，2013年实行预算绩效管理的试点单位将从此前的3家扩大到12家，由市人大常委会跟踪预算编制、执行、监督全程的绩效管理。

关键词：【预算绩效监督】

监督“政府花钱”找到突破口

每年“两会”，市财政局都会受市政府委托，将上年度全市预算执行情况和本年度预算草案的报告提请人代会审议；年中时，再向人大常委会提交上年度市级决算报告和上半年预算执行情况的报告。市审计局还会提交相应的审计报告。政府的每笔税收和其他收入是怎么来的、每笔支出花在什么领域、花得合理不合理，都要公开接受监督。最直接的监督主体，就是市人大及其常委会；“要钱、花钱”的合法性和有效性，就是预算绩效。

2009年首启预算绩效监督

俗话说“外行看热闹，内行看门道”，本届市人大以预算资金使用绩效为突破口，坚持不懈地逐年推进。这在市人大常委会预算工委主任陈京朴看来，是“抓准了预算监督的切入点”。

2009年，市人大常委会首次把对财政资金使用的绩效监督，作为改进和加强人大预算监督工作的重要方面。市审计局应常委会的要求，提交了“社区医疗卫生服务体系建设”、“农村义务教育经费投入”、“部分企业节能降耗”三个绩效审计调查结果报告。审计报告显示，部分资金、资产闲置，使用效率不高，部门存量资产收益管理与预算管理缺乏统筹。就此，市人大财经委的要求从前一年泛泛的“加强财政资金绩效考评”，明确为“建立绩效管理和预算管理相结合的机制”，并建议市政府要高度重视绩效审计工作，将财政资金使用的绩效纳入政府督察考核体系，建议市人大常委会每年选择一至两个重点项目听取绩效审计情况的报告。

这是市人大在推动“预算绩效”之路上迈开的第一步。然而，财政资金配置“重要钱轻管理、重权力轻责任、重花钱轻绩效”的顽疾由来已久，某些部门甚至形成了“要钱容易、花钱随意”的恶习。

2011年出台管理问责办法

改革在艰难的探索中不断破冰试水。2011年6月，市人大常委会和市政府召开“加强人大预算监督工作，推进预算绩效管理制度建设研讨会”。常委会支持市政府从改革财政资源配置方式入手，建立健全以结果为导向，决策、执行、监督既相互协调又相互制约的公共财政体制，并逐步健全绩效管理制度。

此次会议明确，对预算编制和执行过程中，由于故意或过失导致预算绩效管理未达到相关要求，以及财政资金配置和执行绩效未能达到预算目标或规定标准的部门、单位及其责任人员，将实行绩效问责。对违反财经法律法规的，视情节轻重给予行政记过以至撤职处分。

当年11月，市政府正式出台推进预算绩效管理的意见、预算绩效管理试点工作总体方案、预算绩效管理及问责办法和大额专项资金管理办法，并确定市科委、卫生局、医管局作为预算绩效管理工作试点。试点涵盖预算编制、执行、监督全过程的预算绩效管理，市人大常委会全程跟踪监督。据悉，2013年试点范围将从3家扩大到12

家，并通过专门的电子查询系统对委员代表公开项目和绩效目标。

“至此，人大常委会将人大预算监督和政府预算管理工作协调统一起来。”陈京朴说。预算绩效监督的管理从财政、审计部门扩大到整个政府，也从解决单个问题的工作层面上升到制度建设层面。

财政绩效监督是以编制绩效预算为前提、以绩效评估为手段的监督管理机制，是公共财政管理体制发展的客观要求和趋势。目前中国预算绩效管理模式才刚刚起步，绩效评估体系正在探索完善之中，财政绩效监督机制的建立运行，从理论上讲尚处于无的放矢阶段。

但是，在实际工作中必须明确加快建立财政绩效监督机制的方向和目标要求，确立财政监督服务预算绩效管理的工作理念，厘清以合规性监督为基础、以“3E”监督为重点、以建立绩效评估体系为突破口的财政监督工作思路。科学整合各类财政监督检查项目，统一绩效监督目标要求，创新监督检查方式，探索建立财政绩效监督工作机制，提高财政监督工作效能。

建立绩效监督机制，探索绩效评估体系。财政监督大体可以分为合规性检查、绩效评估、绩效监督三个层次。合规性检查是财政部门对公共部门财政财务收支活动的真实性、合法性检查，是一种传统的基本监督方式，也是绩效监督的基础；绩效评估侧重对财政项目支出结果情况的评估，是绩效监督的核心内容；绩效监督则是对财政支出行为过程及其结果的监督。简单地说，就是对合规性检查和绩效评估的再监督。三种监管方式在目标要求、指标设置、检查程序方面逐级递增。因此，首先要设计“由高到低、突出绩效、循序渐进”的监督检查程序和绩效监督报告文本，把绩效监督的“3E”指标，作为开展和审理日常监督、专项检查、绩效评估工作的标准，逐步建立公共财政绩效监督机制；其次，要抓紧研究政府性资金绩效评估指标，积极推行绩效评估方法，在实践中探索完善和建立健全绩效评估体系。

总之，实行预算绩效管理模式势在必行，建立绩效评估体系刻不容缓，完善绩效监督机制时不我待。各级财政要牢固树立绩效管理观念，按照“先易后难，突出重点，夯实基础，规范操作，分步实施”的原则，以预算绩效的目标设置、绩效评估的指标编制、操作规程以及结果运用为切入点，探索研究绩效管理监督方式方法，逐步健全预算绩效管理监督机制体系，不断优化资源配置，提高财政资金使用效益，推进公共财政管理的科学化、精细化和绩效化。

此外，以项目预算绩效管理为基础，推动部门预算的行政问责。中国预算执行在遵循一般规律的情况下，必须考虑特有的政治、经济和制度约束因素。在推行预算问责这个阶段，改革的重点将从外部控制过渡到管理责任阶段，从政策过程控制转变到产出和结果控制，从财政管理的封闭式管理转变为透明式管理，利用基于修正的权责发生会计准则的绩效报告进行预算问责。中国政府要想实现从控制性预算转向预算的绩效管理，应逐步把财政部门提供的预算绩效信息纳入财政资金分配的决策过程，通过部门预算调整与行政问责制的紧密结合，借助各级政府现有的较为完善的政府绩效评估目标责任书模式，摆脱政府绩效评估与财政预算调整相分离的参考型绩效预算，逐步向决策型预算绩效管理转变，把部门绩效信息的优劣作为部门政策调整和部门人事变动的客观依据，加强预算问责，从而使政府的决策更加科学和准确。

二、构建预算绩效监督体制，加强人大预算制衡

自 20 世纪 90 年代以来，在议会（国会、人大）监督中建立科学的预算绩效考评制度已成为许多国家政治体制改革的重要内容。近年来，中国各地人大在财政预算监督改革实践中，也逐渐认识到建立切实可行的财政预算绩效考评体制的必要性和紧迫性。但无论是在绩效评估的理论研究层面，还是在实践操作层面，都因缺乏相关经验而处于初步探索

阶段。因此，我们仍需借鉴先发国家多年实践所积累的有关积极经验，结合中国政治体制运行的特点和规律，逐步建立和完善适合中国国情的预算监督绩效考评体制。①

（一）税收法定是议会决定和监督财政的起点和前提

英国1295年召集的模范议会的重要意义就是争夺到了税收立法权。而税收又是财政支出的前提，因此，经过七百多年的实践，尽管各国议会的权力大小有别，但各国宪法均不同程度地赋予议会财政监督的基本权力。议会决定和监督财政（主要指税收和预算）制度主要指议会审查、批准和监督政府税收、预算、决算、债务和制定财政法律的基本制度。②

先发国家绩效预算监督兴起于20世纪70年代，是议会决定和监督财政制度的重要创新和发展。经过近三十多年的探索，英、美等发达国家在现存政治制度的基本框架内，将政府绩效评估作为突破口，使其成为政府部分职能和公共服务输出市场化之后所采取的重要治理方式。现已形成以议会法定为原则，以公众需求为导向，以投入产出规模为基础，以效率性、公正性为核心基准，适合政府工作特点的绩效管理的内容、程序和标准体系。

概括来讲，具有以下几个方面的共同特征：一是议会中心主义，即政府处理财政的权限必须以议会的决议或法律为依据。预算支出或发行国债的内容、用途、目的和最高限额等，都必须事先得到议会的审查和批准。二是财政支出议会法定，即财政支出的用途、内容、目的和最高限额等，以及国债的使用都必须以议会的决议或法律为依据。由政府编制财政预算，送议会审议通过后实施。三是国家的财政决算，均需审计机关审查，最后由议会批准。对此，先发国家的宪法、组织法或预算法都对国家预算的编制、审批、审计等程序有着严格的规范。如美国国会领导并直接参与绩效考评工作，加拿大政府要向国会提交综合绩效报告，

①② 周长鲜：“财政预算绩效监督体制：西方发达国家议会的经验与启示”，《经济社会体制比较》，2010年第5期。

这些做法和经验为先发国家议会（国会）对政府财政预算实行绩效监督产生了重大积极影响。

（二）构建人大预算监督绩效考评体制

先发国家开展绩效评估大多出于提高行政效率、节约财政开支、增强公众凝聚力等方面的考虑。与此相比，尽管中国还没有建立人大预算绩效监督体制，但从2002年开始，中国先后有部分省市人大（最典型的是深圳、上海闵行和浙江温岭）已开始在这方面进行了有效的尝试，探索建立了由人大督促和支持财政部门扩大对重点专项资金的绩效考评。以先发国家议会的经验为借鉴，结合中国自身的国情特点，构建中国绩效预算财政考评体制。

在当代中国的人民代表大会制度下，加强人民代表大会对政府预算的监督是深化预算制度改革的核心内容。但是，在信息不对称的背景下，由于缺乏科学有力、具体可行的制度安排，人大的预算监督在实践中往往被大大弱化。“打铁先要自身硬”。人大在逐步理顺监督的权力制衡机制的基础上，还需从以下几个方面完善相关的机制建设：[①]

一是立法。由“地方规章”先行突围到“国家法规”并逐步完善。由于中国目前关于财政支出绩效监督的法律规范还是空白，各地在实践的过程中，以部门规章的形式予以规范和保障，缺乏整体性和系统性。二是人力。监督主体由“单一”向“多元”的过渡。从评估主体的角度来说，由于政府财政预算与支出涉及社会生活的方方面面，利益相关者的构成也非常复杂，因而很有必要实现评估主体的多元化与公众参与。三是财权。由“片段”到“全程”的整合，针对中国国家机关对财政活动的控制目前还处于“片段化”状态，还需要进一步研究和探讨将预算编制权、预算执行权、预算审计权归于政府；将预算审查权、预算批准权、预算监督权归属人大及其常委会，并进一步探讨和研究人大的预算修正权、预算调查权，进而实现人大对财政监督权力的逐步“整合”。

① 周长鲜：“财政预算绩效监督体制：西方发达国家议会的经验与启示”，《经济社会体制比较》，2010年第5期。

四是物力。需借助电子技术升级人大监督载体。中国传统的人大财政监督主要是建立在“硬”物质技术基础上的，提交人大审计的报告已是经过政府先过目和修改后的二手资料，故今后还需要适应网络等科技技术力量的发展而逐步探索“软”科技监督，逐步升级人大监督载体，以获取更多的第一手信息。如借鉴深圳等地人大与政府“联网”在线监督的经验，创造条件建立人大与政府之间的信息交换平台，提高人大预算审查监督的效率和水平。

绩效预算改革的基本目标应当是为强化人大的预算监督提供制度安排，而强化人大的主导作用反过来又对绩效预算改革的顺利推进具有工具性意义①。中国人大预算监督在各个环节上都存在突出的问题，严重制约了人大监督权的实现。绩效预算改革的引入为人大预算监督机制的完善提供了一个可行且必要的路径。绩效预算的实质就是将绩效与预算结合起来，以保证在分配资源并进行管理的过程中会考虑效果。绩效预算的演变历程表明，提高政府的预算资金使用效率只是它的一个手段，其主要目的在于让政府的资金使用最大程度地符合公民意志。

三、融合预算绩效审计，创新政府审计制衡

绩效审计就是利用专门的审计方法和依据一定的审计标准，对被审计组织资源利用的经济性、效率性、效果性进行评估。它是以检查和判断政府计划和行动、结果和效益是否达到预期以及立法或行政机关确立的目标是否适当为主要目标，绩效审计的客体主要是公共部门、公共工程项目、公共事业等。财政绩效审计和政府绩效预算都是伴随着先发国家的“新公共管理运动”兴起的，在某种程度上，二者的重要性都在于促进政府加强责任，改进管理，提高效率。

① 张紧跟、陈泽涛：“论人民代表大会在绩效预算改革中的运作与影响——以广东省A区为例”，《公共管理学报》，2008年第2期，第24—32页。

（一）传统的预算执行审计滞后于实际的需求，局限性凸显

中国现行对政府部门的审计监督主要模式为预算执行情况审计，其审计目标是查错纠弊。但随着财政体制改革进一步深化，部门预算、国库集中支付、政府采购和收支两条线等措施得到进一步加强，改革措施改变财政资金流动的路径，仅仅对预算“执行”进行审计就会出现审计内容空壳化的趋势；不仅如此，财政资金是否被依法使用固然重要，但更重要的是政府使用财政资金绩效如何？很显然，传统的预算执行审计无法对其进行判断，已经滞后于实际的需求。

长期以来，各级审计机关为解决财政支出中存在的问题做出了不懈努力，取得了公认的重大成果，但仍没有从根本上扭转公共资金使用绩效低下的状况，以致走入了“屡查屡犯”和“屡犯屡查”的怪圈。出现这种现象，一方面有财政管理体制甚至政治体制等方面的原因，但也与审计人员没有找到“真正”的问题有关系。突出表现在审计人员习惯于将工作集中在对预算资金运行本身的关注上，而没有和配置资源的过程和结果联系起来，这正是由传统预算执行审计固有的局限性所决定的。

第一，传统的预算执行审计重在查处违法违规问题，以合法性、合规性为主要的价值判断标准，这不仅没有全面反映政府行为应有的价值观，还可能具有误导性。它将“审计”视为审计机关的任务而不是完成任务的手段，表现为围绕“发现预算执行过程中的违法违规问题”，而不是围绕“推动预算执行部门切实履行职能，并在其职能范围内有效开展工作”而展开的。与此相对，审计中的价值判断标准是“法律法规”，即收支事项的合法性；而不是效率和效果，即资金使用是否有效率并能达到预期目标。事实上，作为社会公共利益的维护者，政府及其部门处于社会公共资源配置的中心，它的行为不仅需要用合法性衡量，更重要的是资源配置要有效率和效果。传统的政府审计将“合法性”视为主要的价值标准，本身就与作为被审计对象的政府及其部门的行为标准不尽

一致，可能会使被审计单位放弃更高的价值标准，从而导致审计工作偏离了预算执行审计本身的存在价值。

第二，传统预算执行审计的目标是查处预算执行中存在的违法违规问题，相应的技术方法主要围绕“查账”而展开。不仅在审计对象上排除了非财务机构，并且在管理的责任上将决策（该不该支出）、监管（谁为经济事项的真实性负责）及会计管理（账务处理）混为一谈。这一点正是为什么“屡查屡犯”成为难以克服的顽症的根本原因。所以，从根本上突破传统审计理念与手段上的局限是预算执行审计发展的内在需求——审计结果不仅要作为改进项目执行的依据，而且可作为决策者做出决策时的参考。

面对中国财政资源使用领域里业已存在的、以使用绩效低下为特征的主要问题，传统的预算执行审计无能为力，其根源就在于传统审计是以短期资金管理为重点的审计。因此，有必要为预算执行审计加入新的内容。这种新的内容体现为由对短期资金管理本身的关注转向长期的控制，不仅要体现在政府配置财政资源的行为上（做了什么和没做什么），还要体现在结果上（最终结果如何），即重点检查政府对公共资源的管理和使用能否实现预期的目标。这客观上要求预算执行审计应当对政府支配公共资源的整个过程和结果进行全面检查，并将这种检查制度化。这种检查，不仅可以为未来的改革创新和生产能力创新提供方向，还可向有关方面传递政府使用资源的主要信息，以降低社会公众的监督成本。

（二）以绩效预算为起点，推进绩效审计，提升政府效能

预算执行绩效审计并不是虚无缥缈的，它是实际存在的，将它引入到我们的审计工作中来，其根本目的在于实现向审计报告的使用人，提供关于政府支配公共资源的绩效信息，并代表公共资源的所有者实现对管理者和使用者的监督。尽管预算执行绩效审计在中国尚处于探索阶段，但是可以预见，随着财政体制改革的不断推进，预算执行绩效审计必将成为一种制度性安排，最终推动政府提高效能。

表 3－3　世界部分国家绩效审计工作量占政府审计工作量的比重

国家名称	绩效审计工作量占政府审计工作量的比重
美国	90%以上
澳大利亚	50%以上
瑞典	40%以上
英国	35%以上
日本	40%以上

当前，绩效审计已成为政府审计的重要组成部分。绩效审计有效实施所发挥的作用也将越来越大，中国各级政府或审计部门都开始重视绩效审计的发展。但财政绩效审计的进一步完善和发展还存在着许多限制性的因素和问题，除了审计队伍自身的综合业务素质亟待提高等内部因素以外，制约绩效审计发展的因素颇多：受现行审计体制的制约；预算编制的内容不完整；考核公共支出的绩效指标评估体系不完善；缺乏公认、适用的绩效标准等。

绩效标准在政府绩效审计中占有极为重要的地位，按照“定性—定量—定性”的思路构建包括“正当性”、“效率性”、“效果性”、“公平性”、“回应性”和“透明性”六个标准在内的绩效标准体系，可以实现对被审计项目绩效水平的综合评估。

绩效预算是绩效评估的前提与基础，没有建立绩效预算制度，就很难建立绩效评估机制和体系。绩效评估是绩效预算的反映与结果，没有建立绩效评估制度，也很难完善绩效预算机制和体系。而财政绩效审计在很大层面上依据财政支出绩效评估标准进行评审的同时，又促进财政绩效评估体系的进一步完善和提高，可见三者是相互依存、相互影响、相互制约的。

四、打造“阳光财政”，促进公众参与公共权力制衡

“阳光财政”是指财政预算的收入和支出都要公开透明，接受纳

税人的监督。实行“阳光财政”，一是从技术操作层面来看，要加快推进财政预算的公开透明；二是从制度层面来看，要真正建立起约束、规范政府的“主权在民，而不在官”的制度。打造“阳光财政”，要进一步加快财政预算公开化、透明化进程；要进一步加大财政预算的前瞻性、超前性；要从完善机制入手，积极推行全覆盖、深层次的绩效预算管理机制。由于预算报告透明度涉及公众、权力机构等对预算支出绩效评估的准确性和问责机制的落实等绩效管理的关键问题，预算报告透明度的改革一直是绩效预算的核心问题。伴随着绩效预算的改革，财政透明度也成为财政改革的一个主要方面。绩效预算改革为财政透明度赋予了新的内涵，财政透明度改革也有力推进了绩效预算的顺利实施，并成为绩效预算改革的一个有机组成部分。财政透明度得到世界各国政府及国际货币基金组织、经济合作与发展组织、世界银行、亚洲开发银行等国际组织的重视。英国、新西兰、美国等许多国家和地区在加强政府信息公开、改革政府会计与审计制度方面取得了很大成效。

改革开放前，中国财政履行的是国家分配职能，财政活动在某种程度上处于暗箱状态，财政透明度很低。改革开放后，作为公共财政体制改革的重要内容，中国于20世纪90年代末开始逐步增强财政透明度。特别是1998年以来国家审计署连续掀起的审计风暴，揭露了财政预算执行中大量触目惊心的问题，使财政透明度成为社会各界瞩目的焦点。在此背景下，中国逐步推出了以部门预算、国库集中收付、政府采购、收支两条线以及后来的政府收支分类改革等一系列预算管理制度改革措施，财政透明度进程有了明显的加快，各地纷纷提出打造阳光财政的改革目标并开始付诸实践。[①]

① 邓毅：“绩效预算制度研究”，华中科技大学，2008年学位论文。

专栏 3－6

2013 中国财政透明度报告发布　首次出现两及格省①

近日，各地陆续开始公布本级政府 2012 年“三公”经费决算和 2013 年“三公”经费预算。政府财政透明度再次成为公众关注的话题。

记者从上海财经大学公共政策研究中心获悉，该中心起草的《2013 中国财政透明度报告》（下称《报告》）已经撰写完毕。这是该中心第五次推出《中国财政透明度报告》，包括《2013 年省级财政透明度评估》、《2013 年省级行政收支及相关信息透明度评估》和《省级政府部门预算透明度评估》三个分报告，以及新增加的《省级政府部门“三公”经费透明度特别评估》。

31 省份公开的信息不到 1/3

与往年一样，2013 年省级（不包括港澳台地区）财政透明度评估仍然包括态度评估和项目评估两个部分，满分为 1180 分。

其中，项目评估包括一般预算基金、政府性基金、社会保险基金、国有企业基金 4 个大项（总共包括 113 个小项）。课题组表示，之所以选择考察此四大基金，一方面是基于信息报告完整性的要求，另一方面是为与现有的财政信息报告体系相吻合。

一般预算基金包含 50 个小项，政府性基金包含 17 个小项，社会保险基金包含 30 个小项，国有企业基金包含 16 个小项。每个小项满分 10 分，项目评分共计 1130 分。

而态度评估，则是课题组通过信件的方式向各省份 4 个部门（省财政厅、人社厅、国资委及政府信息公开办公室）申请信息公开，然后根据相关回复情况评定的。态度评估满分为 50 分，一个省份若有两个及以上部门回复则为满分，只有 1 个回复的得 25 分，无回复

① 《中国经济周刊》，2013 年 4 月。

的为 0 分。

调查结果显示，31 个省份财政透明度平均得分为 370.56 分，换算为按百分制计算的得分为 31.4 分，这意味着 31 个省份作为一个整体来看的话，只公开了全部调查信息中不到 1/3 的信息。因此，从调查对象的整体水平上来看，我国省级财政透明度状况仍然不高。下文的得分均为换算后的百分制得分。

课题组通过信息公开申请、网上检索（如政府官方网站）及出版物（如政府统计年鉴）查找等渠道，搜索得到相关信息。项目资料查找截止日期为 2012 年 11 月 30 日。

首次出现两个及格省份

2013 年，在 31 个省份中，财政透明度状况最好的省份是海南省，得分为 77.7 分；紧随其后的福建省，得分为 68.46 分。这两个省得分超过了 60 分及格线，这是课题组进行省级财政透明度评估 5 年来首次有省份冲破及格线。而得分最低的 3 个省份依次是吉林（14 分）、辽宁（18.69 分）、浙江（19.44 分），均不超过 20 分。

从得分分布来看，20—30 分的省份最多，占 48.39%；30—40 分的省份占 19.35%；而及格的省份仅有 6.45%。大多数省份信息公开程度较低。

但相比往年，2013 年各省份的财政透明度整体状况有明显提高。2013 年，31 个省市财政透明度平均得分为 31.4 分，2012 年这一得分为 25.33 分。与 2012 年相比，31 个省市的财政透明度提高了 23.96 个百分点，这是项目组进行省级财政透明度评估以来增幅度最大的年份，这说明从 2012 年到 2013 年，我国省级财政透明度在以较明显的增幅改善。

另外，分项目财政透明度也变化较大。总体来看，公开信息的项目在增多。2013 年，公开信息的项目占比为 83.19%，明显高于 2012 年的 70.8%。

提高财政透明度是绩效预算改革的重要组成部分。根据公共选择理论和委托代理理论，由于公共产品的购买者与提供者的信息不对称，政府官僚作为公共产品的提供者在自身利益的驱使下，倾向于促使预算最大化，提供过量的或公众并不需要的公共产品。大量低效率的预算支出固化为部门利益，并披上各种合规性的外衣，政府只管投入，不问结果，导致预算支出效率的低下。制度经济学的产权理论和交易费用理论，也指出当行政权配置资源成为一个社会的主要资源配置时，行政权往往会超越产权，促使形成寻租社会。而且预算资金的分配也是一种交易，同样充满机会主义行为、不确定性和信息不对称等现象。委托人（政府预算部门）可能诱导代理人（资金使用部门）进行寻租设租活动，导致预算资源错误配置，预算支出效益低下。预算信息不公开、不透明是造成上述问题恶化的一个基本原因。绩效预算强调财政透明度，通过公开预算规则、信息、报告，可以压缩预算分配权力的寻租设租空间，有效降低交易成本，提高公众的知情权并促进其接受公众监督，强化政府的公共受托责任，提高政府预算支出的绩效。①

预算参与既是公民参与公共决策与公共治理的过程，也是对政府行为进行监督的过程，能够有效防止财政决策过程中产生的贪腐行为，从而促使财政支出的安排更加合理、高效和透明。然而，长期以来，财政支出决策在中国为政府部门所垄断，公众被长期排除在外。其结果是：政府行为失去监督，公共支出效率低下，浪费性支出以及腐败损失严重，不断攀升的低效支出持续侵蚀公众的财富与福利，使公共财政的公共性难以体现。这也正是导致中国百姓需求巨大及偏好显示强烈的领域资金不足、财政支出绩效低下的主要原因。因此，将公民参与引入预算监督，借助预算决策过程的公民参与改善财政资金使用绩效、增强公共服务可接受性、提高政府透明度、强化政府受托责任，同样应成为预算绩效监

① 董振海：“在我国推行绩效预算的理论与实践思考”，财政部财政科学研究所，2010年学位论文。

督的重要任务之一。[①]

公共预算的核心是资源配置问题。[②] 而在资源配置中，最核心的决策是确定支出的重点，也称支出优先顺序确定（Priority-Setting）。长期以来，公共预算中的资源配置决策主要是由政府和议会在不同的制度安排下做出的，公民一般不直接介入预算。以绩效预算为基础，试水参与式预算，由公众对财政项目能否立项、经费如何用、项目是否执行到位等，整个流程进行“品头论足”。政府将涉及公众切身利益的公共项目建设资金，交给公众讨论，并由公众决定，使预算编制更加公开、民主、透明。引入参与式预算以后，政府口袋里的钱怎么花，从此公众将有更大的话语权。引入公众参与，体现了政府自我限权的意识，能提高决策的透明度与科学性。参与式预算能提高财政资金使用效果，也能提高公众对政府决策的参与度。

最近这些年，先发国家已经进行了一些制度创新，将公民参与纳入政府支出重点的确定过程中。目前，中国浙江省温岭市也在预算民主恳谈中吸纳公民参与，以使公共资金的分配更加合理、负责。长期以来，中国政府预算最大的一个问题就是缺乏开放性，预算资金的分配主要由政府和党委领导决定，在预算资金的分配中人大代表也没有发挥应有的作用，公民更是没有任何发言权。在这种情况下，组织公民参与预算就具有非常重要的意义。一方面可以使得政府的预算安排更加合理。只有通过倾听公民的需要，了解民众最关心的事情，政府的预算安排才能更加合理。另一方面，有助于建立一个更加负责任的政府，使得政府预算安排履行公共责任。

① 童伟：“制度构建与模式创新背景的绩效预算监督体系催生”，《改革》，2013 年第 3 期，第 60—65 页。

② 马骏、罗万平：“公民参与预算：美国地方政府的经验及其借鉴”，《华中师范大学学报（人文社会科学版）》，2006 年第 4 期。

第四章
推动绩效预算改革
优化公共制度供给

随着制度经济学的不断发展，继劳动力、资本和技术之后，制度作为一种影响经济增长的重要变量越来越得到公众的认可，并被经济学家纳入经济增长模型。提高政府供给制度的效率就成为各国面临的紧迫课题。预算作为配置公共资源的枢纽性机制，是现代政府治理的核心。通过绩效预算改革，建立绩效预算制度，对于优化一国的制度生态环境，提高政府的制度供给效率，进而提升政府能力，打造政府生产力至关重要。

第一节　制度升级增长理论 政府支撑制度安排

随着经济全球化、世界一体化进程的加速，不断现代化成了每个后发国家追求的目标。决定各国现代化水平的因素很多，其中制度因素日益为各国政府所重视。作为主要的制度供给者，政府支撑的制度安排已成为决定一国现代化水平的一个关键环节。

一、理论梳理经济增长，制度创生发展源泉

一提起经济增长的源泉，人们常常会联想起资本、劳动力、新技术。经济学家也一般习惯于在制度不变的环境中研讨经济增长源泉，即只要增加生产要素投入或技术进步，经济增长就将发生。随着经济学理论的不断发展创新，制度的重要性慢慢为理论界所认识，制度不仅仅是行为规则，有时它还是一个重要的产业，制度作为经济增长重要源泉的地位也逐渐确立。

（一）对经济增长源泉的重新理解

经济增长表现为一国的国民收入的增加。当前流行的经济增长理论，一般都抽象掉制度因素，即将制度视为已知的、既定的或将制度因素作为“外生变量”，考察在一个制度不变的环境下，一国经济是如何通过物质生产要素的投入变化或生产率的变化实现增长的。描述经济增长最为简单的古典经济增长模型是把经济增长视为资本积累的函数，即资本积累是经济增长的唯一源泉。该模型以一个农业为主的国家作为考察对象，十分强调人们在生产大于消费时所积累的生产资本的重要性。资本通过向人们提供使劳动更为便利的厂房和机器，从而提高了生产率，促进了国民经济的增长。

作为古典增长理论和凯恩斯增长理论的混合物的哈罗德—多马模型，同样强调经济增长的原动力是投资。投资起着双重的作用，它既创造了需求，也创造了生产能力。该模型表明，为了寻求增长，一国必须从国民生产总值中拿出一定比例进行储蓄和投资，并通过创造追加的生产能力在下一时期里带来更多收入（用增量资本—产出比率表示）。本期的较高收入在下一期带来更大量的储蓄、投资、资本形成和更高的收入，由此推动经济增长。

古典模型是在技术和制度不变的条件下研究经济增长的。由于假定

技术不变和资本积累是增长的唯一源泉，则不仅随着生产要素变得稀缺将使生产增量的增加伴随着生产成本而增加；而且报酬递减规律将发生明显的作用，从而经济增长存在一个极限。然而，在现代社会，科学技术突飞猛进，技术进步对经济增长的贡献已超过了单纯的资本或劳动投入。新古典模型克服了古典模型的缺陷，把技术进步也视作经济增长的源泉。该模型把资本的边际生产率和劳动的边际生产率都当作变量对待，认为这两个变量取决于投入使用的资本和劳动的相对数量的大小。因此，国民收入的增长速度取决于劳动力和资本存量的增长速度，同时还取决于技术革新速度。

古典或新古典模型都是在制度不变的假定条件下研究经济增长的，市场这只“看不见的手”将引导生产要素流向能导致行为人收益最大化的领域，刺激技术进步，实现均衡增长。然而，当我们把制度作为变量引入增长模型时，便会发现以上的推导过程明显偏离现实的增长轨迹。首先，在现实生活中，信息是不完全的，且信息的获得是需支付费用的。生产的调整过程取决于信息费用。一般来说，市场越不发达，信息传播技术越原始，调整过程就越长，调整费用就越高。因此信息的不完全性及信息费用会影响市场机制的运行结果，影响经济效率及经济增长轨迹。其次，由于产权未被充分界定及产权的界定是需花费成本的，私人收益并不必定等于社会收益，如存在外部性“搭便车”等问题。当存在低效率的产权结构时，随着知识与技术存量的增加，个人为社会获利的能力会既缺乏又不完善，其结果是技术进步变得缓慢，自然资源存量的收益呈递减趋势，从而影响经济增长。最后，新古典模型把总产出与人均产出的增长视为储蓄率及人口增长率的函数，而储蓄必定存在着正收益。但是，储蓄正收益的存在同样取决于产权结构，即产权的保障是储蓄率与资本形成率的一个决定性因素。翻开先发国家的经济史，我们不难发现，有的国家在一定的历史阶段，收入的储蓄率和资本形成率通常是极低的，甚至为零或负数。根源就在于当时的产权制度没有创造出足够的动力或对投资者的利益缺乏足够的保障。此外，在不同的国家，由于制度环境的差异，即使投入相同的生产要素，其经济增长的效果也是不同的。这也表明制度是影响经济增长的一个重要变量。

大量的统计资料表明，在现代社会中，技术进步对经济增长的贡献越来越大。但是，技术创新在相当大程度上依赖于制度投资和制度创新，如通过产权的重新界定以高效率的经济组织代替低效率的经济组织、建立分担外部性的风险（例如环境污染等）的制度等。以英国的产业革命为例，有的学者仅把它视为一场技术革命，实际上它也是一种制度创新。正如汤恩比所说，"产业革命的实质就是用竞争取代以前控制生产和财富分配的中世纪规则。"① 产业革命前大工厂已经存在，在詹姆斯·瓦特蒸汽机之前蒸汽机已在煤矿使用了几十年，以瓦特命名的蒸汽机仅仅改进了以前的纽科曼蒸汽机。新技术的发明引起经济的迅猛增长往往发生于在制度创新之后，即交易费用与技术变化密切相关。例如，一套鼓励技术变化、提高私人收益率使之接近社会收益率的系统的激励机制仅仅随着专利制度的建立才被确立起来。由于竞争制度的形成和产权的充分界定，市场更加完善，市场规模进一步扩大，这导致了更高的专业化与劳动分工，从而增加了交易费用。更有效率的经济组织和质量控制方法降低了交易费用，产权的充分界定不仅提高了技术创新的收益率，而且降低了创新成本，结果进一步刺激技术创新。正是19世纪后半叶的这种技术创新和制度创新的交互作用，才出现了一个前所未有的经济高速增长时期。

在投入不变时，生产率的提高也能推动经济增长。过去人们一般认为，只有在技术进步的条件下，生产率的提高乃至经济增长才是可能的。但是，历史事实证明，在投入和技术不变的条件下，通过制度创新亦能提高生产率和实现经济增长。例如，根据对1600—1850年间的海洋运输成本的统计，尽管这一时期世界海洋运输业中并没有发生用轮船代替帆船之类的重大技术进步，但由于海盗减少，船队规模扩大，贸易增长以

① ［美］道格拉斯·C. 诺斯著，厉以平译：《经济史上的结构与变迁》，上海三联书店1991年版，第187页。

及往返时间缩短，这种船运制度和市场制度的变化降低了海洋运输的交易成本，最终使得海洋运输生产率持续提高，实现了经济增长。[①]

中国自十一届三中全会以来所取得的巨大经济成就也充分证明，改革对经济增长的巨大刺激作用。打破僵化的计划体制，建立市场经济体制，为经济增长注入了活力。这验证了邓小平同志的一句名言："改革就是解放生产力。"因此，制度创新也像生产要素、技术创新一样是经济增长的源泉，而且在一定条件下，是更为重要的增长源泉。

（二）制度创新推动经济增长的机理

制度创新之所以能推动经济增长，是因为制度的变化具有既改变收入分配，又改变经济中使用资源效率的潜在可能性。制度创新的这种功能又与制度可影响人类的选择行为有关。第一，制度实际上为每一个参与社会经济活动的行为人设置了一整套正式的（如宪法、成文法、自愿性契约等）和非正式的（习惯等）行为规则，这就为每一个追求最大化利益的行为人规定了约束条件。制度的变化也表明这种约束条件的改变，进而影响行为人的选择行为。制度创新正是通过改变交易规则来为经济增长创造新的条件。例如，宪法秩序将直接影响行为人进入政治体系的成本和建立新制度的立法基础的难易度，影响到公共权力运用的方式，进而影响市场的运行状况，如果既存的宪法秩序使行为人进入政治体系的成本很高，或新的立法很困难，公共权力的运用缺乏限制或监督，则市场机制的扭曲很难避免，且难以纠正，从而会制约经济增长。第二，制度创新可通过塑造出新的激励或动力机制，激发行为人参与交易活动、进行技术创新的动机，推动经济增长。一个社会的经济缺乏活力或停滞不前，一般总是与既定的制度因素窒息行为人的创新动机或行为人创新活动得不到最低限度的报偿有关。因此，要维持经济的持续增长，通过制度创新塑造动力是至关重要的。第三，由国家倡导并为人们所接受或习惯形成的意识形态向人们提供了价值判断标准。当人们的道德或伦理的价值取向与经济增长的方向相一

① 杨瑞龙："制度创新：经济增长的源泉"，《经济体制改革》，1993年第5期。

致时，就有助于克服机会主义或“搭便车”行为，从而可降低交易费用，即可以以较低的代价换得较快的经济增长。第四，制度还影响信息和资源的可获得性。例如，既定的制度将影响信息的分布、传递及信息的可信度，进而影响信息费用。一个社会因制度原因（如市场扭曲）所导致的信息费用的上升，必将制约经济增长。

由此我们不难推断，对经济增长起决定作用的是制度因素而非技术性因素。正如诺斯、托马斯所说，“有效率的经济组织是经济增长的关键；一个有效率的经济组织在西欧的发展正是先发国家兴起的原因所在。”① 例如，19 世纪中叶随着生产社会化程度的提高和市场规模的扩大，美国的自然人企业制度制约了经济增长。1845 年以后，美国的大多数州通过了公司法。公司法按照标准的一套规则进行新公司的注册工作，大大减少了组建公司的成本，促进了必须吸引众多投资者参与和积累大量的资本以获得规模经济股份公司的组建。这种新的制度安排使投资者获得在作出新的制度安排以前所无法获得的利益，从而增加他们的收入。新的制度安排降低了交易成本，提高了收益，这无疑提高了效率。19 世纪中叶以后美国经济得到了迅猛的发展便充分证明了这一点。

当把制度作为决定经济增长最主要的变量时，则经济增长主要表现为制度变迁的结果。当然，在制度不变的条件下，增加生产要素投入也可能增加社会财富。但如果一个社会没有实现经济增长，则必定与该社会没有为经济方面的创新活动提供激励有关。在现实社会中，追求利益最大化的行为人总是力图在给定的约束条件下，谋求确立预期对自己最为有利的制度安排和权利界定。一旦行为人发现创立和利用新的制度安排所得到的净收益为正时，就会产生制度变迁的需求。这种需求能否诱导出新的制度安排，取决于赞同、支持和推动这种制度变迁的行为主体集合在与其他利益主体的力量对比中是否处于优势地位。一旦确立新的制度规则，将会改变收入分配，影响资源的使用效率，实现经济增长。

---

① ［美］道格拉斯·C. 诺斯、罗伯特·托马斯著，厉以平、蔡磊译：《西方世界的兴起》，华夏出版社，1989 年版，第 91 页。

二、认清公共物品属性，明确政府供给角色

现代社会解决问题从而满足人类需求有两种主要途径，一是市场，一是政府。市场主要适合提供排他性消费的私人物品，当然在一定的制度安排下也可以提供公共物品，但由于其负外部性的存在，市场往往成为影响公共物品提供的障碍性乃至破坏性因素。就目前来看，政府是公共产品，特别是制度性公共产品最主要也是最合适的提供者。

政府的一个重要职能是为全体国民提供普惠的公共服务，而民众患公共服务不足久矣——很多社会问题的出现和恶化，与公共服务的不足有着直接的关系，政府确实应该加大对公共产品的供给，为民众补账，可是，也要注意到，公共服务中还包括制度产品的供给，作为一种规范人们行为和社会秩序的公共产品，制度比起有形的物质公共产品来，对社会的作用更大更持久。从这一角度看，政府应该在制度建设上，为社会提供一个包括优良的法制环境在内的制度产品，这其实也是政府的职能之一。

按照公共物品的概念，可以比较明确地判断：制度就是一项十分明确的公共物品。正像林毅夫所阐述的，“制度最基本的功能是节约，即让一个或更多的经济人增进自己的福利而不能使其他人的福利减少，或让经济人在他们的预算约束下达到更高的目标水平。”①

为了区分上的方便，可将制度类的公共物品称为制度性公共物品（或软性公共物品），把基础设施等公共物品称为一般性公共物品（或硬性公共物品、基础性公共物品）。对于制度性公共物品，很多学者已经进行过阐释。比如，产权制度和实施产权的程序就是萨缪尔森所说的公共物品，即每个人的消费不会减少任一其他人的消费。

制度的供给主要来自政府、非政府组织和个人，尤其是公共利益的执行者——政府。任何重大的制度变动只有得到政府的认可，或是由政

① 林毅夫：《再论制度、技术与中国农业发展》，北京大学出版社，2000年版，第117页。

府来发动，才能在更大范围内得到实施。也就是说，政府是制度的主要供给者，在制度供给的过程中作用突出。

制度供给的主体系统一般是由政府、非政府组织和个人三个层面组成。政府在主体系统中优势突出。一是政府的特性使其可以有效地克服“搭便车”的问题。由于制度具有的非排他性特征，个人和非政府组织在制度创新过程中往往面临高昂的制度供给成本及收益轻易被他人窃取这样的困境。而政府可以通过制定强制性规则、意识形态控制、税收等手段，把个人因获利机会减少而不愿意继续下去的制度变迁进行下去。二是个人和非政府组织的动员能力和资源配置权力是无法与政府匹敌的，政府决定着制度供给的方向、形式、进程及战略安排。三是由于中国长期的中央集权传统，造成基层习惯于服从就是美德的观念，缺乏参与型的行政文化，形成了一个相对封闭、保守的行政体系。个人和基层组织制度创新的动力缺乏，难以形成一个多层次的制度供给的主体系统。

经济发展的本质是在一定的制度创新和有效制度供给基础上的经济增长及其相应的结构变革。在一定的初始经济水平和条件下，对经济增长和发展起作用的是制度因素而非技术因素。然而，制度是一种公共产品，如由市场自发供给会因外部性的存在而发生供给不足。

政府是解决制度资源短缺的关键所在。处于现代化转型期的发展中国家，都面临制度资源短缺的问题。发展中国家试图在短时期全部实现欧美早期民主国家在过去几百年形成的制度基础。因而，经济发展迅速，集团分化严重，利益冲突激烈，价值观也发生重大转变，民众参与期望明显增强。这些急剧的变化远远超过了政治体制的承受能力，极易导致社会紊乱。解决的办法只有一个，就是建立强大的政府，确定政府在改革和制度供给中的主体地位，发挥其强大的控制作用。美国政治学家亨廷顿在比较美、英与处于现代化之中的多数发展中国家后认为，“二者区别是显著的。后者缺乏很多东西，它们委实缺乏食品、文化、教育、财富、收入、健康水准和生产效率。不过，这些问题已被认识，也已被着手去解决。然而，在这些短缺的深层和背后，还存在着一种更为严重的短缺，即缺乏政治上的共同体和有效能的、有权威的、合法的政府。”①

政府作为主要制度供给者有利于通过创造宽松的制度环境以刺激和发挥个人、团体的创新需求及制度供给能力，使个人或团体能够在局部实践中自发产生新制度安排的想法，调动个体参与制度供给的主动性；也可以通过一定的制度环境限制或压制不符合政府需要的制度供给；有利于提高人们对新制度安排的认同感，调动他们拥护和执行新制度安排的积极性，从而增加新制度安排的合法性；也有利于以低于私人组织的成本进行制度供给活动。林毅夫认为，“国家的基本功能是提供法律和秩序，并保护产权以换取税收。由于在使用强制力时有很大的规模经济，所以国家属于自然垄断的范畴。作为垄断者，国家可以比竞争性组织以低得多的费用提供上述制度性服务。”②

三、明晰政府的公共制度本质，多面链接社会

制度是一个社会博弈规则，更正式地说是人们制定的规范人们相互关系的约束条件，是达到某种均衡的机制。青木昌彦认为制度可以概括为一种博弈均衡，是有限理性和具有反思能力的个体构成的社会长期经验的产物。“政府”本身作为公民解决公共性问题而提出的对策，是现代社会中最为重要的制度安排。

政府和市场，作为两种制度安排，都是为了节约社会交易费用。在人的社会里，禀赋各异、需求不同的人的行为，就像无数辆有着不同目的地、行驶着的汽车，如果没有协调，成本将为无穷大。

政府因协调人与人关系而起。人们恐惧混乱，创造了政府，甚至联合国。人们渴望生机，又在不断调整着个人自由的边界。政府与政府之间、国家与国家之间的竞争还让人明白：避免混乱的成本、获取稳定的

① ［美］亨廷顿著，王冠华等译：《变革社会中的政治秩序》，三联书店，1989年版，第92页。

② 林毅夫：《解读中国经济》，北京大学出版社，2012年版，第123页。

收益，是人们对政府和国家的起码需求。更经常性的问题并不是要不要政府协调人和人的关系，而是政府如何协调人与人的关系。政府的协调能力就是所谓的执政能力，这种能力的强弱决定着社会成本的大小和福利水平的高低。而协调是需要信息的。而在经济学看来，市场是搜集和处理人们不同禀赋、不同需求信息的一个成本最低的制度安排。

1991 年，诺贝尔经济学奖得主科斯告诉人们：市场协调并不是在社会任何方面都是效率最高，成本最小的。比如城市交通，当发生堵车时，假如通过市场交易来决定先行权，其成本可能无穷大，而且我们也无法想象现场所有的驾驶员在堵车时进行先行权交易的情景；相反地，各车听由红绿灯安排，其交通成本显然相对较低。在这里，红绿灯恰恰是政府协调的一种表现。政府与市场一样，本身也是一种制度安排，即通过维持市场秩序和规则来帮助市场协调人和人的关系，也在市场协调成本过高的地方独立协调人与人的关系。

制度经济学把政府看作是一种制度安排。它的出现是因为有所谓“外部性”或“公共物品”问题。按照定义，“外部性”是指这样一种情况，一个人并不能承担他的行动所带来的所有后果，很自然，这些他没承担的后果被别人承担了。后果有好有坏，好的就是利益，叫正外部性；坏的就是成本，叫负外部性。而“公共物品”则是指一种“不可排他地占有和消费的”物品。例如，一个机构提供了“保证河水清洁”的服务，这条河边的一个人对清洁河水的享受不会妨碍另一个人对它的享受，这种服务就是“公共物品”。如果任何个人或公司想提供这样的服务，在满足一个顾客的同时就自然会满足所有到河边的人，但他无法向其他没有与他签约的人收费，从而提供了“正外部性”；而一个在河边生产化肥的企业向河里排放废水，让所有并没有同意它这样做的人承担河水被污染的后果，则是制造了“负外部性”。提供具有正外部性的服务和制止“负外部性”的服务一样，都可被看作是提供“公共物品”。只是根据这种服务的特点，服务者无法分别向消费者收费，因而政府形式被创造出来了：它可以强制性地向所有受益人收费，即征税。所以一谈到政府，它存在的合理性（从而合法性）是与提供公共物品密不可分的；它征税的权力来源于它提供公共物品的义务。

可以说，满足人们的公共性需要、解决公共性问题正是政府产生的原因。从本质上说公共权力的公共性是社会赋予的。市民社会对个人利益的追求和享受会产生共同的事务，需要凌驾于各方之上的协调工作，需要公共权力出面照料和管理，以担负公共责任，这种公共权力因为履行公共责任而具有社会合法性和公共性，而履行公共责任的程度和绩效、公共利益的实现程度又成为政府公共性的评估指标。1620 年，一百多名移民乘“五月花号”船从荷兰来到美国马萨诸塞州南部的普利茅斯。面对即将开始的新生活，为了规范公共活动规则，其中的 41 名清教徒殖民者登陆前在甲板上签署了著名的《五月花号公约》，宣称在上帝面前立约“组成一个公民的政治实体”。可见，公共需求是政府的首要原则。没有公共需求，没有公共需求的满足和公民的幸福，就没有政府及政府的公共性，政府就失去了社会合法性。

专栏 4－1

《五月花号公约》①

《五月花号公约》是 1620 年 11 月 11 日由 41 名英国清教徒在驶往北美大陆的“五月花号”货船上签署的一份契约。1620 年，客居荷兰的 36 名英国清教徒怀着“永存其宗教教律、可以维持一个使徒信仰的教会的纯洁”之希望，向英国的弗吉尼亚公司申请到了移居北美洲的土地许可证。同年 9 月 6 日，他们与来自伦敦和南安普顿的 68 名移民共同搭乘“五月花号”货船驶往北美，计划定居在纽约的哈得逊河岸，但因风向改变，被迫在普利茅斯登陆。由于未能按原计划在弗吉尼亚殖民地登陆，故其土地许可证在普利茅斯无法律约束

① 范进学：“论《五月花号公约》对美国宪政之可能贡献”，《云南大学学报（社会科学版）》，2010 年第 1 期，第 58—66 页。

力，一些移民因此声称将不服从管理。为了确保未来秩序与自由，他们在登陆之前的1620年11月11日经共同协商，制定了一份公共社会契约，并由41名成年男性移民在该公约上签了字，该公约史称《五月花号公约》(May flower Compact)。《五月花号公约》的内容是：

以上帝之名，阿门。我们这些在文件上签署的人，是蒙上帝保佑的大不列颠、法兰西和爱尔兰国王——詹姆斯国王陛下的忠实臣民。

为了上帝的荣耀，为了增强基督教信仰，为了提高我们国王和国家的荣誉，我们漂洋过海，在弗吉尼亚北部开发第一个殖民地。我们在上帝面前共同立誓签约，自愿结为民众自治团体。为了使上述目的能得到更好地实施、维护和发展，将来依此而制定颁布的并被认为是这个殖民地全体人民都最适合、最方便的法律、法规、条令、宪法和公职，我们都保证遵守和服从。

据此于公元1620年11月11日，于英格兰、法兰西、爱尔兰第十八世国王暨英格兰第五十四世国王詹姆斯陛下在位之年，我们在科德角签名如下……。

因此，作为现代社会中最重要的公共组织，政府在社会授权的基础上解决经济社会发展问题、提供公共产品、满足社会公共需求，是实现公共利益的一种公共制度安排。政府的公共性产生于社会公共需要。它是最高的公共性，提供的是最普遍的公共产品，解决的是最普遍的公共问题。只要社会上存在个人利益与社会公共利益的冲突，只要社会产生公共需求而其他任何组织又无法满足这种需求，那么，社会就会需要政府这样以暴力为后盾、具备征税权的政治共同体提供公共产品，满足人们的公共需求，并以此为交汇点，衔接其他社会制度，共同编织人类社会的制度网络，成为社会制度网络的集成体乃至发源地，从而深刻影响制度形成与变迁。

第二节 解析政府公共制度
预算成就治理之核

作为经济活动和政治活动的交汇点，财政制度在一国政府制度中发挥着极其重要的作用，是国家的“神经中枢”。由纳税人组成的权力机构对政府活动进行审议和监督，标志着符合现代文明内涵的公共财政制度始得建立。而公共财政制度最终成熟的标志是政府预算制度的确立，将政府财政活动纳入预算管理范围，从而也就使得预算成为政府治理之核。

一、财政构架政府元制度，政府支撑经济长发展

对于本身作为公共制度安排的政府而言，开展业务活动之资金支持机制的重要性不言而喻。财政制度架构起政府运行的制度核心。财政制度是“经济”统治和“政治”统治的结合，因而是国家与社会的“神经中枢”。

韦伯讨论了统治的基本形式，在他看来，所有的统治都可以区分为依仗利益状况进行的统治和强制性（命令）统治。依仗利益状况进行的统治建立在以某种方式保障的对权利的占有上，以被统治者的利益需要为基础。统治者为被统治者提供某种他们极其所需的利益，足以诱使他们以一定的收入作为回报。这种利益和服从的交换，其背后的结构性意义是权利的交换和分配。这种统治具有浓厚的“经济”色彩。而与此同时，为了保障对权利的垄断式占有，统治者势必建立起一个组织系统，通过机构来实现统治，这种统治由于国家垄断了暴力而具有强制性，这种统治被韦伯称为“狭义的统治”，即政治学意义上“统治”的概念。

从财政的角度来看，“经济”上的统治和“政治”上的统治是天然结合在一起的，是国家与社会的“神经中枢”。正因为如此，按照马克思的理论来说，财政是一个复合了上层建筑和经济基础的概念范畴，因而可以成为理解国家与社会命运的钥匙。

国家（或政府）在长期经济绩效分析中处于中心地位，正如诺斯指出的：“国家的存在是经济增长的关键，然而国家又是人为经济衰退的根源。”① 熊彼特从财政的侧面抓住国家的本质、形态和命运，指出对财政历史的研究能够使人们“洞悉社会存在和社会变化的规律，洞悉国家命运的推动力量，同时也能洞悉具体的条件，特别是组织形式发展和消失的方式……从国家财政入手的这种研究方法，在用于研究社会发展的转折点时，效果尤为显著……在社会转折时期，现存的形式相继陨灭，转变为新的形式。社会的转折点总是包含着原有的财政政策的危机。”② 葛德雪说得更彻底：“每个社会问题，实际上还有每个经济问题，说到底都是财政问题。”③ 诺斯、奥尔森等对此做出了努力，前者强调了统治者追求财政收入最大化与实现社会产出最大化之间的冲突，④后者则考虑了政府在获取税收最大化的激励下提供公共物品的动机。⑤ 同时，长期经济发展往往是与国家的重大社会变革联系在一起的，托克维尔以财政危机作为理解法国大革命中旧制度崩溃的主要线索，⑥ 希克斯认为近代民族国家的兴起就是因为财政原因，⑦ 张宇燕等认为是财政压力及国家释放

①④ ［美］道格拉斯·C. 诺斯著，厉以平译：《经济史上的结构与变迁》，上海三联书店，1991 年版，第 20—58 页。

② ［美］约瑟夫·熊彼特著，吴良健译：《资本主义、社会主义与民主》，商务印书馆，1999 年版，第 45 页。

③ Goldsheid，R. ［1925］（1967）：A Sociological Approach to problems of Public finance，translated by Elizabeth Henderson，in Classics in the Theory of Public Finance，edited by Richard A Musgrave and Alan T Peacock，Macmillan，London.

⑤ ［美］奥尔森著，陈郁等译：《集体行动的逻辑》，上海三联书店、上海人民出版社，1995 年版，第 198 页。

⑥ ［法］托克维尔著，陈玮译：《旧制度与大革命》，商务印书馆，1992 年版，第 67 页。

⑦ ［美］E. 希尔斯著，傅铿、吕乐译：《论传统》，上海人民出版社，1989 年版，第 110 页。

财政压力的途径决定了中国改革的路径和成效。[①] 上述研究及世界各国历史和经验反复表明，财政涉及广泛的责权利关系，具有极大的社会经济“联动性”。因此，将财政制度确认为是决定长期经济绩效的元制度，实际上也是将布坎南关于征税权和财政宪法的概念一般化，正如布坎南强调的，必须把财政宪法的变化视为半永久性的和长期的社会结构特征。[②]

二、制度变迁折射社会发展，公共财政奠基现代政府

制度即规则。财政运作机制的实质是如何运用公共权力，依据什么规则运用公共权力进行资源配置。财政的运作机制更应具有公共性，即财政运作应基于公众意志、公共决策，体现社会绝大多数人的偏好；应该是公开透明的、民主法治的、程序规范的，而不应该是少数人说了算的、隐性的、人治的、随意性的。

在社会发展的不同阶段，公共权力运作的状况是不同的，是公共权力的运作规则决定了不同的财政制度。从历史演进的大势看，财政制度变迁就是从专制、人治财政走向民主、法治财政的过程。原始财政是最初的财政制度，是最直接的民主财政；其后经过王权财政，再到公共财政，公共财政是与近现代的民主政治和市场经济相适应的财政制度。它们的不同，根本上是在于它们的运作机制不同。不经纳税人的同意、不按法定的程序、随意性地取其钱用其钱者，是专制财政；经纳税人同意、按法定程序、公开透明地取其钱用其钱者，是民主财政。

公共财政的转化路径经过了长期的艰苦斗争。在中世纪及以前的英国，财政特权一直是主权的一个主要方面，其经济基础是国王作为封君对土地占有的支配权的存在，王权专制倾向和非法勒索行为从未中止过，“穷人不能因为贫困而得到保护，富人不能因为富有而得到保护”，对王

① 盛洪、张宇燕：《从计划经济到市场经济》，中国财政经济出版社，1998 年版，第 221 页。

② ［美］布坎南著，冯克利译：《宪政经济学》，中国社会科学出版社，2004 年版，第 39 页。

权扩张的不满与抵制也一直存在着。这种斗争本质上是在不同权力（利）主体之间展开的，这种斗争中作为与王权对立的权力主体具备足以与王权抗衡的力量。在西欧中世纪，最具典型意义的是英国，尽管王权始终是国家权力的中心，但王权从一开始就不是“独树一帜”的，而是多种权力与王权并存。构成社会的权利主体有国王、贵族（包括领主贵族和宗教贵族）、自由农和不自由农。能与王权对立的主要是大贵族或诸侯权力、教会权力以及后来的城市自治权力。而且民主制的传统和约束力量一直围绕王权传承下来并不断进化，从最初的部落民主制直到现代宪政民主。在这种权力结构的对立统一中，诸权力合作与抗衡逐渐制度化，形成代议制政治。公共财政制度生成的历史就是在现代议会政治生成的过程中民主与王权专制斗争的历史。政治与经济从来就是统一的，它们之间的一个结合点便是财政。公共财政在政治制度化和经济制度现代化的过程中产生，内涵于其中，与代议制政治和市场经济制度相适应，互为前提，互相促进。

公共财政的制度基础是政府预算，公共财政是建立在政府预算基础上的财政制度。从王权控制财政到议会控制财政标志着公共财政的形成，最终成熟的标志是政府预算制度的确立。公共财政的制度框架是国家预算、政府预算或公共预算，预算制度是关于民众赞同和监督国家财政活动的制度。关于预算的角逐与制度设计，就成为政府治理的核心之核。

三、预算制度汇聚各方诉求，打造政府治理核心之核

随着市场经济的不断发展，市场在资源配置中的基础性作用日益凸显。公共部门的资源配置也不再以传统的行政计划为主要手段，预算制度成为公共部门资源配置的主导机制。不同于传统公共管理中政治学所扮演的中心地位，预算成为现代公共管理，特别是政府治理的核心之核。

表面上看，预算是公共收支一览表。但从本质上讲，预算是最复杂的公共决策，它是公共收支优先顺序最明确的体现，是社会各个利益集

团相互妥协的结果。预算权力是一个国家公共权力的核心部分，这种权力配置的目的不是盈利，而是实现公共目标，满足社会共同需要，因而权力主体最终必须对公众或公共权力的初始授予者负责。预算权力的这种特殊性，使得现代市场经济国家注重防止滥用预算权力的行为发生和制止浪费，由此形成了公共预算机制。预算对于现代政府管理，乃至现代经济的重要性可以从不同的维度来解读。

从经济体制看，预算是公共部门配置资源的机制。预算首先决定整个资源在公共部门和民间部门之间分配的比例，即各自的规模，然后决定被分配在公共部门的资源规模的内部配置，即配置结构。在现代市场经济国家，预算是整个社会资源配置的主导机制，市场是资源配置的基础机制。政府配置资源的机制是预算，市场配置资源的机制是价格。

从政治体制看，预算是纳税人及其代议机构控制政府财政活动的机制。它是把政治决定“翻译”、“转换”成经济决定的特别的装置或系统，因为具有独立财产权利的纳税人，他们担负着政府的财政供应，就必然要求控制政府的财政，以政治、法律程序保证政府收支不偏离纳税人利益，保障个人的财产权利不受政府权力扩张的侵犯。政府作为主体的经济活动，即财政是政府花纳税人的钱为纳税人办事，成本和效用都是外在的。

从法律体制看，预算不仅仅是计划，预算的本质是法律。市场经济体制下的公共预算，其整个活动过程要受到立法及立法机构的严格制约。各国宪法一般规定，国家预算经立法机关批准公布后便成为法律，政府必须不折不扣地贯彻执行，不允许任何逃脱预算约束的财政行为。在执行中由于客观情况的变化需修改预算，法律也规定了必要的法律程序。行政部门对立法机构及其代表的广大民众负有法律责任。预算不被立法部门批准通过，政府就得关门。因预算不能通过而导致政府下台在发达国家是经常的。如果没有这种强制性，预算的法律作用就是一句空话。

从预算与财政的关系看，预算是公共财政的运行机制或基本制度框架。公共财政是与近现代的民主政治和市场经济相适应的财政制度。预算是公共财政的“道路规则”，有了这个规则，财政就由专制驶进了民主与法治的轨道。建立公共财政的基本框架，就是要构造公共财政的运行机制——现代公共预算。对于公共财政而言，是先有预算，后有财政活动。预算规范到哪里，财政才能活动到哪里，不允许有任何超出预算边界的财政收支。

从决策体制看，预算是公共选择机制。预算由编制、审议通过、执行实施、决算审计、向社会公布等一系列环节组成，通过这些环节保证财政活动用于满足公共需要。这个过程的实质是公共选择机制。预算编制的过程就是公共利益的发现过程，而预算在代议机构讨论和批准的过程则是对公共利益的继续发现和确认过程，预算的实施和完成过程是公共利益的实现过程。整个过程应有广泛的社会参与。专家、技术官员、政治家以及社会舆论参与的程度越高，预算中社会意愿的反映程度就越高；预算在议会内讨论和辩论得越充分、透彻，预算的安排就越合理。

公共预算是控制行政成本的总阀门。行政成本是公共部门在提供公共服务以及生产公共产品的活动过程中投入的人力、财力和物力资源。按照美国经济学家加里·贝克尔的理解，人类一切行为其实都蕴含着效用最大化的经济性动机，都拥有尽量小的成本换取尽量大的收益要求。只是行政成本的控制较其他社会组织成本的控制更难。因此，有效降低行政成本必须引入规范的公共预算管理制度。

特别需要强调的是，以上预算诸功能特性中，法治性至为关键。正如马克思所言，法治性才是政府预算的灵魂与实质，是政府预算赖以产生和存在的基本标志。在政府预算制度的规范与约束下，国家财政的根本权限转移到了社会大众手中，市场通过议会掌握了政府及政府财政行为的决定权和监督权。这样，市场就能够以政府预算为手段贯彻自身的意志，使得政府活动既服务于市场，又不违背和侵犯市场的根本利益。

第三节　透视预算制度变迁
绩效倒逼政府改革

不同于其他制度创新主体，政府在制度创新、推动制度变迁方面具有独特的优势。从制度变迁理论的角度，通过对中国预算制度变迁的历史过程进行解读，可以清晰地看出中国预算制度变革的逻辑和趋势。20世纪末以来，“有限政府”向“有效政府”转型的呼声越来越强烈，而以绩效评估为核心的绩效预算制度恰恰符合政府“有效性”要求这一发展趋势，成为引领政府改革的方向。

一、把握政府作用优势，积极推动制度变迁

政府作为最重要的制度创新主体，在优化制度供给、推动制度变迁中发挥着重要的作用。戴维·菲尼认为，影响制度供给的因素主要有制度成本、现有制度安排和知识积累等。[①] 政府可以利用自己的优势，促进制度的供给。

（一）政府以较低的成本，快速实施制度供给，解决制度短缺的问题

制度变迁有两种基本的形式，即强制性变迁和诱致性变迁。强制性变迁“由政府命令和法律引入和实行”，而诱致性变迁“由个人或一群（个）人，在响应获利机会时自发倡导、组织和实行。”[②] 在个人之间的诱致性制度变迁中，由于存在外部性和“搭便车”的问题，使一项正式

---

① ［美］奥斯特罗姆、菲尼、皮希特著，王诚等译：《制度分析与发展的反思——问题与抉择》，商务印书馆，1992年版，第144页。

② ［美］科斯、阿尔钦、诺斯等著，刘守英译：《财产权利与制度变迁——产权学派与新制度学派译文集》，上海三联书店、上海人民出版社，1994年版，第384页。

的制度安排需要漫长的组织和谈判时间，以便得到这群人的一致性意见，从而增加制度安排的成本，出现制度不均衡和制度短缺。而政府由于拥有强制力，“具有使其内部结构有序化的相应规则，并具有实施规则……的强制力”。[①] 可以通过税收等手段克服制度变迁过程中存在的外部性和“搭便车”的现象，减少个人之间漫长的组织和谈判时间，在很短的时间内完成一项制度安排。而且，政府的制度安排还具有很大的规模经济，使其可以用比其他社会组织和个人低得多的成本实施制度安排，保证制度供给的顺利进行，解决制度短缺的问题。

改革以来，中国政府以制度供给者的身份，通过法律、法规、政策等手段实施制度供给，大大推动了中国的制度变迁进程。如政府根据既定目标和约束条件，规划体制改革，包括确定改革的方向、原则、形式、步骤和突破口等；根据改革的总体方案，调整所有权关系，开放市场，调整产业政策，制定新的规则或条件，建立一套新的行为约束机制；建立惩罚条例和程序，约束社会的各行为主体在政府设定的制度规则范围内活动，否则，要受到一定的违规处罚；统一思想观念，即建立一套可为大多数人接受的意识形态，以减少新规则实施中可能出现的阻力，降低交易费用等。

（二）维持或改变现有制度安排的路径依赖，推动制度正向变迁

现存制度安排对制度供给的影响主要体现在路径依赖方面。所谓路径依赖，指的是制度变迁的路径对现存制度安排存在一定的依赖关系，即存在着制度惯性。决定制度变迁路径的有两种力量：报酬递增和不完全的市场。由于报酬递增和不完全市场的普遍存在，制度就变得很重要，类似于技术变迁中的四个方面的强化机制就会发挥作用。一是设计一项制度需要大量的初始成本，随着该制度的推行，单位成本和追加成本都会下降。二是学习效应。随着某项制度的推广，各种组织和其他行为主体会不断改进制度和降低制度运行成本，以获得更多的回报。三是协调

① ［美］诺斯著，厉以平译：《经济史上的结构与变迁》，上海三联书店，1994 年版，第 506 页。

效应。通过适应制度而产生的组织与其他组织的缔约，以及具有互利性的组织的产生和对制度的进一步投资，出现相互间的协调效应。更重要的是，一项正式规则的产生会导致其他正式规则和一系列非正式规则的产生，以补充和协调这项正式规则发挥作用。四是适应性预期。随着以特定制度为基础的契约的盛行，将减少不确定性，从而使这项制度持续下去。在这些机制的作用下，制度变迁一旦走上某一路径，它的既定方向会在以后的发展中得到自我强化，或是沿着既定的路径，进入良性循环的轨道；或是顺着原来的错误路径走下去，并锁定在某种无效率的状态下。一旦进入了锁定状态，要扭转原有的方向就变得十分困难，往往要借助于外部效应，引入外生变量或依靠政府体制的改变。

对于那些有利于促进经济增长的制度变迁路径，政府的作用主要是保护它继续沿着既定的轨道发展下去，防止无效率因素的干扰。对于那些无效率的路径依赖，政府要采取多种手段扭转其原有的方向：一是发挥政府理性大于私人理性的优势，获取更多的信息。通过不断的学习、论证和试验，修改在信息不完全情况下建立起来的主观模型和制度安排。二是发挥政府的规模经济优势，降低制度创新成本，以新制度的更高收益来抵补因旧制度被废除而失去的利益，从而推进制度变迁。三是发挥政府的强制力优势，打破无效率制度下的利益格局，瓦解阻碍制度变迁向高效率方向演进的利益集团，推动制度变迁进入良性循环的轨道。日本的明治维新和中国20世纪70年代末以后的改革开放，都是政府利用上述这些手段扭转制度变迁中无效率路径依赖的成功例子。

（三）促进知识存量的积累，增强制度的供给能力

有关知识对制度变迁的作用，阿尔钦指出："当社会科学知识和有关的商业、计划、法律和社会服务专业的知识进步时，制度变迁的供给曲线也会右移。进而言之，社会科学和有关专业知识的进步降低了制度发展的成本。"[①] 知识的积累、社会科学的进步以及与工商业和政府机构的

① ［美］科斯、阿尔钦、诺斯等著，刘守英译：《财产权利与制度变迁——产权学派与新制度学派译文集》，上海三联书店、上海人民出版社，1994年版，第336页。

发展密切相关的统计资料储备的增长，减少了与某种制度安排革新相联系的成本。

在促进知识的积累以增强社会的制度创新能力方面，政府是有所作为的。当政府开始关注它们所面临的社会变迁的复杂问题时，它们就能创造性地发现并充分利用其他社会科学在解决公共政策问题时的能力。第一，政府通过法令和政策等形式，为社会科学的研究创造一个宽松的环境。如中国提倡的“百花齐放，百家争鸣”的方针。第二，政府加大对社会科学研究领域的投入，鼓励人们从事社会科学的研究。如投资成立一些研究机构、配备充足的物质条件、设置一些奖励项目等。第三，政府组织研究人员从事某一领域的专题研究。如中国教育部坚持多年的社会科学五年规划项目、各省教育厅的五年规划以及各级政府就一些政策问题而组织的各类调研活动等。第四，扩大对外学术交流，繁荣社会科学事业。如政府部门选派一些人员出国留学、考察或其他学术交流活动，聘请国外的学者来国内讲学，出资引进一些学术研究资料等。20世纪70年代末，中国政府纠正了“左”的路线对社会科学和思想文化领域的错误政策，促进中国的思想大解放，社会科学领域出现了空前繁荣的景象，学术研究水平快速提高，为改革开放事业提供了强大的理论和智力支持，有力地促进了中国由计划到市场的制度变迁。

二、立足制度变迁视角，厘清预算制度演变

当前，中国的财政体制改革已逐步过渡到以预算管理体制改革为核心的发展阶段，加强财政支出管理，提高预算资金的使用效益成为各方的共同诉求。预算作为政府活动的计划与记录，清晰地刻画了政府变革发展的路线图。在这样的宏观背景下，借鉴关于制度变迁的经济理论，总结梳理中国政府预算制度变迁的历史轨迹与未来发展方向，对于正确把握今后预算制度改革的总体方向是十分必要的。

（一）中国预算制度变迁的阶段分析

在财政体制发生变化的情况下，由于预算管理人员受到既有路径依

赖的影响，只要原预算管理制度能够继续维持，我们总是尽可能维持原有制度框架。直到财政体制变迁导致的利益分配格局重组，使得原有制度难以为继时，才会发生预算管理制度的变迁与创新。在此，仅以制度变迁的三阶段理论来对新中国成立以来的预算制度变迁情况作一分析。

1. 预算管理制度的产生阶段（1949—1951 年）

新中国的国家预算是随着中华人民共和国的诞生而建立的。在新中国成立以前，各革命根据地曾编制过财政预算，但那只属于战时财政预算。由于客观条件的限制，在根据地被分割的情况下，不可能建立统一的国家预算。新中国成立以后，依据《中国人民政治协商会议共同纲领》中的有关规定，着手编制 1950 年全国财政收支概算。1949 年 12 月在中央人民政府第四次会议上，通过了《关于 1950 年财政收支概算编制的报告》，这标志着新中国国家预算的诞生。1951 年 8 月在统一全国财政经济工作的基础上，政务院又发布了《预算决算暂行条例》，中国的国家预算管理制度从此建立起来。

2. 长期相对稳定阶段（1951—1992 年）

这是一个跨度相当长的历史时期，其间财政体制大体经历了统收统支、总额分成、分级包干等多个历史阶段。基本的变动趋势是，从 20 世纪 50 年代的高度集中型，到 70 年代以集中为主、适度下放财权的类型，再到 80 年代的地方分权为主、放权让利的类型。但其间预算管理制度则保持总体相对稳定，其特点表现为：在预算形式上采用单一预算，预算编制原则上贯彻国民经济综合平衡原则，长期沿用基数法编制预算，预算编制程序上采用自下而上和自上而下、上下结合、逐级汇总的方法，预算管理总体上比较粗放，预算编制透明度不高等。

产生这种现象的原因主要是，由于中央与地方利益分配关系长期处于不断变化中，中央与地方政府的注意力主要集中在彼此的利益分割的多重博弈问题上，缺乏通过优化预算管理内部制度约束，降低交易成本，提高资金使用效益的激励机制，从而导致预算管理制度变迁长期滞后。

3. 中央政府供给主导型阶段（1992—1998 年）

以1992年开始实施的《国家预算管理条例》为标志，该条例规定，中国国家预算采用复式预算编制方法，分为经常性预算和建设性预算，从1992年起，中央预算按复式预算形式编制。1995年开始实施的《中华人民共和国预算法》又进一步明确将中央预算和地方预算划分为公共预算、国有资产经营预算和社会保障预算三部分，待条件成熟时再考虑增设其他预算。从1995年开始，地方预算也按复式预算编制。

关于中国预算管理制度变迁长期滞后于财政体制变迁的原因，大体有以下几个方面：一是财政体制的多变性，导致预算管理制度变迁缺少较为稳定的政策框架，中央和地方政府只有在财政体制相对稳定时，才有可能推进预算管理制度的变迁。二是中国经济体制改革的渐进性，决定了偏重于政府支出安排的预算管理制度，属于财政改革深层次的问题，必须经历财政收入领域的率先改革，才有可能加以进行，这也是符合中国财政改革的历史趋势与逻辑结构的。三是预算管理制度的变迁，更多的涉及政府内部公共管理的范畴，不同于其他领域的制度变迁。这种制度变迁的开始，只有等待权力中心率先提供制度供给才有可能进行。地方政府的各级预算管理人员受到原有路径的影响，也难以率先突破既有的管理模式。

值得关注的是，在这段时期内，部分地方政府试行了零基预算改革。安徽省（1994年起）、河南省（1994年起）、湖北省（1993年起）、云南省（1995年起）、深圳市（1995年起）等省市结合自身的财政预算现状，借鉴国外经验，突破了传统采用的“基数法”编制预算的框架，实行了零基预算改革。这使得这一时期的预算管理制度变迁，具有了某些“中间扩散型”制度变迁的萌芽。

4. 处于“中间扩散型”与“供给主导型”并存的预算管理制度变迁阶段（1999年至今）

以1999年初河北省正式启动“预算管理改革方案”和同年9月财政部提出改变预算编制办法、试编部门预算为标志，中国的预算管理制度变迁，进入了“中间扩散型”与“供给主导型”制度变迁方式并存阶段。1998年8月，河北省制定了《改革预算管理 推进依法理财的实施意见》，并于1999年3月按新模式编制了2000年省级预算。1999年9月，财政部在《关于改进2000年中央预算编制的意见》中指出，2000年选择部分部门作为编制部门预算的试点单位，细化报送全国人民代表大会预算草案的内容。与此同时，天津、陕西、安徽等省市也相继根据本地区的情况，进行了预算管理制度改革的创新。天津市在借鉴市场经济国家预算管理经验的基础上，于1999年实行了标准周期预算管理制度；陕西省率先在全国实行了国库集中支付制度；安徽省从1999年起在全省实施了综合财政预算。这一系列改革举措表明，中国的预算管理制度变迁方式已经进入“中间扩散型”[①] 与“供给主导型”并存的阶段。

（二）今后中国预算管理制度变迁的发展方向

基于以上的分析和梳理，可以大致整理出中国预算制度演变之路。不难发现，随着市场经济的进一步发展，居民生活水平的不断提高，预算技术的不断进步，政府供给主导型和中间扩散型的制度变迁方式将逐渐向需求诱导型制度变迁方式转变。

1.“中间扩散型”与“供给主导型”制度变迁模式长期并存

在预算管理制度变迁中，之所以会存在“中间扩散型”与“供给主导型”长期并存的局面，其原因主要有以下两个方面：

一是预算管理属于公共管理领域，其制度变迁机制与其他领域有所不同。按照中国制度变迁方式转换的三阶段理论，地方政府的自发制度创新必须经过权力中心的事后追认。当地方政府的自发制度创新需求与权力中心的初始制度供给意愿不一致时，地方政府总是设法突破在给定的体制条件下权力中心设置的进入壁垒。但是，在预算管理制度变迁中，

① 注：杨瑞龙（1998）提出的中国制度变迁方式转换的三阶段论。通过考察具有独立利益目标与拥有资源配置权的地方政府在中国向市场经济体制过渡中的特殊作用，提出了“中间扩散型制度变迁方式”的理论假说，并作出了以下推断：一个中央集权型计划经济的国家有可能成功地向市场经济体制渐进过渡的现实路径是，由改革之初的供给主导型制度变迁方式向中间扩散型变迁方式转变，并随着排他性产权的逐步确立，最终过渡到需求诱致型制度变迁方式，从而完成向市场经济体制的过渡。

由于中国实行的是多级预算体制，有一级政府就有一级预算，立法审批机构是全国人民代表大会和各级地方人民代表大会，就预算程序而言，与世界各国没有大的区别。对于下级人大对同级政府预算的审批，上级人大原则上不加以干预，预算执行中合规合法性的审查，也主要由其本级人大负责。下级人民代表大会通过的本年预算执行情况和来年预算草案的报告，也无须上报上级政府和上级人民代表大会审查批准。因此，地方政府关于预算管理制度创新的行为，无须经过上级政府的追认。其成功经验，其他地方可以直接借鉴，从而横向构成“中间扩散型制度”变迁方式，权力中心也可以纵向借鉴地方政府的创新经验，或用于本级政府预算管理制度创新的实践，或纵向建议其他地方政府参考借鉴。这是当前中国预算管理制度变迁中“中间扩散型”与“供给主导型”两种模式同时并存的法律基础。

二是率先进行“中间扩散型”制度创新的地方多属于经济欠发达地区或老工业基地。在阶梯式的制度变迁模型中，由地方政府推进的“中间扩散型”制度变迁方式一般率先发生在发达地区。因为地方政府若想进行自主的制度创新，既要事先认识到进一步改革的好处，又要有足够的经济实力。但是，在始于1999年的预算管理制度变迁中，率先进行预算管理制度创新的地区，大多是经济欠发达地区或老工业基地。这些地区财政收入规模有限，而发展本地区经济对财政资金的需求却更为迫切。在分税制财政体制已经规定了中央与地方财政收入分配关系的前提下，只有通过预算管理制度上的创新，提高有限资金的使用效益，才能满足本地区经济发展的需要。这种现状使得“中间扩散型”与“供给主导型”制度创新方式长期并存的局面成为了现实的可行选择。就率先创新的地方政府而言，消极等待权力中心提供新的预算管理制度创新供给，则无法及时摆脱资金紧张、捉襟见肘的局面。同时，权力中心的制度创新供给是针对普遍地区而言的，而本地区经济发展相对滞后，这种制度供给短期内难以缓解自身资金紧张的局面。在比较制度创新的边际收益与边际成本后，这些地方政府具有了成为制度创新中“第一行动集团”

的内在冲动。因此，今后一定时期，“中间扩散型”制度变迁方式还将在预算管理领域长期存在。并且，在经济起飞阶段，即使是经济较发达地区也会感到财政资金紧张的压力，那些率先进行预算管理制度创新地区的成功经验，也会促使经济较发达地区加以效仿，“中间扩散型”制度创新方式的范围还会不断扩大。就权力中心而言，由于预算管理改革属于公共管理领域的改革，加之各地情况千差万别，必须慎重对待。当前，如果仅仅依靠地方政府进行的“中间扩散型”制度创新，对于中国这样的单一制大国也是不现实的。

因此，今后相当长时期内，只有既承认并鼓励地方政府的“中间扩散型”制度创新行动，并择其成功经验加以推广；又要针对各地普遍情况，适时提供制度供给，保持全国预算管理制度变迁的方向总体一致性。

2. 逐步向需求诱致型制度变迁模式转化

在现阶段的预算管理制度变迁中，扮演“第一行动集团”角色的主要是权力中心（也可认为是中央政府）或是各级地方政府。但是，政府预算是政府财政收支活动的集中反映，公共财政的职责就是提供公共产品和公共服务，这些产品与服务的数量与质量在公众面前的具体反映就是政府公共预算。现代预算管理的核心就是通过对公共资金的筹集和配置，来影响和保持经济的增长和效率的提高。

追溯现代预算制度的起源，我们会发现，其基本理论构架是：在国家与公民之间构建一种社会契约。在这种社会契约中，国家向公民提供公共产品，尤其是产权保护，而公民则向国家纳税，国家是由纳税人养活的。作为国家财政资金的提供者——公民，自然有权全面了解政府是如何花费公民自己的钱的。其监督国家对公共资金使用情况的主要工具就是政府预算。因此，如果现行预算管理制度存在着问题，通过改进预算管理制度获取潜在制度收益的边际收益，大于克服既有路径依赖的边际成本时，公民就会推动自身的代言人——最高国家权力机关（如中国的各级人民代表大会）成为制度变迁的“第一行动集团”，与政府财政部门进行集体博弈，公民本身则作为“第二行动集团”，协助“第一行动集团”完成预算管理领域的“需求诱致型”制度变迁。

现阶段，中国的预算管理制度变迁主要是由各级政府财政预算管理部门作为“第一行动集团”发起进行的。它们作为既有预算管理制度的设计者和执行者，受到既有路径依赖的影响，所进行的预算管理制度创新往往难以尽如人意。同时，个别地方的财政预算部门从自身部门利益出发，往往设法掩盖预算资金分配中的具体博弈过程，这就使得作为预算管理法定监督者的各级人民代表大会和广大公众更难以完全打开预算管理的“黑箱”。

今后，随着广大公众预算管理知识的普及，各级人民代表大会对预算管理过程介入程度的不断深化，中国预算管理制度变迁方式最终将向“需求诱致型”模式转化。但这种转变在短期内还难以实现，仍需要一个较为漫长的过程。

三、有限政府变身有效政府，绩效预算点亮改革未来

在20世纪80年代早期，有关政府应该更小、应受更大限制的观点十分盛行。当今，这种观点正逐渐改变，许多关于有限政府的理论和作用要么显得和现实发展不相适应，要么受到了严重的挑战。政府及其活动的有效性日益成为公众关心的焦点。随着公众预算知识的普及，“需求诱致型”制度变迁必然会要求提高财政资金的使用效率。以绩效评估为核心的绩效预算制度，坚持以绩效为导向，通过机制设计提高财政资金使用效率，进而优化政府制度供给，增强政府生产力，恰恰符合“有效性”这一未来发展方向。

（一）从有限政府到有效政府的变革

政府治理的过程是政府能力的展现过程，是政府与社会的互动过程。一个有能力与效率的政府，无论是对于经济的发展还是社会的进步都是

不可缺少的。政府有效性是政府合法性和政府权威的源泉，是政治稳定和政治发展的基石。因此，建立一个与生态环境变化相适应的政府管理体制，提高政府的能力，增强政府管理的有效性，对于实现经济和社会的可持续发展有着极为重要的意义。

历史发展的进程表明，如果没有政府的作用，那么要形成错综复杂的经济和社会网络是不可想象的。社会的存在和良性运转必须以政府的存在和作用为基本前提。也就是说，政府的建立是社会历史发展的必然结果，是必要的，但同时也意味着对社会的威胁，为了避免政府权力滥用而造成不可挽回的损害，先发国家政治先哲们纷纷呼吁应该对政府权力予以制约。权力一定要受到制约的思想在古希腊时期就有其深厚的理论基础，从苏格拉底、柏拉图到亚里士多德，都认为法律是至高无上的，最好的政府即是法治的政府。后来，立法权与执行权分离来实现权力制约的呼声渐高。孟德斯鸠提出的三权分立与制衡堪称权力制约理论的经典，他认为，“当立法权与执行权集中在同一个人或同一个机关之手，自由便不复存在了，……如果司法权不同立法权和行政权分立，自由也就不存在了。”①

然而，随着市场经济的逐渐发展、社会事务日趋复杂，政府需要高效运转时，三权分立的局限性凸显得十分明显，并逐渐走入困境。国家权力相互分立，三权之间相互推诿扯皮，政府难以对迅速变化的环境做出快速反应。在政府运作过程中，快速变化的环境不允许人们花更多的时间去考虑某一个决定究竟应该属于立法、司法还是行政解决的问题。将国家权力强行分为三种相互独立的权力在现实中很难实现。

另外，随着欧美市场经济的不断发展、政府职能的不断扩张，在当今无序和不确定的世界中，官僚制功能已经失调，传统的官僚制模式已经不再适应在不断发展的环境中提供公共利益和服务的现实越来越明显。

---

① ［法］孟德斯鸠著，许明龙译：《论法的精神》，商务印书馆，1961 年版，第 156 页。

它过分地强调规则和控制，压抑了人的积极性和创造精神，使人成为规则的附属品，只会机械地例行公事，成为没有灵魂的专家，最终人们在追求理性追求合理化的过程中丧失了自我，管理变成了目的本身。在公共组织内部，经典的韦伯管理模式已不像从前那样适用，取而代之的是各种各样的关于组织权力和权威的替代模式，市场已日渐成为比较和衡量政府机构绩效和结构的重要标准。

自 20 世纪 80 年代以来，一股行政改革之风席卷各大洲，开启了一个行政改革的时代，先发国家的行政管理思想和管理实践正在经历着一场深刻的变革。在这一情况下，行政管理新思维应运而生，行政理念发生了由公共行政到公共管理的转变，其核心就是否定传统的官僚制模式，在行政管理中引入市场经济的原则、理论和方法，更加重视“顾客”的地位和作用，更加注重追求效率和效益，其根本目的是要建立一个适应社会变迁的有效政府。这一趋势揭示了这样一个基本原理：一定的管理模式总是在一定的生态环境中生长发展起来的，当环境发生变迁时，管理模式也必然会发生变革。但是，不管哪一种管理模式，都应该将效率和有效性作为根本价值取向。正是从这个意义上讲，从发展的角度看，应该树立有效政府的目标取向。

再者，世界范围内关于政府与市场关系的实践和讨论也表明，市场与政府间的选择并不是一种“纯”的选择，而是一种程度上的选择。人们日渐意识到，它是在不完全的市场和不完善的政府以及二者之间不尽完善的组合的选择，这种选择的关键问题在于怎样使政府和市场互相以对方的优点去克服对方的缺陷，找到一个均衡点并不断地去接近它。因此，从政府功能演进的过程来看，人们关注的重心已逐渐发生改变，即从传统的对干预范围的关注转变到对干预有效性的关注上来，人们对一个有效政府的期望变得越来越强烈了。

此外，政府功能演进的过程表明，尽管存在着政府失灵现象，但从根本上来说，政府干预源于市场机制本身的缺陷，对于两者之间的联系，斯蒂格利茨指出这其中的问题不在于真正的市场缺陷，而在于何时给定正确的判断以确保政府干预的必要性，因此便要求政府能有效行使其职能。[①] 如果注意到市场机制和政府干预的局限性，并且在各种情况下对其取舍作出正反面的考虑，就不难得出这样一个结论，那就是政府必须全部或部分地对特定部门停止干预，而在另一些部门则要加强影响。政府职能的转变，反映了社会优先部门和一些外部环境的改变，但这并不是要求削弱政府的职能，限制政府的行为范围，而是要转变政府行为和政府的职能重心。而且，政府的干预在一种文化下可能极其成功，而在另一种文化下却可能因遇到重重阻力而丧失效率。因此，对政府干预的关注应集中在形式和效率而非干预的范围和程度上。从这个角度讲，建立一个有效政府是社会发展的必然要求，是实现政府责任所涵盖的基本价值的必然结果。

从以上的分析中，我们不难得出，有限政府的理论根基已被动摇，已不适应社会发展的需要。当我们站在一个政府干预不断增加的时代之门时，树立有效政府的价值取向不仅是合适而且是必要的。

（二）绩效预算：优化制度供给，打造有效政府

亨廷顿在《变革社会中的政治秩序》中深刻指出："国与国之间最大政治分野，其实不在于政府的组织形式，而在于政府的有效程度。"[②] 1997年世界银行针对亚洲金融危机撰文指出，"如果没有有效的政府，经济的、社会的和可持续的发展是不可能，有效的政府——而不是小政府——是经济和社会发展的关键。"[③] 这说明，一个国家政治、经济、文化能否稳定、健康的发展在很大程度上取决于该国政府能力的强弱，特别是制度供给能力的强弱。作为现代政府管理的核心，预算更在其中发挥着重要的作用。

---

① ［美］斯蒂格利茨著，郑秉文译：《政府为什么干预经济》，中国物资出版社，1998年版，第215页。

② ［美］塞缪尔·亨廷顿著，王冠华译：《变革社会中的政治秩序》，三联书店出版社，1989年版，第1页。

③ 世界银行著，蔡秋生译：《1997年世界发展报告——变革世界中的政府》，中国财政经济出版社，1997年版，第14页。

转变政府职能是中国从传统社会向现代社会、从计划经济到市场经济转变的基本要求，政府绩效管理是政府转变职能的中心环节和重要工具，绩效预算又是控制政府成本的核心手段。中国财政伴随着计划经济向市场经济转型而走向公共财政，政府成本和财政支出绩效理念也逐渐走进公众视野，政府部门绩效状况越来越成为人们关注的重点，从而引发绩效预算改革。

绩效预算是公共预算管理理念的革命，也是推动政府职能转变的重要力量。绩效预算是政府成本的控制阀，对公共部门在提供公共产品与服务过程中投入的人力、财力和物力等资源进行计划、衡量与控制，使有限的资源达到最大的效果。绩效预算对于进行政府管理创新和完成政府职能的彻底转变、提高政府服务效率和竞争力将起到巨大的推动作用。

绩效预算将政府预算建立在可衡量的绩效基础上，强调结果导向，注重责任和效率。绩效预算通过建立制衡与协调机制，增强了预算资源分配与政府部门绩效之间的联系，有助于提高财政支出的有效性。绩效预算强调了公众对政府提供公共服务的质量与成本的关注，有助于促进政府决策程序规范化和民主化，推进服务型政府建设。绩效预算有助于政府绩效目标的确立、绩效评估和绩效公开，有助于强化政府部门的责任，形成问责机制。绩效预算赋予部门最大的预算执行权，有助于促使政府部门按照成本效益原则优化资源配置，提高财政资金使用的有效性。以结果为导向还能使行政人员的工作过程出现创造性，有利于提高效率，节省成本。

绩效预算改变了传统的绩效评估只注重投入、活动、产出的局面，实施面向结果的监测与评估，将传统的监测评估与评估结果相结合，并且允许组织对实施过程进行修改和调整。绩效预算要求政府绩效评估的工作重点转向根据政府效率、管理能力、管理成本和公众满意程度等标准，将政府及其各职能部门的实际工作结果与绩效目标及为达目标所耗费的成本进行分析判断，评估政府组织实际工作的成果，从而对政府组织提供的公共服务的质量进行全面评估，以实现对政府监督控制、激励约束和资源优化。

绩效预算强调预算的绩效性原则，在预算管理中引入绩效工具，是约束公共部门内在冲动时扩大预算规模的一种工具，是对政府财政支出的约束机制。绩效预算是政府行为规范化的基石，政府的行为要在预算制度规定的框架下进行。政府成本是公共部门在提供公共服务、生产公共产品的活动过程中投入的人力、财力和物力资源。绩效预算正是要对这些资源进行计划和控制使用，使有限的资源达到最大的效果。因此，在规范的边界内，绩效预算是政府成本的控制阀。

绩效预算通过绩效评估这一工具，对政府活动的绩效状况加以衡量，并将预算拨款与此绩效状况挂钩，大大提高了政府活动的有效性。同样，对于政府的制度供给活动而言，绩效预算制度通过绩效拨款这一机制也间接提高了政府的制度供给活动效率。

第四节　推动预算绩效改革　提高制度供给效率

从预算编制，到预算运行机制再到预算运行制度框架，绩效预算改革为政府预算制度带来了从上到下的变革。更为重要的是，绩效预算改革还是一种文化的革新和社会秩序的重塑，通过多方参与机制的设计，形成各方合力促进制度变迁的新模式，优化制度变迁大环境，从而以政府制度供给效率的改进来促进政府生产力的提升。

一、重构财政支出模式，改善财政资金绩效

从财政管理角度讲，现代预算体制必须同时具备管理、政策、计划和配置等多重功能，其中的资源配置功能处于核心地位，因此，预算方

式的变革，往往是政府提高效率这种要求的现实反映，反过来，预算方式的变革也不断促进了政府绩效的提高。

（一）预算支出管理方式的变革历程

从19世纪初预算诞生之日起到现在，预算管理方式经历了一系列的变革。在美国著名预算学者艾伦·希克（Allen Schick）看来，预算制度的发展演变主要有四种不同的模式：控制导向模式、管理导向模式、政策导向模式和结果导向模式。

1. 控制导向模式

其突出特征是财政权力高度集中，关注的焦点主要有两个：资源配置和投入控制。确保公共财政资源使用过程中的合规性成为这一预算模式所追求的中心目标，确保预算执行过程中的“依从性”（compliance）成为这一预算模式的基本理念。和这一理念相对应的预算形式是传统的排列—项目预算（line-item budget）。排列—项目预算指的是预算内的各项支出按照支出类型和目标，诸如工资、交通补贴、办公用品等进行分类（line-items），并根据每个项目的支出进行资源配置。排列—项目预算简洁明了、易于比较和控制的特征受到立法机关的钟爱，并成为诸多国家长期以来最主要的预算制度。但只注重投入控制和资源的使用过程，而不关心政府的目标、政府的产出（公共产品和服务）水平和绩效等问题，使得这一预算方式越来越不适应提升政府效率的要求，最终被管理导向的预算模式所替代。

2. 管理导向模式

由于存在上述的弊端，早在20世纪初期，一些预算专家就呼吁应当对控制导向的预算模式加以改进，以使政府计划的管理更为有效。其途径就是将预算关注的焦点由政府机构的“投入”转向它们的“活动/业务”（activities）。这种以管理为导向的预算管理模式目的就在于“一是政府如何适当而成功地运作；二是政府如何能在花费更少的金钱与资源的条件下，以最有效率的方式来从事各种活动。”在这种思想的引导下，预算制度的焦点在于寻找提供公共服务最有效或者成本/效益最高的方法、途径。

3. 政策导向模式

与前两种模式相比，政策导向的预算模式更加强调预算决策过程中的理性选择因素，重视对各种替代选择的分析与评估，它的发展主要受以下三个因素的推动：一是财政与预算在政策形成过程中经济分析（宏观及微观）作用日益突出；二是新型信息及决策技术的发展增强了对政策制定过程进行客观分析的可靠性；三是规划与预算过程之间逐渐呈现出相互交汇的趋势。在实践中，与该管理模式相对应的预算管理方式也在不断演变，从20世纪50年代的预算绩效形式，到规划—计划—预算制（PPBS）、目标管理（MBO）、零基预算，最终过渡到当代的绩效预算。虽然预算模式和预算方式不断变化，但贯穿其中的主线——提升政府效率这一要求没有发生任何变化，且随着民主意识的增强，有日益加剧之势。

4. 结果导向模式

20世纪七八十年代，世界各国政府普遍面临着经济危机、财政危机和信任危机的考验，经济停滞、政府债台高筑、福利制度走入困境、政府部门工作效率低下、公众对政府的不满日益强烈等问题，促使人们开始变革传统的公共行政体制。在此背景下，一种突破了传统公共行政学的学科界限，把经济学、管理学、政治学、社会学等学科的理论、原则、方法及技术融合进公共部门管理的研究之中，以寻求高效、高质量、低成本、应变力强、响应力强、有更健全的责任机制的“新公共管理”模式应运而生。

世界各国也因此掀起了一场声势浩大且旷日持久的“基于绩效的预算”（Performance-Based Budgeting，以下简称PBB）的政府改革运动。这场运动起源于英国，美国、新西兰和澳大利亚等其他发达市场经济国家迅速跟进，并于20世纪90年代迅速普及到韩国、菲律宾等一些新兴工业化国家和发展中国家。改革的内容、方式和措施并不完全相同，理论界也给这些改革冠以不同的名字，比如“重塑政府”（Reinventing Government)、“再造公共部门”（Reengineering the Public Sector）等，但各国的改革重心都在于如何使政府的预算过程更具有绩效导向，朝着以结果为基础的责任形态发展。这场“新公共管理”运动对于公共部门管理，尤其是政府管理的理论与实践产生了重大而深远的影响。

从以上对新公共管理运动历史背景的分析可以看出，绩效预算改革是新公共管理的重要组成部分，是推动新公共管理理论转化为实际制度安排的重要工具。绩效预算改革产生的背景，与其说是新公共管理的兴起，不如说是公众压力和化解财政资源需求的无限性与供给的有限性之间尖锐矛盾的结果。

与传统预算不同，绩效预算关注的不是预算的执行过程，而是执行结果，因此绩效的衡量是实行预算绩效的基础，也是实施中最大的困难。绩效预算从最终目标出发，即是否为纳税人创造出最大的货币价值。这是制定绩效指标所要遵循的最重要原则。从最终目标出发，也就是说绩效目标是工作的“最终成果”，而不是支出部门的“产出”。“成果”与“产出”是有区别的，“产出”是指政府部门生产多少公共服务，而“成果”则是指政府部门实现了某种目标，产出再多而没有达到预期目标，都是无效率的。

（二）建立绩效预算制度，提高财政支出绩效

传统预算体制往往只关注投入，政府各个部门根据自己的想法去行动和申请经费，但却忽视了公众的真实需要；按支出而不是按产出多少来拨款的原则和将资金分割成明细分类项目的制度，造成了资金浪费以及资金配置效率低下的问题。20 世纪 80 年代，世界各国政府普遍面临着预算赤字高涨、加税困难、管理效率低下等问题，促进施政绩效、提升施政成果、以预算结果为导向的观念不断在政府管理中得以强化。在推动政府预算管理改革时，应当首先从绩效管理理念核心上研究与传统预算的区别之处。

第一，绩效预算是改“收支核算”为“成本核算”的管理办法。过去政府的预算管理更多地是以“收支核算”为基础，政府想做的事情很

难受到外界，尤其是市场的监督，长官意志基本上就是财政拨付的出发点，这使预算管理过程中更多的是对收支情况进行核算的管理办法；而绩效预算则更多地关注了成本的概念，把预算和政府的行为绩效紧密关联起来，从而反思、考量做事的方式和内容。绩效预算就是以政府行为成本和效果影响政府做事方向和内容的预算管理模式。

第二，绩效预算是一种改变以前政府预算编制对象的管理办法。传统预算模式是以人员为核心的，也就是说某部门有多少人，就按照人数、职能的因素拨付预算。这种模式是以前计划经济体制思想的延续，“按岗拨钱”、“因人设事”。因为，必须由这种编制思想向企业化的管理思想进行过渡，以部门作为编制对象，由计划中需要完成的任务作为编制预算的基础，并根据任务完成的好坏作为预算执行的评估基础。绩效预算就是以政府所提供的公共产品的成本和效果为基础的预算管理模式。

第三，绩效预算是以绩效衡量为核心的。将政府预算与绩效衡量紧密联系起来会大大推动政府绩效的提升。在绩效预算管理体制下，各部门的预算不仅仅以长官意愿和部门意愿作为出发点，还要将外部对部门绩效的衡量作为标准。在民主监督下，政府部门为了获取更多预算，必须追求已有预算使用过程中的绩效目标。就此而言，绩效预算也是以绩效提升为管理目标的预算管理模式。

绩效预算将绩效指向未来价值，也就是说将预期投入的预算可能获得的结果及预期产出列入考虑，从而支撑预算提案的合理性。对于政府“应该做什么事情”、“花多少钱做这些事”、“做这些事应该达到怎样的效果”都将会产生与传统预算截然不同的深远影响。这将有助于政府找出绩效不良的项目和优良的项目，以此来决定是否进行调整；将帮助政府根据结果，而不仅仅是成本和产出，来评估现有项目的价值；将帮助政府根据预期完成目标，而不仅是项目的成本或产出，来评估一个新项目的预期价值；将帮助政府根据预算结果和成本，来比较各种不同项目实施后所带来的可能性；将协助政府部门选定某些具有类似结果指标的行为，以便进行项目的协调、修改或增减；将提议的预算规模与预期结果的数量作相关的比较，使得进行审查预算的人员（人大等相关部门）能够更加清楚地得到预算所能够带来的结果。

从以上方面我们可以看出，绩效预算在很多方面对政府预算管理体制带来了新的冲击和变革。强调根据活动结果来进行资源的分配是绩效预算的特征之一，而这种方式可以为立法人员提供更充分的信息，从而决定如何以有限资源来回应复杂且具有竞争性的预算需求。

二、搭建绩效预算运行框架，助力提升制度发展绩效

绩效预算的运行离不开一个良好的制度框架。在梳理预算支出管理方式变革历程的基础上，建立财政预算专业化制衡机制，通过预算管理体系各机构之间的相互制衡，改善财政预算运行的生态环境，完善政府预算运行框架，提高财政支出绩效，进而提高本身作为公共制度安排的政府的运行效率。

（一）创新预算编制，提高财政绩效

预算编制是预算绩效管理中的一个重要环节，也是实现预算功能的一个重要工具。政府通过预算编制对集中性的财政资源进行筹集和使用，以实现政府职能。然而，中国财政经历了部门预算、国库集中支付、政府采购、收支两条线等改革。通过这些改革，进一步完善了预算编制规程和管理办法，规范了预算编制行为。但预算编制当前存在许多问题。由此，毛泽东同志曾明确指出：“国家预算是一个重大问题，里面反映着整个国家的政策，因为它规定着政府活动的范围和方向。”

1. 财政预算编制存在问题

首先，缺少有效的中长期预算框架。中国虽然在 2003 年试编了财政发展五年规划，各省、自治区、直辖市和计划单列市也第一次试编了财政发展 3 年规划（2004—2006 年），但远未形成有约束力的制度。编制滚动计划和中长期预算框架要与财政立法工作结合起来，进行法律上的约束，从而实现财政资源控制，有效制定未来资源分配计划和进行财政

资源管理。

其次，财政总额控制压力巨大。不切实际的预算在部门和地方表现得比较突出，许多地方发展计划不考虑本地区实际情况，计划所需财政资金远远大于实际收入，造成财政性债务。由于预算不公开透明，相关部门实际约束力小，致使预算实际收支只有极少数的圈内人士知道，逃避现实预算、调整预算、延期预算和钱箱预算等都是中国预算编制中面对的问题。

最后，预算编制的分配效率较低。由于长期以来，预算编制的主要目的在于控制财政资源，而不是追求分配效率，造成预算资源分配效率低下。政府制定短期预算，无法对政策和计划的长期成本进行统筹考虑，也无法对政策做出回应；项目优先顺序扭曲，造成财政资源分配的扭曲。

财政预算编制面临的问题，也是预算绩效编制需要加以改进的地方，预算绩效编制创新是解决财政预算编制问题的利器。

2. 绩效预算编制创新

绩效预算编制是绩效和预算分配挂钩的模式，对应于责任和控制的绩效管理。客观地评估部门支出所取得的成效，是以绩效管理为基础的预算编制所追求的目标之一。这种预算编制，将会更高效率地配置资源，并且更有约束力地管理公共部门。

绩效预算编制的几个关键环节包括：明确任务和目标，制定支出项目；按照支出计划进行政府行为，根据相关标准进行跟踪评估；根据评估结果来进行责任和控制的绩效考核，同时，根据考核结果，对整个流程进行调整和效益提升。

首先，建立中长期财政框架是核心。预算绩效目的在于实现财政总额控制、资源优化配置以及财政资源使用的高效率和有效性。世界上几乎所有国家的政府预算都是按照年度来编制的，但年度预算的时间跨度对于调整支出重点及克服较长时间内出现的不确定来说时间太短。年度预算使政府及公众无法了解未来的教育收支政策，部门政策和预算分配之间的联系常常很弱，部门经常发布政策，但预算经常不能提供必要的资金支持。因此要制定一个好的预算必须考虑年度以外的东西，尤其是宏观经济的实际情况、预期的收入、长期计划成本以及政府政策等。[①]为达到这些目的，财政计划与政策之间建立紧密联系至关重要，而中长期财政框架就是连接绩效预算目的和政策之间的桥梁，因此，在预算绩效编制中，中长期财政框架起着决定性的作用。

中长期计划通常要考虑到商业周期的平均长度（最低点和最高点）和重大投资项目所需要的时间（从构想到投产）。世界各国中长期计划的目的主要都是通过影响投资的办法来完成经济结构的调整，因而中期计划的时期选择就必须依据商业周期和投资周期，这个期限足以对经济情况和前景做出准确的估计，并制定出合理的指标，足以贯彻必要的执行措施。由于存在不确定性，可采用变动滚动式或滑动式方式编制计划，根据随机变量的预期值做出每一个新阶段的决定。[②] 建立中期预算框架的主要任务包括两条：一是要建立起可操作的财政目标，政策目标稳定，资金安排有预算，可保障预算项目安排的稳定性和可靠性。二是要便于支出管理者制定更好的计划，有利于财政纪律的遵守和资源分配的优化。

其次，控制支出总额是预算绩效编制的基本目的，也是首位目标。如果没有支出总额的限制，财政资源的分配效率和执行效率以及支出的有效性就很难达到。[③] 控制公共支出之所以重要是因为申请支出的数额总是超过政府能够或者愿意支出的额度。如果不对财政支出的总额设定限度，受不到约束的需求将导致长期的高赤字以及税收和公共支出占国内生产总值比例的累进上升。

财政总额控制要求支出总额在预算做出决定之前就确定下来，并且不受其他因素干扰。财政支出总额应该相当明确，应该制定硬性规定而不是软目标，在执行年度内强制执行。另外，预算总额必须能够通过滚

① 亚洲银行著，财政部财政科学研究所译：《政府支出管理》，人民出版社，2001 年版，第 150 页。

② ［美］莫里斯·伯恩斯坦著，朱泱译：《东西方的经济计划》，商务印书馆，2000 年版，第 123 页。

③ ［美］艾伦·希克：《当代公共支出管理方法》，经济管理出版社，2000 年版，第 23 页。

动计划或手段维持到中长期的时间跨度。

财政总额控制收支两个变量之间的关系，要保持财政总额控制必须强制执行财政纪律，不能随意增加收入或追加支出的限额，实现这一目标的方法是按比例将支出总额限定为国内生产总值的一定比例；必须在预算制订之前得到实施，独立于年度预算决定之外确定财政收入限额，可以用财经术语表达为国内生产总值（GDP）或总额数字。

基于绩效预算的法律属性、政治属性、经济属性和管理属性，对财政总额实施控制时必须强调以下政策要素：第一，体现绩效预算的法律和政治属性，在相关法律文件中对总额控制的指标进行规定，并反映政治领袖的政治承诺。第二，基于绩效预算目标的特点，考虑国家发展水平，财政总额目标必须符合现实且能够实现。第三，绩效预算中必须实施预算中期框架，制订和实施预算总额的中期制度。第四，基于新公共管理学的要求，总额控制必须基于结构性调整，宏观效率提高必须根植于分配效率的提高。第五，根据公共财政理论，衡量财政总额有多个指标，控制应包括大多数关键的总额指标，而不仅仅是开支总额或赤字，并应包括法定支出和或有负债。

最后，绩效预算编制中，预算分配与绩效评估相结合是一种好的选择。可以通过长期观察追踪业绩的变化趋势，将工作成果与事前设定的目标进行比较并对变化进行分析，将评估与分配联系起来，有效提升预算财政绩效。绩效预算编制改革的关键是在改革目标上：确保预算符合宏观经济目标，确保支出处于控制之下，按照政府政策目标配置资源，确保实现运行效率所需的条件；改革顺序上，从加强财政资源收支总控制到设计有效政策并确保政策与预算之间联系的机制，再到注重资源的分配效率和使用的效率，最后从强调预算的产出转移到关注预算的结果，即有效性。

总之，绩效预算编制改革路径和顺序必须尊重预算发展规律，改革重要的不是技术手段的使用，而是创建完善的制度，但这是一个需要较长时间的过程。

（二）建立财政预算专业化制衡机制，搭建绩效预算运行框架

构建全息的绩效预算反馈机制的运行模式有助于推进政府治理创新，构建服务型政府。第一，绩效预算增强预算资源分配与政府部门绩效之间的联系，增强了政府部门使用预算资金的责任感，有助于提高政府的支出有效性，防止政府资金的“跑冒滴漏”，提高政府的理财能力和执行力。第二，有助于推进公共财政改革与发展。预算作为财政运行的中心，其直接决定着政府作用的发挥和财政职能的体现，绩效预算改革成功与否对于公共财政改革，特别是对于部门预算改革、国库集中收付改革以及会计制度改革至关重要。第三，有助于协调部门改革与发展。实施绩效预算，财政部门按照各项事业发展计划的轻重缓急和预算执行效果来安排部门预算，在资金紧张的情况下，财政可以将有限的资源安排到国家最需要、资金使用效率最高的领域，有利于实现国家整体战略目标和实现资源优化配置的目的。第四，绩效预算可以对有关政策、计划和项目的实施做出反馈，解释政策、计划和项目是如何使用公共资金的，协助利益相关者了解更多有关政策、计划和项目的信息。第五，以客观公正的绩效评估体系代替传统的业绩考核，在公众的监督下，通过实现有效的公共服务，取得政府预算的支持，体现的民主化理念更为完整。这可以有效地改变目前各级官员盲目追求“业绩”和“形象”的形式主义做法，提高政府的公信力，进而构建和谐社会。因此，绩效预算也是一种公民监督下的预算方式。它对于强化财政监督，激励现代政府推进管理创新，提高理财能力、管理水平和执政水平，特别是提高政府构建和谐社会的能力，有着十分积极的意义。

构建政府绩效评估体系是建立绩效预算的突破口。预算是各部门权力配置的体现，而权力的配置与责任的配置是相对等的。作为一种结果导向的预算模式，绩效预算必须首先评估政府各部门的权力与责任匹配状况，政府绩效评估体系是绩效预算的基础和突破口。政府绩效评估体系可以判断绩效评估的对象和预算的支出结构与额度，分类确定政府绩效评估标准，确定政府绩效评估指标体系。

绩效评估作为一种管理控制工具，是绩效管理系统中非常重要的内容。在实践中，绩效评估被看作是绩效管理过程中内在的、不可缺少的重要组成部分。具体到政府绩效管理，就是运用科学的方法、标准和程序，对政府机关的业绩、成就和实际工作作出尽可能准确的评估，在此基础上对政府绩效进行改善和提高。

政府绩效评估是运用一定的考核方法、量化指标及评估标准，对部门为实现其职能所确定绩效目标的实现程度，以及为实现这一目标安排预算的执行结果所进行的综合性考核与评估。其目的是通过对部门绩效目标的综合考评，合理配置资源，优化支出结构，规范预算资金分配，提高资金使用效益和效率。

政府绩效评估要求建立专业化制衡的管理架构。现代政府经济管理模式架构应该分三个体系，即执法责任制、行政管理责任制和政府文化。财政的预算支出要依规而行，管理、执行、监督都要相互分开，形成专业化制衡。构建专业化制衡管理架构，有利于建设高效、廉洁的服务型政府，有助于深化行政管理体制改革，进一步转变政府职能，形成行为规范、运转协调、公正透明和廉洁高效的行政管理体制，同时有利于绩效预算改革的全面推进。

专业化制衡的政府治理模式是指逐步使政府的管理机制制衡化、管理结构扁平化、管理职能专业化、管理手段电子化以及管理制度标准化，最终，以标准化的执法来提供公开、公正、公平的服务。实现权力分开、互相制衡，以权力约束权力，避免任何人和任何团体获得不受约束的权力以后为个人或小团体谋取利益。任何一种超然至上、缺乏监督和制约的权力，都必然导致腐败，这是一条铁的定律，被无数事实所证实。建立一种专业化制衡的预算绩效模式，通过预算管理体系形成各机构之间的制衡，可以改善财政环境，对提高政治稳定、经济发展有重要的意义。

绩效预算的专业化制衡体系包括基于预算编制、执行、决算、评估的财政预算内部专业化制衡机制和政府—人大—公众相互制衡的财政预算外部专业化制衡机制两部分。

1. 建立基于预算编制、执行、决算、评估的财政预算内部专业化制衡机制

政府财政预算过程是基本的行政过程，借鉴欧美新公共管理实践，以决策、执行和监督之间制约理论为基础，在财政预算过程中，建立基于决策权、执行权和监督权制约的财政预算专业化制衡机制。

在预算专业化制衡架构下，预算编制是预算基本决策的形成过程，编制后的预算执行受预算决策制约，预算决策与执行的情况最终由决算监督。由此，在预算的编制、执行、决算、评估环节构成了一个闭环的决策、执行、监督相互制衡的专业制衡框架，构建起预算行政过程相互制约的微观财政预算结构。预算编制、执行、决算、评估专业化制衡结构有效防止了在预算执行中随意变动预算，避免大量或者大额的预算计划之外的临时动议性拨款，消除了个人利用拨款审批权寻租的空间。

预算专业化制衡机制建立起监督反馈机制后，使预算编制、执行、决算、评估及评估机构在预算过程中相互制约。首先，预算编制机构将其他三个机构反馈的检查评估结果作为预算编制的重要依据和参考，同时对预算执行部门是否按计划执行预算进行监督。预算执行机构对预算编制的合理性进行监督，将情况及时反馈给其他三个机构，以便进行预算调整和修改，或作为预算监督、绩效评估的重点，并根据其他三个机构反馈的监督结果，对预算执行进行调查和纠偏。预算监督机构根据预算编制、执行过程所反馈的问题，确定监督检查的范围和重点，以实现对预算编制、执行全过程的监督。专业化制衡机制在各自行使职能的基础上，建立起权责明晰、各司其职的分权体系，形成重大事项审理机制、协作制约机制和监督反馈机制，形成一条既有机联系又相互制约的财政监督循环链。

2. 构建政府—人大—公众相互制衡的财政预算外部专业化制衡机制

公众参与预算过程，构建政府—人大—公众相互制衡的财政预算外部专业化制衡外部循环，与专业化内部制衡相互融合，共同形成防治腐败的有效闭环监督机制。以美国为例，联邦政府预算管理职能由行政部

门和立法部门共同承担，行政部门在预算过程中负责预算编制和执行，预算审批和监督则由立法部门负责，此外，美国政府还在预算过程中建立公众参与机制，这样由立法部门—行政部门—公众共同组成了美国政府财政预算外部专业化制衡机制，构成了有效监督和防治腐败的“外圈”。再如，浙江温岭2005年4月采用民主恳谈的参与式预算实践是实现政府—人大—公众在预算过程有效互动的有益尝试，将政府预算中属于政府投资的项目先拿出来，经过200多名由抽样挑选出来的民意代表进行反复的细致讨论，经过“民主恳谈”，而后将挑选的项目交由人大投票同意后，成为政府的最终预算。通过“民主恳谈”这样的公众参与机制，改变了地方政府预算过程，让更多的公众参与到以前封闭的政府预算的决策过程之中，有效实现了政府—人大—公众在预算过程中的互动与监督。

专栏4-2

温岭的参与式预算①

温岭的“参与式预算”，是指公民以民主恳谈为主要形式参与政府年度预算方案讨论，人大代表审议政府财政预算并决定预算的修正和调整，实现实质性参与的预算审查监督。从2005年开始，温岭市在新河、泽国两镇率先“试水”公共预算改革，积极运用民主恳谈为基层人代会审查预算服务，不断强化对预算的审查和监督，形成了对预算进行实质性审查监督的“参与式预算”，在国内首开先河。2008年以来，温岭市人大常委会按照“由下而上”、“由点到面”、“由表及里”、“由软变硬”的路径有序推进，历经试点坚持与成熟阶段、稳步扩面阶段、全面推开阶段，将参与式预算从2个镇逐步推广至6个镇，直至2010年的全市所有的镇和3个街道；并从镇一级提

① 温岭市人大常委会办公室：“温岭参与式预算的基本做法及成效”，2010年8月26日。

升到市一级，相继推动了部门预算民主恳谈、人代会代表团“一对一”审议部门预算、预算公开等探索，进一步将参与式预算引向深入。

1. 新河模式。其特点主要体现在会前初审、大会审议和会后监督。一是会前初审。在人代会召开之前，由镇人大主席团领导下的人大财经小组组织召开预算初审民主恳谈会，分工业、农业、社会事业三个专门小组进行讨论，参与者除人大代表外，各协会、社会团体、各界代表和公民自愿参与，会后各小组形成预算初审报告。二是大会审议。在人代会召开期间，人大主席团组织代表进行预算报告集中审议，镇政府负责人回答代表提出的询问。随后，镇人大主席团和镇政府召开联席会议，根据代表提出的意见形成预算修改方案。联席会议之后，大会通报预算修改方案。在这个阶段，5 名以上代表联名可以提出预算修正案。最后，大会投票表决预算修正案和已经修改的预算草案，代表联名提出的修正案若获得全体代表半数以上支持，则通过成为预算的一部分。三是会后监督。人代会闭会期间，由镇人大财经小组作为财经监督常设机构，对政府预算执行情况实行监督，并参与下一年的财政预算编制。

2. 泽国模式。其特点是建立了参与式预算的民众协商形式，由民众直接参与城镇建设项目资金预算安排决策过程。一是讨论提出项目资金预算草案。政府首先选出一批属于本级行政范围且事关民生问题的城建项目（譬如 30 个），由专业人员组成专家组对这些项目的可行性方案进行研究，同时提出每个项目的资金预算，形成预算项目民意调查问卷。二是就项目进行民主恳谈。采用乒乓球摇号的随机抽样方式，按照千分之二的比例，从全镇 18 岁以上的人群中随机产生恳谈代表，参与预算民主恳谈，并就这些项目的重要程度填写民意调查问卷，对优先投入的项目进行排序，表明自己的意见。通过数轮分组讨论和协商交流后，恳谈代表再次填写排序的调查问卷。三是人代会审查批准。镇政府召开办公会议，讨论恳谈会上代表提出的建议和第二次调查问卷的预选结果，根据财力情况按顺序形成一份优先方案。提交镇人代会审查讨论和票决。

三、预算改革重塑秩序文化，推进制度正向变迁

预算是一个复杂的范畴和领域，它是政治、经济、社会、文化和技术等多个领域的交汇点，是公共资源配置和公共秩序形成的关键环节。从人类社会发展历史来看，预算制度的不断改进，可以推动社会秩序的不断完善。“政府的干预在一种文化下可能极其成功，在另一种文化下却可能因遇到重重阻力而丧失效率。”① 没有文化上的变革，绩效预算改革也很难带来政府生产力的提升。以绩效预算改革为契机，推动全社会秩序、文化全面改革，为制度变迁，特别是多方参与的需求诱致型制度变迁营造大环境。从这个意义上讲，绩效预算改革也是一场社会文化的革命。

首先，预算制度的完善促进了民主政治秩序的形成。防止独裁和对公共权力的滥用，一直是民主秩序的基本要求。而预算的一个基本功能就是由公民通过代议制机构——议会规定政府和政府官员的活动范围，防止其滥用手中的公共权力，促进民主秩序的形成。卡恩在对美国市级政府预算改革历史的研究中曾指出，预算不仅仅是政府资源配置的简单技术工具，更是作为现代大众社会中维持一个负责的民主政府之关键所在。从预算演进的历史看，预算形式和制度的不断演进，推动着社会民主秩序的不断深化。

---

① 张中祥：“从有限政府到有效政府：价值·过程·结果”，《南京社会科学》，2001 年第 3 期。

在早期的控制导向模式下，预算主要讲究预算程序的合法性和对预算资金用途的严格监控。因此，在民主的行使方式上表现为对官员行为和公共资金用途的严格控制；在管理导向模式下，则更加注重借鉴私营部门的管理办法来提高预算管理的成效，以提升公民福利的提升；在20世纪90年代兴起的绩效预算模式下，预算强调利用现代信息手段引导公民的参与和监督，以从根本上提高预算管理的结果。20世纪80年代后期以来，首先在拉美地区，而后扩展到北美、非洲、欧洲和亚洲的许多国家和地区的“参与式预算”，则注重引导公民直接参与决策，赋予公民在分配资源、确定社会政策优先性，以及监督公共支出方面以机会。2007年10月9日出版的《半月谈》，曾以“‘参与式预算’唤醒百姓民主意识”为题报道了哈尔滨市阿城、道里两个区试行“参与式预算”取得的效果。实施“参与式预算”不仅提高了资金使用效果，避免了腐败，还唤醒了百姓的民主意识和参与意识，为民意的充分表达提供了平台。

绩效预算改革除了来自立法机关的参与外，来自政府以外的支持也是必不可少的。绩效预算改革应当向政府利害相关者提供直接利益，以换取他们的支持。如果缺乏至少某种程度上的公众参与，绩效管理和预算编制就会面临退化成为政府内部官僚活动的风险，而变得与公民眼中的重要议题毫无干系。公民的参与也能确保树立改革的可信度，并强化这一过程中所采集、评估和汇报的数据的意义。同时，如果缺乏各种不同形式的支持和协助，管理者们和政府雇员就不可能了解成果导向型方式的潜在价值，或者如何有效实施和使用这种方式。

其次，预算的合理安排可以形成良好的经济秩序。在市场经济中，政府的支出是重要的经济变量，同时也决定了政府活动的范围和边界，对整个市场经济的运行秩序有着重要的影响。因此，通过预算的合理安排，合理界定政府活动的范围和边界，是形成良好经济秩序的前提。通过完善预算制度，划分财政和金融的边界，可以切断财政向金融机构透支的通道，保证货币政策的独立性，建立起良好的金融秩序。英国的经验表明，公共预算制度的建立是英国17世纪90年代开始到18世纪60年代产生“金融革命”的重要前提。通过确立公共预算制度，限制了国王的权力，建立了民众对政府的信任，才导入了长期国债制度，建立了英伦银行，使英国在公共和长期信用上、在银行和证券市场制度建设上，走在了世界各国的前列。

再者，通过完善预算制度，可以形成公平、正义的社会秩序。美国学者普雷姆詹德认为，预算是减少不公平的工具。王绍光对美国进步时代的研究充分表明，美国在进步时代对预算制度的完善对于其减少腐败，缓解社会矛盾起着基础性的作用。他甚至认为，如果没有预算改革作铺垫，罗斯福即使有实行“新政”的愿望，分散而低效的体制也完全可能让他的计划无疾而终。“参与式预算”，正是拉美地区的左翼政党为了扩大公民权、追求社会公正，而进行的预算改革。参与式预算能够使公民直接参与决策，赋予公民在分配资源、确定社会政策优先性，以及监督公共支出方面以机会。随着低收入、弱势以及边缘的传统上受排斥的群体获得参与决策的机会的增多，社会与政治排斥将会被逐渐消除。自十六届三中全会以来，中国不断改进预算制度，财政资金向“三农”大幅倾斜，改善民生，为实现“公平、正义”的社会秩序作出了很大的努力，成绩也是有目共睹的。

由于迄今为止的社会进步主要由政府推动，因而上述特点也反映出政府能力的有限性。造成政府能力不足的原因，一般认为有：一是社会总体资源的不足以及改革中因政府权力被削弱而导致的政府汲取资源的能力被削弱。二是政治和权力的弊端削弱了政府的作用。中国政府的权力存在着主观随意性，约束性差，缺乏公开性，缺乏稳定性。三是政治体制改革滞后于经济与社会的变革，使政府能力的提升受制于原有的政治体制。当然，政府能力受到特定时期社会条件的制约，在现有的社会条件下，它只能达到某种程度。当我们站在已变化了的社会环境下去审视以往的政府能力时，例如站在今天的高度去看改革初期的政府能力，我们便会觉得当时的政府缺乏能力。这是人们对政府能力的理想预期造成的。因此，客观地评估政府能力，必须把它放到当时特定的社会条件中去。

但是，当社会发展到相当程度时，如果我们仍把政府推动当作社会进步的唯一或最主要的推动力，那么，社会很可能会产生潜在的巨大危险。目前，改革已深入到市场经济建设的新阶段，这样便要求对政府的价值进行重新定位。在完善化的市场条件下，社会各个领域的运行和发展都以市场为中轴而展开，也就是说都需要有一个完善化的市场机制来推动。政治机制或政府推动力已不再是主要的推动力，社会进步必须由众多因素综合推动，诸如市场、体制、社会团体等非政府组织以及各个具有独立意识的个人，等等。因此，应以绩效预算改革为契机，搭建多方参与的预算平台，从而推动建立激励型制度框架，设计制度非均衡，诱导相关方利用制度性机会套利，从而激发利益相关方的创新意识，实现从供给主导型制度变迁向需求诱导型制度变迁过渡，以多方参与、协同治理构建形成新的制度变迁推动机制，不断提升制度绩效。

第五章
导入绩效预算体制
加强社会普遍服务

在社会全面转型的过程中，面临着利益的大调整，产生了一系列利益的碰撞。社会普遍服务的目标就是在进一步激励竞争的过程中，使国土范围内的任何人在任何地方、任何时候都能以承担得起的价格享受服务，而且服务质量和资费一视同仁；重点是要机会均等、服务同质，避免出现弱势群体、落后地区的边缘化。绩效预算可以有效的通过奖惩机制引导职能部门推动社会普遍服务、化解或减轻社会转型动荡。

第一节　社会阶层固化僵滞
改革过程严重受阻

当前中国出现的社会阶层大分化，在很大程度上是由于国家的转型速度太快。国外用 100 年才进入现代社会，它们的分化速度是非常慢的，而我们用了 30 年就进入了现代社会。由于我们的转速太快，导致社会阶层分化之后就出现了很多问题。譬如，富有阶层与贫穷阶层之间过大的反差，使得社会结构处于一种失衡的状态①，进而引起社会阶层出现流动不畅与流动乏力的现象，并对当前中国社会的发展产生阻力。

一、分化乏力流动受阻，助长社会阶层固化

社会必须要在社会结构处于一种均衡合理的情况下才能实现良性协调发展，而影响社会结构的最主要因素便是社会流动。这里的社会流动，主要指的是一个社会成员或社会群体从某一个社会阶级或阶层转到另一个社会阶级或阶层，从某一种社会地位向另一种社会地位，从某一种职业向另一种职业的转变的过程。社会能够创造更多的向上流动的机会，是社会充满活力的象征，是社会进步的表现。现代社会表现为能够形成一种上下流动、左右流动的机制，流动畅通的社会才能得到发展。反之，流动堵塞的社会将使得社会整体失去活力，出现阶层分化乏力与流动不畅的现象，社会底层缺乏向上流动的条件与机会，激化社会阶层矛盾，干扰社会活力的激发和阻碍社会发展的实现。侯小丰、陈宝龙等专业人士指出，部分社会阶层向上流动的通道常见“梗阻”，甚至因阶层对立而产生暴力流血事件。当前造成社会阶层向上流动通道不够畅通的原因是多方面的，包括观念、机制、体制等。但有一个因素至关重要，就是收入分配的不合理、国民收入差距的扩大，户籍、出身似乎成了拉大收入差距的主要推手。久而久之，会滋生两个“不利局面”：一方面，如果缺少一种可以流动的机制，弱势群体会越来越边缘化，深深的失望将导致强烈的被剥夺感，以及产生“仇富”、“仇官”、“仇司法”等不良情绪，不利于社会的稳定和发展；另一方面，身处缺乏竞争的安乐群，占据优势社会地位的强势群体，只在意既得利益是否安稳，并不会真正关注甚至在某些方面还阻挠经济社会的进步。

社会转型是人类社会的结构性转变过程，而社会结构的转变蕴含着

① 李强：“当前中国社会分层结构变化的新趋势”，《江苏社会科学》，2004年第6期，第95页。

阶级、阶层结构的变化。由社会转型带来的社会流动，导致社会出现分化现象，社会分化在纵向上就表现为社会阶层分化。社会阶层分化是一种正常的社会现象，但当社会阶层之间的流通渠道阻塞以后，整个社会就会失去活力，就会出现出现分化乏力与流动不畅的现象。使得社会底层缺乏向上流动的条件与机会，社会底层的规模逐渐扩大，从而与社会上层形成断层，导致社会阶层固化现象的形成（如图5-1所示）。

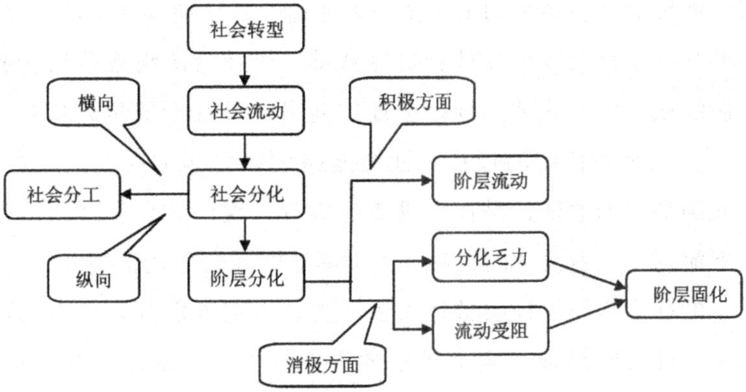

图5-1　社会阶层固化形成的示意图

二、解读社会阶层固化，深度剖析诱导因素

社会转型带来社会的流动，社会流动导致社会分化，社会分化横向表现为社会分工，纵向则表现为社会阶层分化。由于社会转型促进或推动社会分工，社会分工带来或伴随社会分层，因此，社会从传统到现代的转变将带来或伴随社会阶层的分化。

（一）社会阶层固化现状

先发国家用100年才进入现代社会，它们的分化速度相对后发国家而言是非常慢的，而中国只用了30年就进入了现代社会。由于中国的转速太快，导致社会阶层分化之后就出现了很多问题。

1. “二代”现象

当前，“富二代”、“穷二代”“官二代”和“垄二代”这些都带有

“二代”字眼的新鲜词汇在中国网络上迅速蹿红。这些概念始于网络，然后在社会上广泛流传使用，现在已成了耳熟能详的公共词语。在“二代”标签的背后，是这个社会早已弥漫的仇富、仇官心理的进一步放大。仇恨只能带来恶性循环，而形成共识是无论何种出身的人们都要面临的问题。转型中国需要的不是权力和资本的欢宴，而是“每个人的自由发展是一切人自由发展的条件”①。

这些带有身份标签意义的“二代”现象频繁成为中国社会关注的热点，说明社会的阶层意识正在逐渐形成，社会各群体的裂痕在扩大。从社会发展来说，基于不同的出身、财产、知识、职业等而形成不同的阶层乃是正常现象。只要底层向上流动的渠道不被堵塞，社会大体能够平稳发展。但是，若社会阶层的划分是以贫富和权钱作为标准，即社会以权和钱来作为身份认同的标准，则反映这个社会开始或已经进入一个畸形的发展轨道。社会不同阶层之间就会有固化的趋势，尤其是底层和平民向上流动非常困难。

2. “新底层社会”的形成

中国的“新底层社会”正在形成并走向固化。所谓“新底层社会”，包括失地农民、被拆迁的城市居民以及不能充分就业的大学生群体。还有因为高房价坠落的“城市中产”、“未被利益集团吸纳的知识分子”及传统意义上的农民、农民工、下岗失业工人，组成庞大而复杂的新底层社会②，他们正逐渐走向固化。显然，所谓的“新底层社会”，其实就是无数草根，他们一无资本、二无权利、三无关系、四无声望。“新底层社会”的形成，意味着贫富在代际传递中遇到了障碍，社会阶层逐渐走向固化。在社会竞争中，如果优质资源被少数人占有，草根站在一个不公平的起跑线上，他们想成功，难于上青天。底层民众的生活状况异常艰难，没有均等地享受到经济社会发展的成果。在这种情况下，社会结构

① 赵义：“转型中国的二代现象”，《南风窗》，2001年第11期，第28页。

② 王小鲁：“警惕权利缺失形成‘新底层社会’危险的贫富差距”，《南方都市报评论周刊》，2010年第5期。

出现巨大的断裂，社会阶层分化现象日益严重。作为改革根本动力的共识在不同阶层之间已经很难达成，所谓“新底层社会”由此产生。这部分“新底层”人群人数众多，主要涵盖蚁族、农二代城市打工者、小手工业者、山区教师等多个群体。他们的各项权利均得不到保障，他们的社会地位较低甚至正在被边缘化，这便是固化阶层中最低层次的阶层。

3. “夹心层”的存在

“夹心层”最早是指那些既买不起商品住房，又得不到政府住房支持的，处于中产边缘的社会阶层。“夹心”，就是高不成，低不就。对于主流人群来说，人生的境遇，往往就在高低之间尴尬徘徊，如同遭遇“天花板”一样。近年来，毕业却不能马上就业的大学生、失业返乡而又无地可耕无业可就的农民工、为城市高昂房价付出代价的年轻白领无疑是涌入“夹心层”的新生力量。随着贫富差距的加大，“夹心层”还将不断扩大。“夹心层”是社会急剧变革的产物，反映了社会变迁和社会发展的不平衡，一部分社会群体没有能够很好地分享改革发展带来的实惠。“夹心层”的存在使得高低阶层之间无法实现正常的流通，使各阶层之间的流通渠道阻塞。

4. 高校毕业生就业存在困境

随着改革开放的不断深化和发展，中国社会各阶层不断发育、分化和演变成一种相对稳定的利益格局。社会各阶层不仅自我再生、复制且阶层之间流动性开始减少。高考的公平性也在急剧恶化，高校毕业生之间的竞争也不再只是靠证书或者特殊技能，伴之而来的是高校毕业生背后的家庭和社会关系的竞争，这其中当然包括财富和权利的竞争。就业过程中“背景”的排他性作用成为最大的就业歧视，高校毕业生中的农民和农民工子女在就业质量上明显处于弱势。中国社科院一份名为《当代中国社会流动》的研究报告表明，父辈具有社会资本的那些人比一般人更易于成为干部。在父亲受教育程度这个自变量固定的情况下，干部子女成为干部的机会，是非干部子女的两倍多。可以肯定的是，这种情况近年来更加突出了。一些地方公务员招考中不断爆出“老子招儿子”

和“量身定做”等新闻。

（二）社会阶层固化的特征

随着社会阶层的固化，逐渐呈现出凝固性、悬殊性和不平衡性等特征。

1. 凝固性

目前，中国各阶层之间流通机制被堵塞。位于高阶层的人群占据着巨大的社会资源，他们想方设法让后代继承自己的财富。而处于低阶层的社会群体，他们无法通过正常的竞争来获取自己的既得利益，他们获取利益的渠道被堵塞，阶层与阶层之间的流通渠道受阻。这种现象的存在给社会带来了严重的后果，主要表现在筑起了社会就业壁垒、阻塞了社会阶层之间的流动、加剧了社会阶层之间的矛盾、阻滞了社会的发展。

2. 悬殊性

同一阶层内部由于不同所有制、不同职业以及不同行业导致他们的收入差距不同，贫富差距进一步被拉大。特别在近两年，高收入户的收入增长大大超过了低收入户的收入增长，先发社会呈现的是“橄榄形”，而中国呈现“金字塔”型的分布。收入差距过快拉大及贫富两大阶层收入差距过于悬殊的现象，已经成为当前社会阶层固化过程中最引人注目的问题之一。

3. 不平衡性

中国目前社会各阶层之间的差距在一步步扩大，低阶层向上流动的难度越来越大，动力也越来越小。除教育不均衡原因外，就业歧视也是目前阶层之间所存在的一个非常重要的问题，高阶层与低阶层之间的地位在逐渐失去平衡。

（三）社会阶层固化产生的原因

近年来，社会阶层固化趋向成为引发中国社会普遍关注的问题。社会阶层固化意味着社会成员在不同阶层之间的地位流动受阻，个人的后天努力难以改变自己的命运，底层群体向上流动的通道被堵塞。也就是说，不同社会阶层的成员构成趋于稳定，社会的不平等结构被原样复制。

但究竟是什么原因导致目前中国社会阶层的固化，下面将从不同的方面对其进行阐述。

1. 社会阶层固化产生的直接原因

社会阶层固化的产生是由多层原因造成的，而社会环境的影响和政策约束则是其产生的直接原因。

（1）所有制结构变化。中国自古以来就是等级制度森严的国家，处于高阶层的人拥有的财富是最多的。在封建社会，“普天之下，莫非王土”，到现代社会，有些观念仍未改变。而且，目前中国所有制结构的调整和城镇化的推进，劳动力在不同所有制、不同行业、不同地域的流动和劳动形式的多样化逐渐改变了工人阶级和农民阶级的队伍结构。

社会阶层的构成也发生了新的变化，多种所有制形式下的分配以及生产要素分配标准的不确定性，容易形成普遍意义上的利益分化。改革从根本上说是利益的调整，但是由于客观存在的主体多元化和权力失范，易形成非市场因素造成的贫富分化，使得下层社会难以平等拥有发展的条件，逐渐失去向上流动的可能。

（2）权力异化。社会生活中的不同阶层或阶级，在社会过程和政治过程中拥有不同程度的权力和声望。通常情况下，地位较高的人拥有最多的权力和制定社会规则、决定政策以及推进社会活动的影响力①。中国阶层划分应该用一个同心圆来表述，而同心圆的核心就是“权力”，离权力越远的人，就像螺旋转动一样，被抛出局外。这一划分不仅形象地描述了中国阶层的现状，也指出了阶层固化的根源，即权力的异化。权力异化主要包括政治腐败、经济腐败与生活腐败。公共权力私有化、公共权力部门化等，都是权力异化的表征，而社会阶层固化则是权力异化的副产品。

（3）分配政策困境。改革开放初期，通过先富带动后富，最终实现共同富裕的途径，实现了国民财富的有效积累。但是通过三十多年的改

① 蔡志强：“社会阶层固化的成因与对策”，《理论导报》，2012 年第 5 期，第 4－6 页。

革开放，社会已经形成了制度框架下的运行规则和利益群体。随着改革的进一步深化，一部分既有政策的受惠者由于担心失去已有利益，转而反对改革，希望能够按照原有的分配政策维护自己的利益。这就使得许多失地农民和城市失业人口的既得利益受到冲击和挑战，他们在无形中一步步被摧垮，使得阶层之间的差距在逐渐拉大。

（4）社会改革滞后。在当前中国的转型时期，社会改革和社会建设的滞后也是导致社会阶层固化的一个重要因素，甚至在某些时候比特权更重要。经济的快速发展，带来了财富的增大和机会的增多。但在此过程中，一方面，由于过于追求增长速度，把应该配置到社会领域的资源与机会也配置到经济领域中；另一方面，计划经济时代留下来的一些制度性障碍，如户籍、就业、人事、社保等方面的制度，不能适应市场经济体制，从而严重侵蚀了一些社会成员获得资源的机会，阻碍着人们的向上流动。[①] 社会流动渠道阻滞带来的社会断裂和阶层冲突的风险，加剧了社会阶层之间的裂痕，进而加剧社会阶层固化现象的出现。

专栏 2－1

穷人子女难以向上流动[②]

二代农民工向往城市却因户籍、家庭背景等原因不被城市所接纳

快两年了，王东一直在北京朝阳区金盏乡打工。20 世纪 90 年代，王东的父母就从安徽巢湖老家到金盏乡打工。几年后，他随父母来到这里，并在民工子弟学校读完了小学和初中。但由于没有北京户口，小王在北京无法高考，所以初中毕业后只能回安徽老家上学，并在当地考上了大专。2009 年，大专毕业的他又回到了金盏乡，但一直没找到稳定的工作，只能在附近的小厂打零工。

① 邓聿文："中国的官二代、身份继承与社会断裂"，《联合早报》，2011 年 1 月 6 日。
② 《人民日报》，2011 年 3 月 31 日。

没有户口，意味着王东不能享受到北京市民的社会保障和公共服务；父母都是外来的民工，王东没有任何可以利用的社会资源；每月1000多元的工资，买房成了遥不可及的梦想。谈到以后的生活，王东一脸茫然："我不想回老家生活了，但在城市里也看不到发展前途，先在这边熬着，慢慢找机会吧。"

王东的生活状态，正是大多数二代农民工的真实写照。这些年，确实有一些二代农民工通过自身努力摆脱了贫穷、成就了事业，但大多数人还是由于家庭条件差、生存状况难而游荡在城乡之间，成为"边缘人"。他们来自农村，却由于长期在城市生活而对农村疏远；他们向往城市，却因生活压力、户籍、家庭背景等原因不被城市所接纳，很难分享现代生活的快乐。

记者在调查中发现，与父辈相比，二代农民工也有自身显著的特点。他们接受过一定程度的教育，会穿西装、打领带，喜欢使用新款手机，普通话说得不错。除了干活，他们还喜欢考虑自己的将来，尽管这种筹划往往都是一个遥远的梦想。

专家认为，面对新生代农民工的困惑，我们不能一厢情愿地要求他们回到农村，安心务农；也不能一味指责他们贪图享受，他们有改善自己生活条件的权利。政府应当加速户籍、就业、医疗、社会保障、农村土地等相关制度的改革，尽快消除造成城乡差别和工农不平等的体制性障碍，逐步打破城乡二元管理模式，为他们在城市提供更广阔的生存与发展空间。

找工作莫成"拼爹"游戏

一定程度上来说，决定大学毕业生就业状况的往往不再是成绩、能力，而是家庭出身、社会关系。

近期，网络上有两篇文章引起很多人共鸣。一篇是《我用了18年，才可以和你一起喝咖啡》，描述了家庭较穷的人努力多年才达到和出身富裕者一样的生活水平。这是高考改变命运的真实写照。后来，网络上又出现一篇题为《我用了18年，还是不能和你一起喝咖啡》的文章，作者详述自己上大学及毕业后的生活窘状，反映了由于家庭出身不同而带来的巨大差距，任其怎样努力都无济于事。

“知识改变命运”，曾经是多么响亮的一句口号。如今，这句曾经被无数人奉为真理的话语，却引来了诸多质疑。近年来，很多大学毕业生发现，一定程度上来说，决定他们就业状况的不再是成绩、能力，而是家庭背景、社会关系。套用一句网络语：“找工作变成了比拼父辈财富和权势的‘拼爹’游戏”。据某媒体在北京、浙江、河南等地7所高校进行的一项调查，500名受访者中有70%的人认为，在就业应聘中或多或少遭遇过来自家庭状况的压力，65%的应届毕业生表示最担心家庭状况使自己在求职应聘中处于不利地位。

记者采访时发现，大学生们在看待“就业难”时都很理性，认为是多种因素导致了这一现象，他们对由于能力不足、经验不够导致的招聘失败，并没有多少怨言。但是，如果因为家庭背景不如别人而落败，总会感觉心气儿不顺。

某高校一位大学老师坦言，一般情况下，从“最底层”上升到“大众层”比较容易，只要付出努力总会有相应回报。“从我教过的研究生来看，他们在毕业之初想进入学术界、机关或媒体，开始自己的事业历程，并不是难事。但再想往上发展，就不那么简单了。个人努力只是参考因素之一。”这位老师说，我们不否认其中一部分人会成功突围、脱颖而出，但更多的人只能按部就班，“泯然众人矣”。

当然，反过来说，只靠“关系”也不行，如果能力没有达到基本要求，“关系”也不会那么好使。浙江大学研究生院从事学生工作

> 的杨老师认为，虽然每个人无法选择自己的家庭出身，“穷二代”和某些人比起来没有背景、没有关系，但只要调整好心态，通过后天的努力也可以逐步改善经济状况。“拼爹”游戏固然存在，但在现状没有明显改观的情况下，不能只会抱怨，应该更加积极，“穷二代”更应关注自身能力的提高。

2. 社会阶层固化产生的间接原因

除了直接原因，社会阶层固化还受到诸多间接原因的影响。

(1) 体制性因素阻碍。社会的阶层结构一旦固化，公平正义势必遭受损害，社会的发展活力与秩序和谐将面临挑战。社会阶层固化的形成与一些体制性因素有关，主要表现在以下两个方面：

第一，市场引致的财富分化进入代际传承期，相应的调节措施却尚未建立。经济领域的市场化带来了一个竞争时代，打破了原来的阶层界限，使不同社会群体受益但同时又是一个快速分化期，由收入分化带来的经济分层开始进入代际传承的新阶段。但我们用以调节收入分配的制度尚不完善，底层群体发展的资源基础极为薄弱，底层群体的向上流动受到挤压[①]。

第二，基本政策制度不健全。首先，城乡二元结构体制是中国经济和社会发展中存在的一个严重障碍，主要表现为城乡之间的户籍壁垒，两种不同资源配置制度，以及在城乡户籍壁垒基础上的其他问题。城乡二元制度导致农村人口就业和受教育的机会少于城市居民，使得他们之间的收入差距逐渐拉大。其次，官本位制度导致官员权力过大，但是缺乏政治透明度和监督机制，官员滥用职权，将很多资源和机会留给自己的子女。最后，公平、自由竞争和开放的制度建设还不完善，比如劳动力市场制度是否有利于大家靠能力而不是靠社会关系和家庭背景来发展，社会制度和政策能否为中下阶层提供机会等。

① 马西桓：“‘阶层固化’折射改革尚不彻底”，《文汇报》，2011年9月5日。

(2) 社会资本不均等。由于缺乏健全的民主与法制体制的制约，以家族制和差序格局为特点的社会结构使中国成为一个人情社会，裙带关系与金权勾结泛滥，政权的软化日益明显。这样就必然使那些社会资本[①]匾乏的家庭与阶层处于劣势地位，缺乏向上流动的机会与通道。穷人由于贫困的地位而使自己缺乏先赋的社会、经济资源，在社会竞争中处于不利地位。贫困阶层社会资本的匾乏导致其发展缺乏必要的内外部资源的支持，反而受到贫困社会关系与贫困文化的严重制约，使其发展机会更为渺茫，最终导致阶层不断固化，形成穷者恒穷的现象。

(3) 教育功能弱化。在教育改革不断深化的今天，通过接受教育来改变命运的通道渐显闭塞。一方面是教育产业化背景下，中国受过高等教育的人口比例依旧只有8.9%，文盲率占4.08%。另一方面是竞争激烈的就业环境使得先赋性因素替代了后致性因素，并使得世袭贫穷成为人们不得不面对的现实。当教育体系本身无法承载社会流动的责任时，社会就需要有新的通道来实现社会群体向上流动的可能。

(4) 生活惯性影响。中国自古就有“一方水土养一方人”的古话。对于他们来说，与变化、风险相比，他们更倾向于习惯已经习惯的一切。中国传统的农民习惯于世代耕种，由于几千年的封建传统，他们一般安于现状。即使有某些权利去争取，其实质力也很弱。生活惯性对于他们来说还是占主要地位的，只是他们现在开始意识到了差距，意识到了权利而已。这样的情况下培养出的子女也更容易沦为“贫二代”。而在中国少数人占有着大多数财富，除了极少数的慈善家之外，那些暴富的人们宁愿过着奢华生活去炫耀，也不愿扶贫带动后者，这种生活惯性因素就在一定程度上加剧了社会阶层固化的现象。

① 尼古拉斯·巴尔著，郑炳文、穆怀忠等译:《福利国家经济学》，中国劳动社会保障出版社，2003年版。

三、突破利益固化藩篱，寻找改革突破口

改革开放三十多年来中国的政治、经济、文化等各项事业都取得了巨大的进步，人民生活水平不断提高。但毋庸置疑的是中国改革进入了瓶颈期，三十多年改革开放成果把国民经济这块蛋糕做大做强了，在蛋糕的分割上却存在着明显的不公平，贫富分化明显，生活在各领域“金字塔”上层的一小部分社会阶层掌握了大部分的社会资源。从很大程度上讲，利益格局正在慢慢固化，既得利益群体的权利同时又受到各方面的保护。要想把蛋糕分好，首要任务和根本任务便是继续推进改革，改革是发展的最大红利，通过发展把蛋糕继续做大做强，让全体人民获得更多利益。但是现存或者是未来的利益格局不能固化，利益格局的固化不仅会使改革失去活力，而且会严重的阻碍各领域的人员横向和纵向流动，这样导致的将是整个社会发展失去动力。科学发展是以人为本为核心立场的发展，人是内因是根本，发展是为了人民，当前不合理的利益格局如果固化，很多人将会失去实现自我价值的信心，这是对人社会性的摧残。

调整优化是当前改革进入了“攻坚区”和“深水区”所面临的必然选择。改革进入深水区，这是近年来中央对于改革的一个基本判断。所谓深水区，一定意义上讲，就是利益博弈的深水区。在深水区里过河，摸不到石头，搞不清水下的深浅，往往还要遭遇暗流漩涡的阻遏。改革的历程表明，各个利益集团为了维护自身的利益，会采取各种手段来影响政策的制定和执行，企图将有利于自己的利益格局固化下来，阻滞改革的进程。固化本身就是一种僵化落后的形态，只有打破它，发展才有活力。能否打破利益格局的固化，决定着改革的方向和成败。但是利益格局的调整优化是一个循序渐进的过程，不可操之过急，更不可纸上谈兵。它的变动可能会伤害到一些既得利益者，同时这些既得利益者大多数又是社会的强势群体，有着深厚的社会影响力。但是如果没有实际的

行动，社会的发展又会缺乏活力，长远来看对社会的稳定也会带来不利影响。要取得改革的突破，就必须打破利益的掣肘。在所有的利益掣肘中，政府自身利益最为核心。改革要想继续推进，绕不开政府自身利益的调整。在利益格局的调整和优化中，第一步是促使人们思想的解放和观念的转变，政府的具体政策和措施是第二步，必须有个先后的顺序，而且需要把握时机。

打破利益格局固化前提是科学界定利益边界，稳妥推进存量利益的优化，善于在利益增量上做文章。综合考虑改革策略，推动渐进式改革，把改革的力度与发展的速度、社会可承受的程度有机结合起来，摆脱既得利益格局的束缚，冲破路径依赖的困扰，杜绝把改革的“经”念歪念偏以谋取私利。总之，深水区的改革，不能背离全体人民共享经济社会发展成果的目标。

打破利益格局固化要引入创新性。要超越部门利益、群体利益和短期利益，在利益预期上作调整。改革不仅是新旧思想的斗争，更是新旧利益的博弈，旧的思想总是希望把利益格局固化下来。这就要求深刻理解“温水煮青蛙”的道理，当水的温度不高，大家谁也不愿意做这样惊险的一跃，等到清醒过来，已经没有出路。要让“青蛙”有预期，有动力，为了更广阔的天地跳起来，避免重蹈苏联覆辙。

和贫富差距同样重要，但不被关注的一个指标是社会的垂直流动性，即低收入阶层是否容易进入中高收入阶层。收入差距大，但是垂直流动性很高，未必都是坏事，它能鼓励低收入者奋发图强进入中高收入阶层。相反，绝对的收入差距虽然不大，但是垂直流动性很差，会造成社会发展的停滞，和低收入者的愤愤不平，这对社会是危险的。

中国在改革初期，有较高的垂直流动性。那时候阶级斗争对社会一部分人的歧视逐渐取消，一些先醒先觉者、久被压抑的人、“地富反坏右”和他们的子女获得一定程度的解放，焕发出极大的热情。他们中有不少人通过跑单帮，做买卖，搞发明创造，发奋读书成为“万元户”、企业家或学者。但是近年来由于利益集团的逐渐形成和巩固，特权者彼此勾结，外面的人很难进入。某些行业的平均工资比市场水平高出一倍，外面的人是进不去的，只有靠特殊关系才能够获得这种非市场的待遇。中国的官本位制，不同级别的官享受不同的待遇，而且这种待遇可以传给子女，所以会有“我爸是李刚”的发威声。现在和过去相比较，垂直流动性大大降低了。

美国一直保持较好的垂直流动性。比尔·盖茨就出身平凡；奥巴马是一个黑人，也能当上总统；前国务卿赖斯也是黑人；前国务卿奥尔布莱特是来自东欧的移民。在那里，权势人士的子女未必权势，里根总统的儿子失业，也只能排队领救济金。美国也有一些大富豪由于资产管理不善，几天之内变为穷人。他们没有固定的特权可以依靠，所以流动性很高。美国是一个贫富差距大，而垂直流动性也大的社会。不少外国人愿意去美国谋发展，就是因为垂直流动性高的缘故。

较好的垂直流动性，能使社会富有活力，但是并不能解决贫富差距造成的种种问题。所以即使有了较好的垂直流动性，减少收入的过分差距仍然是必要的。美国发生的“占领华尔街”活动说明了这个道理。美国也在这方面做了许多工作。美国政府不但通过税收和社会保险来调节收入差距，还鼓励社会公益组织的发展，专门帮助低收入家庭。中国的税收只对工薪阶层有累进制，对靠资本获利的根本就没有累进税，更不用说有些特权分子连税都不交。中国政府也不鼓励社会公益组织的发展，这些组织在注册登记方面非常困难。所以收入差距扩大的问题一直没有明显的改善。

但是我们也应该看到，收入差距不能没有。否则大家吃大锅饭，彼此搭便车，社会的生产力将受到极大的破坏。我们应该消除非市场因素造成的收入差距（严格讲，所有的初次分配都应该从市场得到，或者说按要素所得分配财富），同时对市场所造成的收入差距要加以限制。

纺锤形社会收入差距容易被观察，也有较多的统计数据，所以大家研究得比较充分。但垂直流动性很难被观察，更难去研究，所以特别值得我们注意。要比较垂直流动性的变化，可以在某一特定时期对高阶层人士作抽样调查，看他们的父辈是做什么的，然后比较不同时期的流动性。也可以每五年作一次收入五分制下每一层的人数变化，以观察财富在社会中分配的变化状态。

但要注意，垂直流动性是一个中性的指标。它只是说明了一个社会是否有变动，这种变动的机会大小。它并不能说明垂直流动性高就一定好，这要看是什么原因造成流动性，和流动的方向是好的还是坏的。在战争年代或革命动乱时垂直流动性很高，但是对普通百姓并不好。在制度稳定，百姓安居乐业时垂直流动性比较低，这也不是坏事。在非战争年代，尽管没有大规模的军事行动，如果底层中黑社会盛行，高层中特权膨胀，也会造成垂直流动性加快。上文提及的按收入五分制统计的各层人口数的变化，可以看出垂直流动性对社会的影响。如果最穷和最富的人数减少，中间收入的人数增加，是一种好的垂直流动性。此时社会朝更公平的方向发展，结果是两头小，中间大的纺锤形收入分配社会。相反中间层向两头流动，表明收入差距在扩大，基尼系数会变大。

要改善垂直流动性需要普及教育，消灭特权，发展社会公益，信息畅通无阻，人的基本权利得到保障。在没有特权，充分竞争的市场分配制度中，收入分配和人的才智、体力相关。而人的才智、体力是服从正态分布的，是两头小中间大，因此纺锤形的收入分配社会是比较自然的。但是对低收入人群的扶植还是十分必要的。

第二节 消除阶层利益冲突 重塑政府改革角色

中国正处在由传统社会向现代社会过渡的关键时期，进入一个以多元复合转型为特征的战略机遇期。中国社会转型所呈现出的多元复合特征加剧了中国现代化进程的复杂性。正确认识社会转型的特征是政府规划战略路线图的前提。

一、正视社会在失衡中发展，理清政府责任

对于发展失衡而言，虽然政府始终是提供公共服务的主体和被问责对象，但具体到政府行为的原因，还需进一步明晰两种不同的失衡问题。一种失衡是由于政府主观失责造成的公共服务供给不足，体现为政府有能力却没有有效提供公共服务，界定为政府责任型失衡，表现为政府主观因素对公共服务提供的影响。另一种是由于所处的客观发展阶段造成的公共服务供给不足，体现为政府已经尽力提供公共服务，但仍然不能满足社会的共同需要而出现的失衡问题。

（一）公共服务的市场化改革促使政府责任的转变

由于公共产品的消费或使用上具有非竞争性及收益上具有非排他性特征，传统公共财政学认为市场的盈利本性使其负担不起公共产品的高额成本，市场在规模经济上缺乏竞争优势，加之公共产品本身的外部性等一系列因素，使得市场在公共产品的提供上只能“望而却步”。所以政府责无旁贷地成为了唯一的公共服务提供者。

中国改革开放之前实行的是计划经济体制，所有产品的提供一律纳入国家的计划之中，政府几乎承担着所有公共产品提供的任务。尽管这种包揽一切的政府供给模式在新中国成立初期使国民经济在较短时间内迅速恢复发挥了积极的作用，但是其弊端也日益显露出来：由于缺乏外在的竞争压力，政府的服务意识淡薄，人浮于事；公共设施行业利用垄断地位侵权的行为时有发生，工作效率低下，致使运营效果不佳。此外，政府在统一制定产品的价格时，往往较多考虑社会和政治目标或更多维护垄断机构的利益而漠视消费者的利益，致使政府公信力日益下降。因此，这种由政府垄断一切的供给模式必须进行改革。在这种背景下，随着中国市场经济体制的逐步建立，公共服务市场化、民营化趋势日益显现，公共服务的方式随之发生了一定的变化。所谓公共服务市场化，是

指政府“筹集各种资源，通过民主政治程序设定社会需要的优先目标；与此同时，又利用私营部门之所长，组织商品和劳务的生产”。[①] 公共服务市场化的实质就是政府部门在保证其公共职能履行的同时，通过引入市场机制和竞争机制，鼓励各类社会组织和机构参与公共服务的供给，以此提高公共服务的质量和效率。实践证明，中国在借鉴先发国家成功经验的基础上，取得了一定的成绩，政府开始在基础设施领域、传统的自然垄断领域及市政公用领域打破市场限制，逐步放松管制，引入竞争机制。如在铁路、石油、电信、民航等垄断行业和领域，通过鼓励非公有资本依照参股的方式进入，积极推进投资主体和方式的多元化，从而逐渐打破了行业垄断，更好地满足了消费者的多元需求。

因此，公共服务的市场化，使政府不再作为公共服务唯一的提供者，而是开始由“直接提供者”变为间接的“促进者”，由“划桨”变为“掌航”。在公共服务的改革中，逐渐形成了以政府为主导，以市场和社会共同参与为主体的公共服务体系。在这一体系中，政府也逐步由无限责任的承担者转变为宏观调控者和微观监督者，只负责公共服务供给数量和质量要求的确定，而把具体的生产和提供交由第三部门或私营机构通过竞争投标或其他方式提供，这样不仅减轻了政府的负担，促使政府更好的履行责任，也提高了社会自治能力，更多地满足了社会的需求。所以公共服务的市场化不仅使政府成为动机上的责任政府，更成为了效果上的责任政府，政府开始积极的对社会需求做出回应，采取一系列措施满足公众的利益和要求，而在这一过程中，政府责任自然发生了变化。

（二）公民社会的逐步发育促使政府责任的新转换

中国的经济和政治改革，从某种意义上说就是对传统社会主义模式

---

① 蔡放波：“公共服务的市场化与政府责任”，中国行政管理学会2004年年会暨“政府社会管理公共服务”论文集。

下国家与社会的关系的一次较大规模的调整。[①] 三十多年的经济改革不仅解放了市场，还造就了一个自立于政府与市场之外的社会领域。因此政府与社会的关系调整，代表着中国社会的结构性变迁。计划经济时期，中国政府通过“国家—单位—个人”的政治链条实现了对社会的纵向控制，个人完全失去了独立活动的空间，现代民主社会所必须的、独立的、自主的市民社会根本不可能出现。而改革开放之后，市场经济的发展推动了中国公民个人权力意识的不断觉醒，为公民社会的产生和发展积攒了动力和推动力。市场经济的平等性、竞争性、开放性等特征，促使大量的私营企业如雨后春笋般建立起来，一部分中小企业为实现保护自身利益的愿望，甚至自发组织合作催生了地区性、行业性的组织。各种行业自律和行业自治组织也随着政企分开而不断建立起来，可以说企业获得了空前的自主权。而伴随着政府政治体制改革的进行，政府放松了对社会的高度控制，政府开始还权于民，还权于社会，公民的自由活动空间日益扩大，各种社团、协会、联合会相继建立起来。据统计，截至2006年年底，登记注册的民间组织总量已达到34.6万多个，其中社团18.6万，民办非企业单位15. 9万，基金会1138家，比上年增长了8%。[②] 此外，民间组织种类几乎涉及到文化艺术、社会福利、慈善救助、扶贫济贫、环境保护、国际合作等各个领域。民间组织更是以其灵活、贴近群众等的特性在提供公共物品、扩大就业、发扬社会民主、帮助弱势群体、凝聚社会力量等方面发挥着重要作用。

随着公民组织在社会生活中的作用日益显现，政府一元化的管理格局日益被打破，体制外力量要求参政的意愿越来越强烈，从而促使多元化治理格局的逐步形成。在这一格局中，既需要建立一个强而有力的政府保证社会经济事务的顺利进行，又要发挥社会力量的应有作用促进公民社会的壮大，这就要求政府既要加强自身能力建设，又要处于领导和

---

① 唐士其：“‘市民社会’、现代国家以及中国的国家与社会的关系”，《北京大学学报（哲学社会科学版）》，1996年第4期。

② 孙林：“在全国性民间组织年检丁作会议上的讲话”，2007年3月9日。

协调的中心位置，实现社会与政府的良性互动。因此，公民社会的发展，是经济发展和政府体制改革的结果，反过来也是制约政府权力、促使政府角色和责任转换的诱因。尽管中国“强政府、弱社会”的格局依然存在，政府仍然处于对公民组织的主导地位，但随着改革的深入和社会力量的不断壮大，政府也越来也注重社会力量在国家治理中的价值。因此，政府的责任和角色出现了新的变化。

（三）法治的不断健全为政府责任的明晰提供了制度保障

先发国家源远流长的法治文明对整个世界的进步及发展产生了深刻的理性影响，尤其是法治关于公平与正义的要义已经成为了人们的一种政治理想和追求。法治有着深厚的理论基础和历史传统，其萌芽于古希腊，发展于近代先发国家，成熟于现代，漫长的历史发展过程造就了众多的思想家与哲学家及这些伟大思想家关于法、法律、法治、法制的纷繁智慧。古希腊哲学家柏拉图在《法律篇》中提到，“如果一个国家的法律处于从属地位，没有权威，我敢说，这个国家一定要覆灭；然而，我们认为一个国家的法律如果在官吏之上，而这些官吏服从法律，这个国家就会获得诸神的保佑和赐福”。[①] 可见，柏拉图强调法律的权威性与至上性，只有“法治国”才会保证国家的长盛不衰。在古希腊、古罗马法治思想的基础上，近代资本主义时期出现了洛克、孟德斯鸡、卢梭、戴雪等大批的思想启蒙者，他们在强调法律至上性和权威性的基础上更加强调法律对国家权力的限制，上至国王，下到公民都必须在法律范围内行使职权，不得凌驾于法律之上。尤其是洛克、孟德斯鸠的分权学说揭开了法治现实化的大序幕，促使法治开始了由理想到现实、观念到制度的转变。

法治不再只是一种理念，而是逐渐成为治理国家的实践。随着社会的发展，到了现代国家，先发国家的法治思想得到了进一步的深化。当代法学理论中出现的四大流派更是推动法治思想从“形式法治”向“实

---

① 柏拉图：《法律篇》，人民出版社，2000 年版，第 230—238 页。

质法治”的转变。他们不仅继承和发扬了近代启蒙思想家关于法治的基础理论，而且要求国家在制定法律、司法审判及行政活动中都要以保障个人权力、体现法治原则为本。因此，从法治的演变历史可以看出，法治越来越成为衡量一个国家民主、自由、公平和正义程度的标志。而法治之所以在国家建设中占有如此重要的地位，主要在于法治有以下几方面的作用：

首先，法治对于公权的约束和制衡作用。在国家政治生活中，权与法无疑是最重要的两方面。孰轻孰重一直是人们不断追寻的问题，因为这决定了一个国家的政体性质和民主状况。而法治也是在对权力的制衡中不断变化发展的。从国家产生之初，就可以看出人们对于授权国家与统治者的不信任。孟德斯鸠曾说：“一切有权力的人都容易滥用权力，有权力的人使用权力一直到遇有界限的地方才休止”。① 于是，在制度安排上，法律作为一种制约政治权威的有效手段登上历史舞台。政府获得合法地位、行使权力的行政过程以及政府部门相互之间的制约和平衡都须遵循法定的程序与方式。这就实现了法律对公权的制约。

其次，法治具有保障作用。这种保障作用不仅体现在对于民主、自由、平等等价值的维护，也体现在对于具体法律制度的执行和维护。在立法上，只有遵循现代的民主价值观念才能体现法律追寻公平与正义的要义；在制度上付诸实践，才能体现法律在现实中的真正作用，社会才会呈现出平稳安定的运行状态。

由此可以看出，法治实现了对权力的约束和规范，缩小了政府自利性的范围，保证了政府职能的实现进而确保政府责任的履行。具体讲法治主要从两个维度上确保政府责任的实现：一是法治作为一种法律与制度手段，对政府责任进行合理的界定和具体化，确保政府责任的执行并为责任追究提供依据。二是法治对政府官员进行限制，即政府及官员必须在法律框架内活动，其行为受到法律法规的制约，一旦

① ［法］孟德斯鸠：《论法的精神》（上册），商务印书馆，1961 年版，第 154 页。

越过法律界限突破已有的民主宪政架构，其行政行为就会受到限制，并对其施以惩罚。因此，法治为政府责任的实现提供了保证，不仅从制度上确立了责任的明晰界限，而且通过对出现的政府自利性行为进行否定性惩罚而限制了政府的自利空间。责任是权力设定的指向，强调责任先置及对权力的优越性，从而实现责任对政府权力的边界约束。从“权力本位”走向“责任本位”、从权责关系走向责权关系，是政府管理向民主政治的重大回归，是政府与公民关系从政府为中心走向公民为中心的重大进步。① 因此，一个对社会、对公民负责的政府必须是责任先置的政府，而要实现责任的优越性则需要法治的规定监督与法律制度的供给的双重保障。

与先发国家相比，尽管中国的法治现代化建设还处在起步阶段，但是自 1949 年新中国成立以来，中国的社会主义法治化建设也取得了一些成就。尤其是 1989 年至 1999 年十年间，是中国法治政府建设大步发展和向新模式转化阶段。所谓“向新模式转化”，是指法治政府由原来主要适应计划经济的模式向现在适应市场经济的模式转化。② 国家通过制定并颁布一系列的法律条文，确定了依法办事、依法行政的原则，确保政府的各项行政活动依法进行。随着中国市场经济的发展及公民社会的逐步发育，法治在调整市场主体之间的各种经济利益关系、维护市场经营秩序、保障国家对市场的宏观调控及维护公民政治权利方面也将发挥着越来越重要的作用。而法治的不断健全也必将推动中国责任立法的专业化、制度化、规范化，为政府责任的实现提供法律保障。

二、完善政府制度建设，规范多元治理下政府行为

治理理论的兴起为中国政府责任的转变提供了理论基础，市场经济体系的不断完善、公民社会的不断发展、法治的不断健全则为中国

① 陈国权：《责任政府：从权力本位到责任本位》，浙江人学出版社，2009 年版。

② 姜明安：《行政法与行政诉讼法》，北京大学出版社，1999 年版，第 63 页。

政府责任的转变提供了现实条件。这一系列因素推动中国政府进一步转变职能、重新定位新时代下的角色和责任。

第一，多元治理强调政府与社会、市场之间的相互依赖关系，从而造成治理领域各主体权责边界的相互渗透。就社会组织而言，“一个组织的真正边界及其渗透、开放或封闭的程度，不是稳定的，而是变动不居的”。① 因此，在复杂的社会生活中，权利的行使及责任的归属是充满“变数”的。而这就不可避免的导致政府与社会之间、政府与市场之间权力划分与行使的交叉和冲突，从而难以界定各主体的具体职责。此外，在治理过程中，各主体因为拥有不同的道德立场或是利益观念，很可能本着自己的偏好制定不同的权责界限划分标准，或是故意模糊边界来寻求本集团利益的最大化，从而导致“治理失灵”。

第二，权责界限的模糊导致问责困境的出现。多元化治理要求政府与社会其他主体共同分担责任，但权责界限的模糊使得责任主体的认定出现了困难，从而使多元问责制度也面临推行困境。由于治理问题的复杂性及法治的滞后性，法律规则难以在短时间内对某一主体应该具体承担的责任做出明确规定，反映在问责过程中，就会出现问责主体缺位、问责客体不明确、问责内容不充分、问责力度不强等一系列问题，从而也就不可避免地为合作治理中各主体推卸和转移责任提供了可操作空间。此外，对于同一种治理行为，因为各主体的利益出发点与立场不同，在对问责主体进行问责时，很可能因为问责主体地位的不平等而出现问责“歧视”，从而大大伤害多元主体平等参与公共事务的积极性。因此，合作治理中的多元决策、分担负责，最终可能因为“法不责众，只问而不责”，使问责制度处于两难境地。

第三，多元主体的不同利益诉求及价值目标导致权力冲突的出现，从而降低治理绩效。对于政府而言，政府代表着全社会的公共利益，政府治理应该着重于以缩小社会贫富差距，促进经济增长，保障人民的民

① 埃哈尔·费埃德伯格著，张月译：《权力与规则——组织行动的动力》，上海人民出版社，2008年版，第93页。

主自由权利及维护社会的稳定等作为最高价值目标。市场主体则是以寻求本身利益的最大化为主要目标，在追求私利的同时又要承担相应的社会责任。公民社会组织则因为各社团的不同性质与职责及利益群体的差异性而表现出治理目标的多样性。所以在治理过程中，各主体很可能运用自身拥有的治理权去实现本集团的利益，而无视其他主体的利益。因此，这种多元化的诉求往往会导致权力在行使过程中出现交叉与重合。一方面，多元治理主体的诸多权利会形成相互交织、相互联系的“权利体系”，在不同权利界限之间形成部分权利交叠的现象，从而导致治理的混乱。另一方面，权力本身具有扩张性，权力的不断扩展必定会引起权力交叉与重叠，导致权力冲突的出现。而由于权力冲突的存在，各主体参与合作治理时往往会出现分歧和意见不统一，从而导致治理绩效低下。

第四，“治理的失灵”更强调政府责任的承担。治理理论的出现赋予了政府新的职能与角色，要求政府重新定位自己在合作治理中的角色以弥补治理可能带来的缺位和低效。政府开始从“全能型政府”向“有限型政府”进行转变，开始注重其他权威主体的建议权与参与权。然而，在合作治理过程中，因为社会问题的复杂性，并不是所有问题都能通过平等的协商与合作就能解决。在公民心理认同层次，由于政府长期对公共服务的垄断，公民更易认同政府的权威和合法性，有些公民并不为非政府组织提供的公共服务“买单”，这必然会挫伤多元主体参与合作治理的积极性，使合作治理成为一种“虚设”的形式而已。所以多元化主体的治理结构并没有减弱政府在公共事务中的基础性责任，而是在宏观层次上对政府提出了更高的要求。政府首先应该认识到这种变化，不能再以垄断者的地位自居，不能以强制性的命令和控制去履行自己的职责，而应该学会倾听其他治理主体的意见，努力填充合作的“真空”领域，帮助其他主体提高自身能力，以激发公众对合作治理的信心。

总之，网络化治理强调多元共治，强调不同主体通过制度化的合作机制及平等协作的对话方式相互合作解决利益冲突，实现公共利益的最大化。但因为发展的不完善，也存在权责界限模糊与治理目标多样化等不足。而中国因为在历史过程中公民社会发展得不完善及公共理性精神的缺乏，在借鉴“治理”模式时，必须结合中国的社会制度基础和文化背景，在创新政府治理模式的同时，要更加关注政府在治理中的作用。

三、构建社会普遍服务体系，打造能力优先体制

社会普遍服务是政府向公众提供具有均等性、全覆盖、可获得、公正性和可持续性的公共服务。构建社会普遍服务体系，就是要使所有公民能够在任何地方、任何时候都享有平等的基本权利，都能以承担得起的价格享受基本公共服务，分享现代化的成果，避免出现弱势群体边缘化，落后地区边缘化。社会普遍服务体系包括人文社会普通服务体系、产业社会普遍服务体系和信息知识社会普遍服务体系三部分内容。

（一）构建人文社会普遍服务体系，为市场主体提供平等地位、均等机会

通过构建社会普遍服务体系，可以防止某些区域和弱势群体被边缘化，可以防止现代化进程的断裂，减少社会转型的震荡，保障经济社会的永续发展，促进和谐社会的实现，最终形成一个强大、开放、高效的国家创新体系，提升国家竞争力。

人文社会普遍服务体系主要解决民生的问题。保障社会发展的公平、公正与均衡稳定，防止陷入“拉美陷阱”。① 对于处于转型期的中国来说，人均 GDP 接近 3000 美元的震荡区，经济社会处在快速分化期，开始出现相对集中的弱势群体。建立社会普遍服务机制，把起点相同、机会均等作为制定政策的出发点，给与弱势群体充分的教育和发展机会，使他们可以通过努力改变处境，改善生存状态，保障社会经济和谐发展。

人文社会普遍服务体系包括生存权的社会普遍服务、发展权的社会普遍服务体系和自由流动权的社会普遍服务体系。生存权的社会普遍服

① “拉美陷阱”，即 20 世纪 70 年代，拉美国家的贫富不均两极分化，城市化失衡造成环境恶化、失业人口较多、公共服务不足现象。

务体系是保障机会均等的基石，是一个国家保持其竞争力的基石。发展权是个人、民族和国家积极、自由和有意义地参与政治、经济、社会和文化的发展并公平享有发展所带来的利益的权利。促进发展权实现而作出的任何努力和实施的各项政策，其目的都必须是不断提高全体人民的福利；保护本国人民的公民政治、经济、社会和文化权利；保证男女平等；消除社会非正义等。自由流动权的社会普遍服务体系保障人们充分发挥生产要素的潜能，生产要素，尤其是人的自由流动权，是充分发挥要素潜能的保障。现代社会的生产要素，是在微观层面的人力资本、金融资本、技术资本的互相渗透和融合，在知识流动的状况下，形成新型的社会复合资本。劳动力作为一种生产要素，在市场经济的条件下，应该自由流动，这体现了公平竞争的原则，一方面可以保障追求生存权的人们的最基本的权利，另一方面可以保障人们追求自身进一步的发展。

专栏5－2

教育公平与绩效——以美国教育券为例①

所谓教育券是政府把原来直接投入公立学校的教育经费按每个学生的成本折算，直接发放给每个学生家庭固定面额的有价证券（即教育券），学生及其家庭可以凭借其所拥有的教育券自由选择公立或私立学校（政府所认可的）入读，将不受其所在学区的制约，政府所发放的教育券用来冲抵一部分或全部的学费，之后学校可凭学生及其家庭所支付的教育券到相关部门领取教育经费，所领取的教育经费将作为学校的经费用于教育费用支出。关于教育券的讨论最早见于经济学家米尔顿·弗里德曼的著作。弗里德曼提出把公共教育经费以“券”（Vouchers）的形式发放给学生家长，以此支付择校的学费。

① 梁涛：“教育公平与效率研究——以美国教育权制度为例”，《全球教育展望》，2012年第10期。

美国现有11项公共教育券项目，按资助对象分为通用券、城镇券、特殊券、弱势券等四种形式。美国教育券计划对资助金额、资助对象和参与学校作了详细规定，其特点是不再把市场机制引入教育经费配置，而是在有效利用公共财政经费的基础上，体现了对贫困和弱势群体的关爱和对教育公平的保护。美国教育券计划在实施中不仅促进了公立学校效能、提高了学生成绩，还有效节省了公共支出。不仅给每位家长较多的选择机会，同时也迫使公立学校通过收学费而自筹资金（凭单金额等于全部教育开支，则学校必须完全自筹资金，如果不等于全部教育开支，则学校必须部分地自酬资金）。这样，不仅公立学校之间要展开竞争，而且还要同私立学校竞争。

美国的教育券制度在20世纪60年代初见萌芽，进入20世纪90年代，教育券制度才得以快速发展。调查发现，教育券的实施不仅有利于改善学校教学的质量，更表现为提高了学生家长的满意程度和学生的学习成绩。各级学校在面对教育券制度的挑战时不得不作出改变，教学服务质量也得以大幅度提高，教育券制度为学校改善教学服务提供了强有力的压力。赋予学生对受教育的选择权给学校带来了激烈的竞争性。受教育的主体是学生，学生理应有自主选择受教育的学校和受教育的类型，绝不应当是学校选择学生。根据教育经济学的实证研究表明，教育经费与学校教育质量二者有密切的联系，学校根据教育券领取教育基金，学生和家长择校的依据又是学校的教学质量，因此在某种程度上，学生择校的过程就是对学校教学质量的评价过程。所以，学生的择校制度迫使学校教学质量置于社会公众的监督之下，在很大程度上提升了学校的危机意识和责任意识，刺激学校改善教学环境，提供更优质的教学服务，因此也就是提高了教育的经济效率。

弗里德曼认为，教育券制度让学生家长用脚投票，教育质量较好的学校自然能争取更多的经费。因此，竞争性的教育经费分配方式能促使公立学校积极改善教育质量。哈佛大学经济学家凯若琳·霍克斯比在研究了美国包括教育券计划在内的择校政策后指出，如果把竞争引入公立教育系统，以学生成绩为指标的教育效能将提高28%。

教育券支付有利于提高教育的经济效率。弗里德曼曾指出，教育券制度的实施使各类学校相互之间形成一种竞争关系，在那里，种类繁多的公立或私立学校争相以最低的价格提高更好的教育服务。这些学校不得不聘请高质量的教师，在学校课程的设置上尽可能地满足不同需要的学生，并以更加饱满的热情投入到更高水平的教学服务中去。所以，实施教育券制度就把竞争理所当然的引入到了公立学校中，教育券在各类学校的争夺中实现学校的优胜劣汰，进一步促进教育的市场化，并且在提高了教育服务质量的同时也提高了教育财政经费的利用效率。

有利于提高教育财政投资体制的效率公立和私立教育被教育券制度置于同的市场竞争环境中，公立和私立学校在公平的竞争环境下只有不断的满足教育的消费者的需求才能获得生存与发展的空间。所以，教育券制度在无形中提高了私立学校的竞争地位，在很大程度上激发了民间资本投资办学、参与市场竞争的积极性，促使教育的投资渠道多元化的实现。有效率的教育投资体制应当是民间资本和政府财政资金共同参与。教育券制度不仅构建了民间资本和政府携手的平衡体系，更大大的提高了教育财政投资体制的效率。

提到公平，人们最耳熟能详的是“效率优先，兼顾公平”这一指导中国经济领域活动的带有口号性质的重要原则。但这里的公平仅是从分配关系意义上讲的，并未涵盖分配关系外的更广泛的领域。其实，公平是一个非常艰深复杂的概念，给公平做出一个获得完全共识的定义是非常难的，教育公平是社会公平理念在教育领域的延伸和具体体现。

（二）构建产业社会普遍服务体系，激发创新创业活力

产业社会普遍服务体系主要解决产业文明共享、创业生态培育、产业创新和企业社会责任培育的问题。解决中国富裕后如何强大，防范造成国家富而不强的西班牙幻影。所谓“西班牙幻影”是固有权利保障下的财富积累，既定技术文化条件下的商业模式的简单复制，原有社会结构和文化保持不变，缺乏技术创新动力和社会动态化发展能力。历史上有一个时期，全球黄金产量每年大约二百吨左右，西班牙一国就拥有超过百吨。大量的财富积累并没有催生新型商业模式——工业化，结果让英国一战击溃。“西班牙幻影”说明，如果积累财富而没有进行相应的产业升级、政府创新、文化精进、社会进化，任何财富的拥有者都是昙花一现。

产业社会普遍服务体系主要包括网络产业的社会普遍服务、产业网络化的社会普遍服务和企业社会责任体系。网络产业的社会普遍服务体系使人们共享现代产业文明成果成为可能，并且使这一过程变得顺畅、便捷。在确立网络产业的社会普遍服务体系过程中，一国经济发展水平和市场发展情况这两种因素影响较大。结合中国实际，要在参照国外电信行业普遍服务目标规划的基础上制定宏观的普遍性政策与发展进程规划，同时，要考虑到各类服务的具体情况，界定普遍服务在不同时期的目标。

中国的网络产业社会普遍服务尚处于起始阶段，服务内容也正在研究探索中，基于网络产业的可获得、非歧视、可承受三层含义，其社会普遍服务的要求要满足两点：（1）提高服务面的覆盖率，力争做到无遗漏。由于中国地域广阔、经济发展不平衡等原因造成的贫富差距不应该成为偏远地区无法享受这项服务的原因。这就要求政府从理念、规划到实行各个环节严把监督关，防止边缘化现象产生。（2）要保证服务的优质、数量，以及服务供给的持续、可靠。网络产业社会普遍服务提倡服务主体由政府、企业共同承担。企业间的相互竞争，

充分体现了市场灵活有效的机制，通过优胜劣汰的丛林法则来提高服务质量、降低运营成本。另外，市场主体的盲目性和逐利主义不容忽视，必须依靠一定程度的行政手段确定规则和秩序。不仅如此，政府的适度行政干预是兼顾公平的手段，以确保服务的普遍、公平的可获得性。

产业网络化的社会普遍服务体系是产业升级的要求，要求产业发展形成一个可以发挥联合作用的群体，形成集成效应。产业网络化的社会普遍服务体系的构建，将引起产业的新革命，激发国民的创新力，促进由“中国制造”向“中国创造”转变，使中国从世界工厂转变为世界经济开发区。企业社会责任体系是新时期的企业价值导向。企业的社会责任体系要求企业提供相应的产业服务，而不能仅仅依靠政府部门作为提供产业普遍服务的主体。

（三）构建信息知识社会普遍服务体系，推动轮经济社会改革

20 世纪 90 年代以来，由于各国沟通与合作程度的加深，经济全球化和区域经济一体化取得长足发展；而随着互联网技术的普及，信息化的发展也步入正轨。二者在不同程度上冲击着各国的政府管理模式，这种冲击与挑战成为政府治理范式转换的动因，传统治理范式的不断解构与重构亦成为一种全球化趋势。

社会信息化将重构传统的政府与社会关系，信息化战略也会改变政府治理方式。第一，现代信息技术的发展和广泛应用，缩小了政府与公民个人之间的相对距离，政府和公共部门的活动无时无刻不受到公众的审视和评判，从而加强了彼此之间的回应性和依赖性。第二，信息技术也增强了公民和社会在信息和知识方面的占有量，削弱了政府的传统信息占有优势，对传统的垂直型单向的权力运作模式提出挑战，使参与管理、民主管理成为现实。第三，信息化战略对传统的政府管制经济提出挑战，而经济正围绕着信息而剧烈改组；产业信息化和信息产业化的发展促使国民经济的产业格局以及战略部署发生变动。与此相适应，政府

的职能体系必然要发生变革。①

社会信息化和经济全球化正在促使政府的职能发生根本的改变，而政府职能的变化必然带来行政组织结构的调整和变革。政府信息化是一项复杂、耗资巨大的系统工程，其影响涉及到社会的各个方面，它不仅是现代信息通信技术的应用，更是政府本身的一场革命，是把传统工业化模型的传统政府转为适应虚拟的、全球性的、以知识为基础的信息社会的现代政府。有效的行政组织结构是政府信息化能够健康、快速发展的根本保障。正如美国著名的决策学家赫伯特·西蒙所言，“有效地开发社会资源的第一个条件是有效的组织结构”。②

现代信息通讯技术的应用提高了政府行政效率、公开性和透明度，拉近了政府与社会公众的距离，增强了政府的受托责任。在预算管理上，通过建立复杂的数学模型来提高政府预算收支预测的准确性，以避免高估预算收入，低估预算支出而带来的预算执行上的被动；通过合理的预算会计体系对预算资源进行全过程跟踪，OECD 国家政府会计记账基础向权责发生制的转变，更为有效地反映了政府可持续经营的状况，进一步提高了政府预算透明度；完善的政府管理信息系统，为政府预算透明度建设提供了坚实的技术平台，有利于及时分析国民经济运行质量，提高了政府预算管理的透明度和效率。因此，政府预算透明度建设要有必要的技术准备。③

信息知识社会普遍服务体系主要解决知识和信息的集成、交易、扩散及国民普遍化享用问题。保障社会发展所需信息和知识的不断积累，主要包括信息的社会普遍服务、知识的社会普遍服务和知情权的保障体

① 刘泽伦、刘小云：“迈向回应型政府——全球化下政府治理范式转换的路径”，《江淮论坛》，2006 年第 5 期，第 73 页。

② 刘刚、娄策群：“政府信息化对行政组织结构变革的影响”，《科技进步与对策》，2007 年第 4 期，第 56 页。

③ 徐利、何利辉：“借鉴国际经验构建中国透明的预算体系”，《财贸经济》，2004 年第 3 期，第 34 页。

系。信息的社会普遍服务体系是社会低成本运行的耦合器。现代社会是信息社会，信息是公共物品，相关行为主体有权获取、得到相关的公开信息。科技的发展有助于扩大传播信息的网络覆盖面，使之得以迅速扩散，实现其价值。知识的社会普遍服务体系形成社会资本积累的基石。知识的社会普遍服务是指知识的扩散，知识虽然拥有产权，但是不能垄断，应该采取一定的补贴措施，扩散为社会所有。这种知识的普遍服务可以减少经济活动的交易成本，形成良好的社会资本积累机制，营造人们共享知识和财富的氛围。

第三节 导入绩效预算机制 优化社会普遍服务

改革开放以来，中国创造了“世界奇迹”，成就举世瞩目，但在发展过程中也暴露出了诸如收入差距过大、区域发展不平衡、资源环境压力大等问题，这就需要在制定政策时充分考虑到中国现代化的具体实际，导入绩效预算制度，优化社会普遍服务体系来解决国家经济起飞过程中遇到的难题。

一、重视政府绩效预算，谨防落入现代化陷阱

放眼整个世界，已接近完成的工业现代化进程以及当前的知识现代化进程中，某些国家和地区遭遇挫折和断裂，甚至陷入社会混乱的现象屡见不鲜。这种断裂可能出现在社会、经济和政治等各层面上，甚至是整个进程的断裂；而目前中国集城市化、市场化、工业化、知识化、扁平化等于一身的多元复合转型，已暴露出许多问题，如收入差距加大、地区差距、“三农”问题等等。这要求我们重视政府绩效预算，高瞻远

瞩，未雨绸缪，谨防陷入现代化的陷阱。

中国社会的现代化进程呈现出鲜明的多元复合特征，主要表现为八个方面：（1）城市化，从乡村社会向城市社会的转型；（2）市场化，从计划经济向市场经济的转型；（3）知识化，从农业社会向工业社会、知识经济社会的转型；（4）开放化，从封闭社会向开放社会的转型；（5）信息化，从立体、科层社会向扁平、网络社会的转型；（6）原创化，从产业追随向产业创新的转型；（7）循环化，从线性经济向循环经济的转型；（8）精进化，从生存文化向发展文化的转型。多元复合转型既呈现出不同领域中具体转型的多元特征，又表现出各个转型相互渗透、相互交织的复合特征。这种特征为国家的各方面建设提供了重要的战略背景，对政府职能的履行提出了更高的要求。

上述八个转型是对中国现代化进程中多元复合转型总体特征的分解，是中国战略机遇期在不同领域中的表现。由乡村社会向城市社会快速转型是多元复合转型的出发点和核心环节，城市化是其主要内容，以快速推进城市化为中心形成辐射，其他六个转型在它的发展轨迹下不断推进和深入；计划经济向市场经济转型已进入攻坚阶段，农业社会快速工业化并面临知识社会的冲击，它们是复合转型的两大支柱，关系到经济体制的确定和生产要素的改革；由立体科层结构向扁平网络结构转型、由封闭社会向开放社会转型、由产业追随向产业创新转型、由线性经济向循环经济转型，分别关注社会结构、内外关系、产业结构、经济发展模式，从更加具体且关键的领域支持社会多元复合转型的顺利运转。就某一措施而言，如信息公开，既是市场经济体制不断完善的要求，又是向开放社会转型的重要内容，也是知识经济的显著特征；以建立完善的社会保障体系为例，它又是连接城市化、工业化、知识化、现代化的纽带，为社会的全面进步提供最安全的底线。

在社会多元复合转型的关键时期，任何政策和体系都应具有系统集成、顶层设计的特点，旧制度已不能再适应社会经济发展的需求，必将成为社会转型中的障碍。中国政府各项工作的出发点和落脚点都应该系统考虑社会转型的多元复合特征，综合性、全方位、多视角地制定政策，以城市化为中心、以市场化为动力、以产业先导为引领，向知识经济跃升，完成社会经济全面转型，实现工业化、知识化的双跨越。

绩效预算作为一种全新的预算模式，直接将国家的战略目标和部门的具体目标结合起来，贯穿预算编制和执行的全过程。这对提高资源的配置效率和政府绩效，进而对提高国家竞争力都有重要的战略意义。

绩效预算决定了一定时期内政府在经济管理活动中的角色和职能。在市场化条件下，根据社会发展要求和公众需要提供公共服务成为政府最重要、最广泛的职能和最根本的任务；政府公共部门的角色也就是公共服务的供给者。确定政府职能范围内管理活动的绩效目标，也就是确定政府提供公共服务的质量和价格标准，以保证政府无法利用提供公共服务的机会谋取不正当的利益，增加顾客选择的机会，更好地满足顾客需要，提高公共服务质量。这就需要打破原有政府对公共事务管理与公共服务供给的垄断，采用合同出租和非国有化等多种形式，把原先由政府垄断的部分职能市场化，由市场企业主体通过竞争来提供；或者通过合同与政府采购等形式，以竞争招标方式交由社会承担。

绩效预算所包含的重塑政府角色和界定政府职能为公共服务供给部门（包括政府公共部门、私营部门和非盈利部门）展开竞争、创造市场动力、利用市场机制解决政府管理低效率问题提供了有力的途径。作为改善政府公共部门与公众的关系、加强公众对政府信任的措施，绩效预算体现了服务和顾客至上的管理理念。随着政府角色和职能的重新界定，促使了政府管理所隐含的政府部门的基本运行方式、政府与市场和公众之间关系基本定位的变化。政府公共部门与公众之间的关系由治理者与被治理者之间的关系变为了公共服务的提供者与消费者、顾客之间的关系。政府公共部门行使公共权力主要是为了实现公共利益、有效提供公共服务和主动为公众谋福利。公众成为了政府管理活动服务的对象，是公共服务的消费者和顾客。这不仅使顾客、消费者、公众与他们作为这个社会的主人、所有者具有了同一的意义，而且，由于“权力是对公共服务供给的直接控制”，使“根据公众的需要提供公共服务”成为了政府管理的应有之义。

跨年度预算是绩效预算的重要特征之一。欧美先发国家通过绩效预算，高度重视财政与经济的联系，谋求预算指标能与经济发展的形势和要求相一致。因此，其内容既包括财政收支，也包括宏观经济形势的分析预测及实现经济与财政协调发展的政策措施。如根据有关法律要求，德国的五年财政计划不仅要列明预计的各种支出的规模与构成，以及由整个经济能力的发展决定的抵偿各种支出的可能性，而且要测算出各计划年度的经济增长率、失业率、物价水平及消费、投资、进出口等一些重要的经济社会发展指标，以作为测算政府财政收支的依据和作为私人投资与消费决策的参考。再如，法国在 1999 到 2002 年的财政计划中，对经济运行前景分别按照乐观和谨慎两种可能性做出了详细的分析预测，测算出了主要经济变量的变动趋势，并据此制定出了减少财政赤字和减少税收的具体措施，这些措施，从一定程度上减轻了经济的波动，为市场经济的微观主体创造了良好的运行环境，从而增强了国家的竞争力。

二、搭建绩效预算框架，构建“效能政府”

“经过过去 30 年的发展和两次历史性的蜕变，中国从一个农村、农业社会成为一个城市、工业大国；从共产经济成为基于市场的经济体，这些转变给中国带来举世瞩目的成就。不仅仅是经济发展迅速，贫困率也从 65% 下降到不到 10%，使 5 亿多人口脱贫，并且已经实现千年发展目标。”① 市场经济已经展现出了强大功能，但无论多么完善的市场机制仍有“失灵”的时候，这需要政府弥补市场失灵的功能。预算制度有利于规范政府运作，提供公平的社会机会，保持政府、市场和社会三者之

① 世界银行、国务院发展研究中心：“2030 年的中国：建设现代、和谐、有创造力的高收入国家”，《世界银行报告专刊》，2012 年 3 月 15 日，第 7 页。

间的动态均衡。

就美国的实践来看，绩效预算改革的确支持了20世纪90年代美国新经济的发展，遏制了支出扩张趋势，提高了公共部门的效率，有力地推动了以绩效和结果为本的重塑政府运动的开展。

第一，推行绩效预算是建立公共财政体制、强化绩效评估和构建效能政府的重要基础。为了适应财政支出规模日益扩大、公众对政府公共服务水平不断提高、财政资金更多地向公共服务倾斜的新形势，必须在增强财政保障能力的同时，更加科学地运用好财政资金，提高财政资金的使用效益。绩效预算作为结果导向型的预算，要求政府各部门获取财政资金应取决于其履行职能的结果和效益，通过绩效评估体系从质和量两个方面评价政府及其部门履行职能的实现情况。这从根本上要求政府及其部门切实转变职能，实现权力与责任的对等，提高行政运行效能。从而有利于降低政府提供公共服务的成本，最大限度地满足公共需求和经济社会发展的需要，促进财政支出效益和政府公共管理水平的提高。

第二，推行绩效预算是改进中国部门预算管理的必然要求。中国自2000年开始推行部门预算改革，虽然取得了显著成绩，但仍存在不少问题。主要表现在：(1) 编项目，争经费。各政府部门在编制年度预算时，为能争取到经费，在本位利益的驱动下，过分强调本部门工作的重要性，而不顾实际的财政能力，很少考虑到整个政府的可用财力情况以及经费的使用效益。(2)“批条子、拍脑袋”。由于地方政府财政供给能力十分有限，为提高财政资金使用效率，必须对已申报的项目进行合理选择与排序。但是，目前不同项目之间缺乏可比性，容易导致项目选择与安排的随意性。在实际项目排序过程中，真正考虑效率的项目不多，“批条子、拍脑袋”定项目的现象仍然比较普遍。(3) 只支出，无评价。由于中国长期实行收入按类别，支出按功能汇总和编制的预算，在绩效评价方面的实践较少，对预算资金的绩效评价工作基本没有到位，预算支出中的追踪问效也不到位。而实施绩效预算改革，既可打破常规性分配框架，将财政资金分配与绩效紧密结合起来，又可运用更加科学的分配标准、方法和绩效评价来确定支出预算，根据工作绩效来执行预算。因此，推行绩效预算改革是完善部门预算管理的重要举措。

第三，推行绩效预算是改善中国预算支出不合理的有力措施。中国目前的预算支出存在着诸多不合理问题。第一个问题是预算支出膨胀，其突出表现在：一是法定支出项目多，如有些专门法（农业法、教育法、科技法等）就规定该部门的财政投入应达到财政收入的某一比例或规定了一些部门的财政支出应达到的增长规模，而这些法律规定的比例加在一起，很可能超出财政支出的承受能力，使财政不堪重负；二是各部门热衷于搞建设，上项目，惟恐自己的项目标准低、投资少，不能引起领导的重视，于是无限扩大项目的规格和造价，以尽可能获得最大规模的财政拨款，从而增加了财政的负担；三是机构膨胀，冗员充塞，影响了政府机构的办事效率，造成了大量资源的浪费。第二个问题是预算支出的低效率。目前，重支出、轻管理，对财政资金的使用效益无考核制度，财政资金使用效益低下尤为突出。一方面，财政投资领域中存在大量的低效、浪费和腐败现象；另一方面，中国政府的一些重要公共支出领域包括医疗卫生、教育、扶贫、基础设施和环境保护等资金不足，而且资金在使用过程中被截留、挤占、挪用等现象也时有发生。而绩效预算作为一种以追求效益为目的的公共支出预算模式，它要求阐述和明确请求拨款所要达到的目标，为实现这些目标而计划所需的成本，以及用量化指标来衡量其在实施每项计划的过程中所取得的成绩和完成工作的情况。这也就强化了部门使用预算资金的责任，大大提高了资金的使用效益，有效避免了资金的流失以及资金使用的盲目性，抑止了财政支出的无限制膨胀，降低了公共产品及服务的成本。因此，要改变中国预算支出不合理的现状，提高财政支出效率，只有推行绩效预算改革。

第四，推行绩效预算是强化中国预算约束力的有效手段。目前，中国许多部门年度预算的约束力严重弱化，缺少权威性和严肃性，随意支出现象比较严重，究其原因就是不重视预算执行过程中的绩效评估。而绩效预算的核心，是建立起一套能够反映政府公共活动绩效的评估体系。在绩效预算制度下，一个单位的预算是根据其所要完成的任务而制定的，并通过一系列客观指标来衡量，并不是由各单位自己说了算。因此，绩效预算能增强国家对各政府部门预算的约束力，既能理顺预算分配关系，又可以规范预算单位的各项活动，使预算从编制到执行，都有一种较强的机制来约束和维持，从而减少人为因素的影响。

第五，推行绩效预算是中国政府管理理念的一次革命。中国目前的财政预算体制与国际上先发国家的绩效预算还存在很大差距。绩效预算将政府预算建立在可衡量的绩效基础之上，强调结果导向，或者说强调责任和效率。绩效预算增强了预算资源分配与政府部门绩效之间的联系，有助于提高财政支出的有效性；强调公众对政府提供公共服务的质量和成本的关注，有助于促进政府决策程序的规范化和民主化。

第六，推行绩效预算有利于充分调动各部门工作积极性。传统预算是按经验标准进行资源分配的，也就是根据政府各部门的人员和承担的工作任务来分配预算。随着各项事业的不断发展，各部门业务量也随之变化，为完成工作任务，只好通过不断地调整预算来解决经费的供需矛盾，而资金使用效果的好坏与其单位考评没有直接联系，这在很大程度上挫伤了部门工作的积极性。绩效预算可以通过将部门经费与工作绩效挂起钩来，鼓励各部门节省不合理支出和绩效的公开，有助于强化政府部门的责任。绩效预算赋予了部门最大的预算执行权，有助于政府部门按照成本效益原则优化资源配置，提高财政资金的使用绩效。所以，实施绩效预算，能有效地改进中国政府的管理模式，这不仅是财政预算管理体制上的一场变革，更是行政管理理念上的一次革命。

三、呼唤政府顶层设计，完善社会普遍服务

建设创新型国家，发展创业型经济，以创新驱动发展需要遵循顶层

设计战略集成的思路，全方位多视角构筑创业政策体系。由于缺乏改革的顶层设计，中国政府改革已经陷入难以有所作为的“胶着”状态。必须从监管改革的顶层设计的高度把监管机制、监管体制和监管制度改革通盘加以考量，在监管机制、体制、制度功能“耦合”的基础上推进政府改革，完善社会普遍服务。财政、税收与金融政策在整个政策体系中成为关键的“突破口”。

创业意味着开创一片新的领域，是一项社会公益品，具有一定的公共属性。政府通过加大财政支出力度，改善支出结构，不断引导社会资本向创新、创业领域集聚。从财税政策的基本功能延伸开来，以创新视角不断优化财税环境，将有利于更新现有的社会创业氛围。

（一）政府采购手段

政府采购是指根据等价交换原则及政府活动的公开性、透明性原则，各级政府及其所属实体在财政监督下依法定的方式、方法和程序从国内、国际市场购买所需商品和劳务的行为。政府采购适当的倾斜无疑会为创业型企业带来商业机会，引导其技术创新并促进创业企业竞争能力的提高，因为对创业企业的发展具有极强的杠杆作用。

（二）政府补贴

政府补贴是政府的一种转移支出，是政府为创业企业在国民经济及社会的某些方面发挥作用而给予的财政援助。根据美国《经济再生法》的规定，对部分研究开发费用可以免税：通常的研究开发费用如果在课税年度超过过去 3 年的平均发生额，其超过部分的 25% 给予减免，最高额为法人税的 10%；如果企业当年没有盈利或没有应纳税所得额，则允许减免额和费用扣除往前结转 3 年、往后结转 7 年，费用扣除顺延最长可达 15 年。

（三）固定资产加速折旧手段

对从事制造业的小企业，国家允许依法实行固定资产加速折旧手段，是创业企业在固定资产耐用年限初期提取较多的折旧费，使之在设备还能正常发挥作用的情况下提前收回资金已进行扩大再生产或进行生产技术、设备的更新和改造。20世纪80年代以来，美国实行的“特别折旧”制度，允许公司对某些设备在其使用年限初期实行一次性折旧，将科研设备的法定使用年限缩短为3年，机器设备为5年，厂房、建筑物为10年，同时简化折旧计算方法，使每年的折旧金额超过企业所增资本额，对企业更新设备、降低成本和采用新技术发挥了巨大的促进作用。

（四）财政投融资工具（PPP模式）

财政投融资是政府为实现一定的产业政策和其他政策目标，通过国家信用方式筹集资金，由财政统一掌握管理并根据国民经济和社会发展规划，以出资和融资方式将资金投向继续发展的行业部门的一种资金融通活动，也称为政策性金融。通常而言，为鼓励创业企业发展而实施财政投融资，一般根据政府的产业及创业企业政策目标，由政府出资兴办的政策性金融机构或特定的商业性金融机构向国家鼓励发展的创业企业直接投资或发放长期低息贷款。财政投融资作为市场经济条件下政府配置资源的重要实现途径，在促进经济有效增长、调整和改善经济结构、强化宏观调控能力等方面都具有独特的功效。

第四节　公共治理协同发展　活化多元社会组织

随着信息技术的发展，组织形态越来越呈现出扁平化和网络化，再加上公共政策疑难问题的不断涌现，公共治理实践对跨部门和跨组织合作的要求日益强烈。公共治理学界和实践界都在不断地推出公共治理改革新措施，创造区别于传统公共行政的组织和官僚模式的公共行动新模式。

一、提升公共协作能力，装备公务员技能

在过去的半个世纪中，各层级政府机构被赋予越来越多的角色参与到国家的社会和经济生活中，这些角色超越了政府自身的能力、资源和合法性。相应地，政策制定者和决策机构也陆续采用一系列的工具，将政府在财政和结果方面的责任和权威分散给各种不同的独立的第三方，包括地方政府、非营利组织和私人企业。为了平衡这些体制外的“伙伴”的行为，政府项目的执行开始依靠更多非直接的治理工具，比如拨款、外包、保险、管制等。

公共项目所面临的新环境更加复杂，不确定性更强，而可预测性和可控性更弱，第三方治理理念成为解决公共问题达成公共目标的主要战略，而该战略的执行则给公共行政人员在政策发展和执行中提出了技术和知识上新的挑战和要求。未来的公共治理实践者需要接受更多的指导和培训，因为他们需要更多能够适应协作性管理的知识、技巧和能力。虽然在传统的科层体制性下，公共治理人员也接受多层体系的培训，但是无论是在培训方式还是在培训内容上，传统的公务人员培训模式需要进一步的改革与创新。协作性公共治理模式需要公共治理人员具备的技能是在传统的体制下难以形成的。具体来说，协作性公共治理模式要求管理人员能够通过激发和动员，将不同的参与者聚集到共同的治理结构安排中，设计和使用合适的政府工具及其他激励措施获得更多的参与和同意；公共治理人员要能够与独立的参与者进行谈判和讨价还价，通过关键资源的控制，平衡各个利益相关方之间的关系；在政策参与者网络中，能够理解、识别并灵活应用促进合作的特有激励措施；为各参与方提供并沟通令人瞩目的目标和可测控的结果，以有效地激励不同参与者朝着共同的目标而努力；构建社会资本，建立信任关系，以促进网络成员协力工作；开发“软”领导力，帮助不同利益团体达成基于一致意见的解决措施；建立信息通畅、反馈及时的政策学习制度和机制，以提高

松散网络的掌舵能力。[①]

2003年，人事部制定了《国家公务员通用能力标准框架（试行）》，提出公务员必须具备九种基本通用能力：政治鉴别能力、依法行政能力、公共服务能力、调查研究能力、学习能力、沟通协调能力、创新能力、应对突发事件能力和心理调适能力。中国国家公务员培训体系中，无论是初任培训、任职培训以及MPA教育等，在课程内容的设置方面，比较突出强调定性和定量分析技术、组织理论、财政与预算、人力资源管理、战略管理、绩效管理等传统管理模式中的课程。在目前突发事件和群体性事件频发，各种社会矛盾凸显的时期，中国公务员的培训内容仍然停留在传统科层管理范畴中，势必会严重影响政府工作人员的工作能力和工作效率。近几年，虽然对各级政府官员特别是县处级官员进行了冲突管理、危机管理等方面的课程培训，但在很多地方这些课程的设置也仅仅是为了应付群体事件和突发事件的权宜之计，根本没有将跨部门、跨组织管理能力和协作能力的培训提升到管理模式转变的高度，没有充分认识到协作性公共治理模式下公共治理人员的能力转变该如何实现。

在协作性公共治理模式下，推动中国公共治理人员的协作管理能力的培训，需要从改革课程内容的设置着手。首先，开发关于协作性公共治理的核心课程，用以处理公共权威分散以及公共政策和公共治理的国家空心化形势下的社会问题。该课程必须让公共治理人员意识到公共权威分散的现实，并对第三方治理下的公共政策发展和执行提供总体指导。同时，该课程内容应该涵盖介绍各种政府工具的相关文献，以及网络治理理论与相关学科，比如委托代理理论等。其次，重新设置组织理论的核心课程，更多关注网络和其他更加分权化的公共行为模式。传统的组织理论更多关注组织设计和组织结构，新课程要扩大组织理论的关注焦点，更加具有开放性地处理组织间关系的理论，比如纵向和横向的网络以及其他形式的协作治理模式。再次，开发特别适合用于协作性公共治

① Rosemary O'Leary and Lisa Blomgren Bingham. The Collaborative Public Manager: New Ideas for the Twenty - First Century. 2009, pp. 241 - 243.

理的关键政府工具，包括关于服务外包、补贴设计和管理、管制、金融市场调解等课程。政府间管理的课程，关注于不同的政府工具跨多层级政府管理的议题，课程材料需要得到实时更新，特别是关于政府工具和网络管理。案例研究的建档有助于学生对公共官员如何在网络环境下在不同的政策领域中与其他第三方进行有效协作，案例研究需要收集到一起，促进和支持在处理政府和网络之间关系时新框架的开发。

除了对现有公务员进行关于协作思维的训练以外，还需要在公务员录用过程中，倾向于招录更多具有合作思维的人才。传统的官僚体制下，我们的公务员所具有的往往是内向型文化，而协作性公共治理过程中需要的是不以孤立模式进行思考的人才，因此公务员招考要倾向于具有沟通、合作与协作能力的人才。另外，改革公务员晋升制度。如今的公务员体制在很多方面与协作性公共治理模式的发展不相匹配，比如，大部分公务员的晋升和退休制度都更倾向于那些终身在政府供职的人。而要想让这些从来没有在私营部门工作过的人充分理解合作伙伴的需求和动机，是相当困难的。所以，政府需要创造更多的就业机会和职业发展途径，加大管理人员在公共、私人和非营利部门之间的交换与流动，以培养更多“边界人”型的管理人员。

二、打造智慧电子政务，让公民共享信息平台

2008年，IBM公司率先提出“智慧地球”战略，其核心观点在于通过对更大规模数据的高效利用，实现全球范围内的行业间协作。2009年，美国奥巴马政府积极回应IBM的智慧地球概念，并将智慧地球提升为美国国家战略。打造智慧的电子政务就是要让公共体会到信息化的力量，及时了解政府的决策动向，与政府进行有效的互动。

（一）电子政务为政府执行力的提高提供了全新的行政环境

随着信息技术的飞速发展，原有的传统的政府管理方式面临巨大的压力和挑战。电子政务的推行将信息技术特别是网络技术与政务活动相

接合，打破了时间、空间和部门的制约，改变了传统落后的政府办公和管理的模式，使政府的业务流程和组织结构得到了精简、优化、整合和重组，全面提升了政府的执行能力，使政府的行政环境有了巨大的变化。(1) 电子政务的推行，有利于创造良好的政治环境，提高政府的执政能力。电子政务建设大力开展，改变了以往政府管理的不足，提供了政府为民、便民、利民的方式和手段，这给政府执行力的提高带来了良好的政治环境。(2) 电子政务的推行使传统的政府由纵向的金字塔结构改为平面化、扁平化的网络结构。例如，传统的政府管理结构在传递决策、执行活动等政务信息时往往采用垂直的方式进行，信息从上往下流动，往往可能导致信息的缺失、错误和滞后等问题，高层领导很难了解底层领导或工作人员的基本情况，政府管理的中间层则缺少横向沟通。而电子政务的推行和发展，减少了纵向中间层多部门的沟通环节，政府信息以横向网络化的形式快速、即时传递，形成了扁平化的政府组织环境。这种组织环境提高了政府部门间的协调、沟通的能力，可以更加迅速有效地执行上级的命令和指示，提升了政府的执行力。

（二）电子政务的发展对公务员的整体素质提出了更高的要求，是提高政府执行力的重要手段

任何行政活动的实施开展都离不开人，因此电子政务要发展，要提升政府的执行力，这与提高公务员的整体素质是息息相关的。电子政务的发展促进了公务员队伍整体综合素质的提高。首先，由于电子政务的发展，是以信息技术特别是网络技术为平台，这就要求公务员必须掌握基本的电脑操作技术，熟悉政务网上运作程序，熟练地运用现代网络技术收集、加工、处理政务信息，从而实现真正的网上办公。其次，电子政务的大力推行，重塑了业务流程，打破了原有的组织结构，因此政府部门需要复合型人才，来适应全新的扁平化、网络化的组织机构。这代替了原有纵向金字塔式组织结构所需要的单项的、缺乏灵活性的专才，提高了公务员的决策能力和管理水平，所带来的整体性提高促进了政府执行力的提升。最后，电子政务的建设培养了公务员的服务理念。电子

政务建设的目标就是要建成一个精简、高效、廉洁、公平的政府运作模式，全方位地向社会提供优质、规范、透明、符合国际标准的管理和服务。因此，公务员的工作重心不再是如何管制社会，而是树立和养成服务意识，想方设法提高公共产品和服务的质量。

公务员是执行活动的重要要素和执行力量的重要来源，它在政策的执行中发挥着核心作用，其他要素都必须通过执行人员才能发挥作用。因此电子政务的大力发展对公务员整体素质的逐步提高和政府执行力的提升起着关键的作用。

（三）电子政务优化政府业务流程，打破原有政府组织结构，改善政府管理方式和工作方式，使政府运转更加协调，提高了政府的执行能力

电子政务并不是简单地将传统的政务及其运作原封不动地搬到网络上，而是对现有的政府组织结构、运行方式和业务流程等进行重组和再造，对政府进行持续不断的革新和改善，使其更有利于信息技术的应用，实现政务的电子化、网络化和一体化。

原有传统的政府机构问题丛生：机构臃肿，人浮于事、部门分工僵化、本位主义、腐败、无效率、忽视服务等。电子政务为业务流程的重组和优化提供了全新的平台，打破了组织结构带来的弊病，使原本讲究分层负责、部门壁垒分明的传统组织结构整合成为平面化、扁平化的网络式组织结构。这种组织结构将支离破碎的政府部门有机的联系在一起，形成一种完整、灵活、流动、有弹性的“无缝隙”政府机构，这使得政府在执行活动任务时，可以及时、合理、有效的调集一切力量的完成命令和任务，提高了政府的执行力。同时，电子政务的发展，改变了行政人员的管理方式和工作方式，表现为职能分工从单一孤立的部门向职能交叉部门转变，政府工作人员从专才型、被动型向通才型、主动性转变，管理方式由控制型、经验决策型向自主性、科学决策性转变，等等。这一系列的转变使得政府人员管理和工作更加科学、高效。因此，电子政务的大力发展，全面提升了政府的执政能力，使得政府机构满足时代的

新标准，建成一个更具竞争力、更有活力、更有效力的政府。

（四）电子政务的大力推行有助于政府执行行为规范化，构建公正、透明的阳光政府

构建公开、透明的“阳光政府”有利于提高政府执行力。原有的“金字塔”式层级组织结构使政府部门出现某些领导干部和工作人员滥用职权、以权谋私、贪污受贿、不讲效率、不讲责任等问题。而电子政务的大力推行，首先，打破了这种传统落后的组织结构，使得政府部门的管理方式和工作方式科学化、规范化。其次，实现了程序化的政府办公业务流程，这使其处理事务的过程、时间、结果、依据对上级领导、公众、政府工作人员都是可知的，这有效地防止了暗箱操作，使政务公开化、透明化。最后，通过电子政务提供的“一站式”服务使得用户只需要在网上完成他所需要的与政府互动的事务处理，不需要直接与政府官员打交道，这样增加了办事执法的透明度，减少了腐败现象的发生。与此同时，政府也可以与公众进行信息交流，听取公众的意见和建议，形成政府与公众的互动。这种规范化、公开化、透明化的执行氛围，对执行的速度、质量和效益有严格要求，政府决策会较容易得到彻底的贯彻执行，具有较高执行力。

三、创新社会公共治理，激活社会创造活力

随着全球化时代的到来，国家竞争力越来越受到世界各国的重视。创新能力决定一国的竞争力，在提升国家创新能力的过程中，政府的作用不可或缺。以研究国家竞争力而著称的波特更是直截了当地提出“政府政策改变，可以挽救经济的衰落！”

从财政分配的角度看，政府提升国家竞争力和创新力的过程，实际上就是通过预算方式的不断改进，引导市场主体的创新方向，提供激励政策，提高财政支出效果，为本国的企业和公民提供质量良好的公共服务，进而为他们创造良好创新环境的过程。

当代经济学认为，政府具有弥补“市场失灵”的功能。技术创新外溢性所形成的“免费搭车”现象，正是市场失灵的重要表现之一。政府可以公开、公平、公正的特性，为社会提供公共产品，满足社会对技术创新成果保护的共同需要，促进社会发展和进步。政府降低创新活动风险成本所提供公共服务的绩效始终成为社会关注的焦点。政府是制度创新的主体、企业是技术创新的主体，两种创新通过公共预算这一桥梁成为一个有机的整体，即政府通过制度创新为企业的技术创新提供有效的公共产品供给和公共服务。因此，转变政府职能是政府引导国家创新的首要任务。

市场经济条件下公共预算制度是连接政府与市场的重要媒介，是市场对政府行为的约束，是推动政府职能转变的重要力量。（1）公共预算是整个社会资源的再分配机制。预算首先在宏观总体上把握整个资源在公共部门和民间部门之间分配的比例；预算其次是在战略层面分配资源；然后是对分配的资源进行执行层面的计划和监督。在现代市场经济国家，预算是整个社会资源配置的主导机制，市场是资源配置的基础机制。政府配置资源的机制是公共预算，市场配置资源的机制是价格。政府通过预算决定整个资源在公共部门和民间部门之间分配的比例，然后决定被分配在公共部门的资源规模的内部配置。（2）公共预算是各个利益集团和社会阶层利益偏好的耦合器。公共预算是一种公共选择机制。预算编制是公共利益的发现过程。预算实施和完成是公共利益的实现过程。预算由编制、审议通过、执行实施、决算审计、向社会公布等一系列环节组成，通过这些环节保证财政活动用于满足公共需要。（3）公共预算是实施宪政的重要工具。预算是纳税人及其代议机构控制政府财政活动的机制。具有独立财产权利的纳税人，他们不再是只受政府控制和约束的对象，他们担负着政府的财政供应，就必然要求控制政府的财政，以政治、法律程序保证政府收支不偏离纳税人利益，保障个人的财产权利不受政府权力扩张的侵犯。此外，公共预算的本质是法律，而不仅仅是计划。市场经济体制下的公共预算，其整个活动过程要受到立法及立法机构的严格制约。各国宪法一般规定，国家预算经立法机关批准公布后便成为法律，政府必须不折不扣地贯彻执行，不允许任何逃脱预算约束的财政行为。在执行中由于客观情况的变化需修改预算，法律也规定了必要的法律程序。

因此，公共预算是政府行为规范化的基石，政府的行为要在公共预算制度规定的框架下进行，公共预算为现代政府职能划清了根本的界限。对于政府职能而言，是先有预算，后有财政活动。预算规范到哪里，财政才能活动到哪里，不允许有任何超出预算边界的财政收支。其次，在界限之内，公共预算是政府成本的控制器，公共行政成本是公共部门在提供公共服务，生产公共产品的活动过程中投入的人力、财力和物力资源。公共预算正是要对这些资源进行计划和控制使用，使有限的资源达到最大的效果。

专栏 5 -3

2012 年全球创新效率中国居首[①]

在全球范围内，创新对于发达国家和发展中国家来说，已成为经济增长与繁荣的重要引擎。世界知识产权组织和欧洲工商管理学院发布的《2012 年全球创新指数》（Global Innovation Index 2012）报告显示，中国大陆地区在国家和地区排名中列第 34 位，在同等收入水平国家中排名第三，在创新效率指数排名上位列第一。

中国交出不错的创新成绩单

对于中国在该报告中的排名，国家知识产权局保护协调司副司长张志成在接受本报记者采访时表示，“中国还是交出了一份不错的创新成绩单。”同时，针对中国大陆地区在文化产品产出及技术贸易等方面的创新排名分别为第 83 和 68 位的情况，张志成表示，中国应从以下两个层面进一步提高创新发展水平。

① 刘潇潇：“中国创新效率指数占据榜首”，《中国社会科学报》，2012 年 7 月 11 日。

整体而言，应进一步完善市场机制，特别是进一步克服市场垄断、虚拟经济过度发展和房地产投机等造成的资源错配，引导企业走实业发展和创新发展的道路。同时，由于创新行为风险高、投入大，支撑创新需要较高水平的消费能力，因此只有进一步增加国民收入，提高社会消费能力和水平，实现经济向内需驱动转型，才能实现从生产大国向创新大国的跨越。

具体而言，国家一方面应切实加大对教育和科学技术研发的投入，采取有效措施，提高教育及科研产出效率和水平；另一方面，应进一步加强知识产权执法，切实维护创新者利益，使创新成果得到有效保护，并通过市场得到合理回报，有效鼓励企业和其他市场主体通过创新发展自己。同时，国家还需大力弘扬崇尚创新、宽容失败的创新文化，培育尊重知识产权的价值观，营造有利于创新的社会氛围。

金砖国家创新能力有待提高

报告显示，在金砖国家中，中国大陆地区排名最为靠前，其次是俄罗斯、巴西和印度。其中，印度的排名逐年下滑——2009 年居 41 位，2010 年排名第 52 位，2011 年为 62 位，2012 年则滑落至 64 位。

该报告指出，金砖国家有必要进一步加大对创新能力的投资，将潜力发挥出来。虽然中国大陆地区在关键知识技术产出方面排名仅次于瑞士、瑞典、新加坡和芬兰，表现优异，中国大陆地区和印度在创新效率指数排名上位列第一、二位，但中国大陆地区和印度在创新基础设施和创新环境方面仍处于劣势。

报告重视更新创新力测算方法

自 2007 年欧洲工商管理学院开展全球创新指数项目以来，已连续 5 年发布报告。该报告对创新因素进行不间断地评估，并由此建立起一个包括所有创新因素的创新环境，以帮助各国学习他国经验，改进创新政策。在评估时，报告注意超越论文数量、研究经费水平等传统测量方法，尝试以科学的指标对社会创新的多样性进行全面把握。

依据历年的报告，2010 年，中国大陆地区在国家和地区排名中名列第 43 位，2011 年上升至第 29 位，2012 年略有下降。就此，张志成向记者解释称，此次排名下降与 2012 年参与统计的国家增加和衡量指标调整有关。

2012 年的全球创新指数以创新投入指数和创新产出指数的平均值计算而成，二者的比值即为创新效率指数。创新投入指数用以评估能够表现创新活动的国家经济元素，包括制度、人力资源及研究、基础设施、市场完善度和商业完善度五个方面；创新产出指数则主要捕捉实际的创新成果，包括知识技术产出和创意产出两个方面。

另据记者了解，2012 年的全球创新指数报告本身也在两个方面进行了创新：一是对每年影响排名变化的基础因素进行了详细分析；二是在国家描述中标出了每个经济体的优势和劣势。从细节来看，报告也与时俱进地更新了测算创新力的方法，比如在基础设施方面首次将生态可持续性单独列为一个亚项，对互联网创造力也进行了排名。

第六章 推进绩效预算进程 创新社会治理模式

社会组织是资源配置的又一重要基础力量。随着社会的进步和市场经济的深化，传统的政府中心论已经不能再适应社会经济发展的需要，在解决问题时应该把社会维度考虑进来，在多元发展形态中，社会组织起着至关重要不可替代的作用。治理理论一直主张权利的多主体性，而社会治理机制的完善将破解政府和市场的两难选择。

第一节 社会进步持续不断 社会失序现象犹存

伴随着技术飞速进步，社会快速转型，一系列机制失灵的现象也开始凸显。社会动荡，个人潜能无法得到释放。社会失序是社会自治能力的缺失，当社会的治理被市场或政府等公私权力侵占的时候，社会治理就会逐渐被边缘化，不能真正发挥其作用。

一、自治能力缺失，社会失序凸显

政府和市场一直被认为是主导社会经济发展的两股主要力量，政府在公共领域对国家和社会的公共事业发挥作用，而市场则在公共领域之外的私人领域对经济活动进行调节。然而，国家的发展和人类的进步并非如此简单，社会作为人们生产生活的载体，承载了更多的利益关系和联盟群体，社会通过整合和继承推动了人类文明的进步，社会治理已经成为国家发展的基础。而与此同时，社会自治能力的缺失也带来了一系列危机。

（一）社会演进中蕴藏危机

随着人类文明的进步，人类社会已经由传统的农业文明，工业文明、发展到现代的知识文明时代，科技在发展，社会在进步，矛盾和冲突也在不断出现。尤其是随着社会马赛克化的出现，不同社会阶层之间出现了对抗，贫富差距不断增大，不仅城乡差距日益增大，城市内部的贫富差距也与日俱增，社会发展呈现出“多重二元叠加”的态势。在社会阶层固化为相互隔绝的阶级，阶级冲突不断的状况下，严重遏制了个人潜能的发挥，社会发展停滞。

改革开放三十多年来，中国发生了翻天覆地的变化，改革方向也在不断发生调整。改革开放初期，以阶级斗争为纲转向经济建设为中心，从封闭走向开放，各方面都由固化开始冰释，目的是实现小康社会，建设有中国特色社会主义，允许一部分人先富起来，带动和帮助其他地区和其他人，逐步达到共同富裕。然而，随着经济的开放搞活，社会的利益结构开始发生转变，并发生了大范围的调整。而利益结构的调整却引发了阶层对立，必然要产生大量的社会矛盾。

同时，随着利益结构的变化，社会成员对利益的渴望也在不断增加。正是由于利益的不平等性，人们对某些利益的渴望愈发强烈，他们期望得到公平的社会利益，形成平等的利益关系。随着民主法制建设的加强和社会媒介的多元，社会成员的利益诉求被越来越多地表现出来，并通过多种渠道进行呈现。利益诉求越来越迫切。但中国社会目前还难以平衡这种利益关系，这难免会引发一些社会矛盾和冲突，导致社会的阶层分化和对抗。

社会中一系列不平衡凸显出来，多重二元化结构越来越明显，表现为城乡发展不平衡、城市内部贫富发展不平衡、产业发展不平衡、区域发展不平衡等，若干的不平衡使社会中大量人群被边缘化，个人潜能得不到充分释放，个人利益得不到满足，与社会的进步和转型格格不入，社会发展危机重重。中国现阶段的社会矛盾带有明显的历史阶段性特征：第一，社会整体利益结构的大面积大幅度调整。第二，社会成员的利益诉求意识不断增强，而且其诉求渠道和方式也呈现出一种多样化状况。第三，发展的极不平衡。①

（二）社会自治能力缺失

市场、政府、社会是现代国家资源配置的三种基本力量。其中，社会自身的力量是更为基础性的。在中国，公民社会还没有发育成熟，社会还不能发挥其应有的基础性整合功能。② 有了政府干预，就不可避免的有政府失灵，政府失灵是人们对公共物品的需求得不到很好的满足。有了市场机制，就不可避免的有市场失灵，市场失灵是市场不能有效的发挥调节作用，有效的分配商品和劳务。同样，有了社会治理，就不可避免的有社会失序。社会失序是由于社会自组织的主体缺失或功能缺失导致市场与政府无法有效顺畅的沟通与协作，继而强化市场失灵或政府失灵的状况。③ 可见，社会失序不仅可以引发社会问题，还将带来政府和市场的运作障碍，是国家发展中的重要壁垒。

社会是人们共同生活的载体，人们通过各种各样的社会关系耦合

① 吴忠民：“如何认识中国现阶段的社会矛盾”，《光明日报》，2013 年 8 月 13 日。

② 汤敏轩：“公共政策失灵：政策分析的一个新领域”，《中国行政管理》，2004 年第 12 期，第 79—84 页。

③ 姚庆丰：“论‘社会失灵’——在政府失灵和市场失灵之外”，《河北学刊》，2000 年第 2 期，第 58—60 页。

成一个共同体。在社会群体中，既有公共领域的国家、组织和机构，又有非公共领域的个人、组织和团体。不同的社会团体具有各自的利益关系，相互沟通、密切配合，形成多元化的社会主体，即社会自组织主体，一旦其主体地位缺失或主体功能缺失，就会与政府和市场发生脱节，任由政府和市场处置，并引发一系列矛盾冲突，导致政府失灵、市场失灵乃至社会失序。由此可见，社会主体的主体地位及其功能尤其重要。

社会自治需要全体社会成员的共同努力，社会治理和监督是保证社会良好运转的基础，也是保证政府和市场顺利发挥作用的条件，社会成员和组织需要不断增强公益精神，从心理上真正认识到共同进步和自我治理的重要性。

（三）社会失序的主要表现形式

社会失序主要是由于社会主体缺失或其功能缺失引发的社会混乱现象主要表现为以下方面。

首先，社会主体的缺失或其功能缺失是社会失序的主要表现。社会主体不是纯公或纯私的组织，而是在一定的社会关系中从事各种社会活动的各类群体，包括各类集团、组织、机构，乃至社会中的全体公民，是社会生存发展的基础。改革开放以后，中国的社会结构发生了翻天覆地的变化，分化成不同层次，不同的社会主体有不同的需求，同时也有不同的功能。面对日渐复杂的社会发展，仅仅依靠政府和市场已经不够，需要各类社会组织和全体社会成员的共同治理。政府在社会发展中仍然发挥维护社会稳定的主导作用，各类组织在社会治理中着重发挥协调监督等作用。社会治理需要公众的全民参与和社会的协同治理，将一切可以调动的人和物充分调动起来，维护社会的有序发展。

然而，中国的社会主体却存在着主体缺失或功能缺失。以经济性的社会组织为例，应该包括各类事务所、行业协会、商业机构、金融机构等，其功能最终都是为社会发展提供服务的，包括各自基本职能的运行和专业化的功能发挥、对社会的监督监管、通过沟通自动调节市场和社会、降低政府负担、减少成本等。其功能的发挥对规范经济发展起着至关重要的作用，尤其是在政府和市场都无法调节的领域，这些社会主体的作用是无法取代的。而目前中国的许多社会主体却存在着功能缺失，非营利组织不能发挥其协调与监督职能，行业协会不能调节行业内部冲突，社会中的个人对社会缺乏信任，自己却又不能发挥主观能动性，社会失序导致的社会秩序较为混乱。

其次，除了社会主体及其功能的缺失，社会在提供公共物品与服务的过程中，也存在较多弊端。一是社会提供公共物品与服务效率低下。社会提供公共物品与服务的目的是提升其社会效益，在经济利益充斥的现代社会，诸如社会保障、医疗、教育等公共物品与服务的提供就会出现缺乏评估和监管，造成效率不高。二是社会提供公共物品与服务的目的不明确。社会提供公共物品与服务体现的是社会效益，而每个社会主体都是利益组织，都有其利益目标，多元的社会主体就会有多元的利益冲突，社会的公益性和社会性会明显不足，许多公益性组织缺乏公开透明性。三是社会提供公共物品与服务的政策不明晰，执行复杂。无论是提供公共物品与服务，还是其他的社会治理，都需要相关政策法规的支持。然而，从政策的制定到实际操作却存在着较大差距，不仅是因为社会治理中缺乏公众的广泛参与，还因为在实际操作中存在着许多不规范，缺乏监督机制，给执行人员以权谋私的机会，造成资源浪费和社会失序，还严重影响了社会主体的公信力。四是社会负外部性会引发严重的社会失序。社会环境的破坏使越来越多的人利益受损，城镇化发展的速度与质量不匹配，使农民工及其子女得不到基本保障，社会贫富差距不断加大，一系列民生问题都源自社会的负外部性，随之而来的将是各种社会不稳定因素滋生，使社会治理更加困难，也更加重要。

专栏 6-1

社会失序的表现[①]

最近从外地回京，在某火车站候车室经历了一场“炼狱”之苦：南来北去的旅客都同时挤在一个大厅内检票上车，虽说已过了盛夏，但由于没有空调，没有排风扇，候车室内空气污浊，闷热难当，加上秩序混乱，人挨人人挤人，个个如蒸锅里的蚂蚁，叫苦声叹息声抱怨声连成一片。人群里有一位颇有身份的某公，在前呼后拥的护送下一边擦汗一边感叹“以后出门再不挤火车了”！

不坐火车坐什么呢？我揣测他可以坐飞机，坐小轿车，哪怕不得已坐火车也可以买软卧，走贵宾专用通道。但是普通老百姓就别无选择了，只好“认命”，一次又一次磨炼自己的忍耐力。

也是最近，笔者乘公交车去河北遵化，遭遇长时间堵车，两小时内竟不见一个交警出来疏导交通。车上有赶路着急的就抱怨现在有些警察“不作为，只知道罚款”。也有的乘客说，反正警察不怕堵车，他们车上装有警笛，可以随便开。话不见得完全正确中听，但却反映了一个较普遍存在的现象：管理者、职能部门对于不作为或疏于管理而给民众造成的痛苦和不方便没有感同身受。“痛感神经”麻木，自然就不会急民众之所急。

类似的现象还有。比如，“法律白条”问题，老百姓本来打官司就不易，打赢了还要担心能不能执行。一些涉及经济赔偿的案件，有的法院执行不力，致使当事人耗费无数时间、心力、财力，最后赢了官司还是一纸空文，还要伤心流泪。难怪有人感叹，打官司要做好倾家荡产的准备！“法律白条”若长期得不到根治，会使法律的尊严扫地。

---

① 程天赐：“社会的‘痛感神经’不能失灵”，《农民日报》，2006 年 9 月 22 日。

老百姓对法律失去信任，或承受不起“法律消费”的极高成本，那么，人们可能回到传统，转而寻求其他途径解决争端。现在一些地方出现的“医闹”以及其他五花八门的“讨债公司”，就是“消费”不起法律而出现的不和谐现象，应引起警觉。笔者每次回老家农村，也常能听到乡亲们倾诉，其中，一起恶性交通肇事案受害者在法院判定对方赔偿后却拿不到一分钱给付医疗费，法院让其家属自己去围堵躲而不见的肇事者。

老百姓自己都能堵住“老赖”，为什么警察不能呢？这当然有一个现有警力配备不足等客观原因，但是既然找出问题症结了，就不能拖呀，就要尽快拿出办法解决呀。切实维护和保障法律的尊严，老百姓才能心里豁亮、踏实。

又如，医疗资源总体不足、分布不均等本已是我国医疗事业的“软肋”，许多公立医院中常常出现病床爆满，患者不得不暂住病区走廊的状况；而“豪华病房”不仅一个病人独占两个套间，还有一堆医生、护士围着“点对点”特殊服务。对于寄宿走廊病人和家属的苦境，“豪华病房”里的“尊客”是很难体会的。

我不主张搞平均主义，个人有权根据自身经济能力选择购买火车软卧还是硬座票。但是，“草根阶层”的消费者、普通民众，他们的疾苦感受，他们对社会生活舒适还是不舒适度的评价，须要快速刺激到社会的“痛感神经”，让有关管理者感同身受，如此方能及时消除病灶，规避危险。

社会的“痛感神经”不能失灵。

二、剖析社会失序，探究深层原因

社会失序主要表现为社会主体缺失或其功能缺失，以及社会在提供公共物品过程中的一系列不平衡，究其原因，可以从以下几方面理解。

第一，社会失序的首要原因则是社会主体的功能缺失。改革开放之前，中国的社会结构单一，经过三十多年的发展，中国的社会结构越来越分化，也越来越复杂，社会主体的功能缺失往往会带来比政府失灵和市场失灵更严重的社会失序。首先，中国的社会结构分化得还不成熟，社会主体界定还不明晰，各主体参与社会治理的意识也不强烈，必然造成主体缺失。其次，受到传统文化的影响，中国的社会主体自主性差，过分依赖政府和市场，缺乏独立性，再加上其法治意识淡薄，整体素质不高，不能在社会治理中充分发挥作用。再次，不同社会主体有着不同的利益关系，他们的行为都受利益所驱，不能保证社会治理的公平和公正，高层次的社会主体在社会治理中具有较强的主导作用，低层次主体较难得到社会认同。最后，社会主体受到政府、市场和自身的种种限制，政府对社会主体活动空间上加以约束，市场在组织服务上加以限制，自身又难以得到社会认同，社会主体的作用不能较好的发挥。最终导致由社会主体功能缺失引发的社会失序。

第二，社会失序的根本原因是社会公共政策目标不明确。社会公共政策是为解决公共问题制定的目标和方向，是政府和其他公共组织管理社会事务的基本准则，也是各类团体和个人参与社会事务的规定，行之有效的社会公共政策可以为社会经济的发展起到积极的推动作用。因此，公共政策应该具有较强的整体性和公共性，然而，由于社会主体的多元化和公共政策制定过程的复杂化，并不是所有的公共政策都能代表社会整体利益，总有一部分人会游离于公共政策之外，也不是所有的公共政策都能协调好多元主体间的利益关系，这就使得社会公共政策的公共性无法凸显，社会治理中的政策导向就会失灵。同时，社会公共政策的制定流程还不健全，不是所有公众都能参与其中，缺乏了公众参与的政策就会脱离实践，执行困难，由此引发一系列社会失序。

第三，社会失序的重要原因是社会治理的目标的出现偏差。社会治理的目标应该是“社会公平能确保、公民权利有保障、社会互助能实现、社会安全有保障、社会危机应对及时、社会失序弥补有效，经济与社会保持平衡发展和良性互动，公民得到全面发展，社会和谐进步”。[①] 但在实际执行过程中，社会治理往往不能与其目标同步，这其中主要是受多元利益的矛盾冲突。改革开放后，中国社会结构出现了深刻的变革，简单的社会结构变得复杂，每个组织或个人都在追求个人利益最大化，政府也一味地追求发展而忽视了社会发展过程中的社会保障、社会普遍服务等关键要素，忽视了社会的公平发展。社会结构的多元化形成的利益多元化就会导致社会治理的实际操作与既定目标出现偏差，形成社会发展的严重障碍。

第四，社会失序的主观原因是对社会的负外部性认识不够。经济学中有外部效应，社会发展中同样会有外部效应，不仅包括正外部效应，还包括负外部效应，目前社会治理中最大的问题就是对负外部效应的忽视。政府在制定公共政策时只看眼前利益，不计长远发展，或者对社会政策执行中可能出现的新情况缺乏预见，导致社会治理中负外部性影响加剧，降低了社会管理的效率。[②] 在社会治理中，教育是一种具有正外部性的公共事务，却仍然得不到普及，尽管随着高等教育的不断扩招，接受高等教育的人数越来越多，但农村孩子上大学的比例却逐年降低，教育的正外部性并没有很好地发挥。而各种环境污染作为负外部性却日益加剧，严重影响了人们的生存环境。经济学中的负外部性可以通过征税、产权等方式解决，社会发展中的负外部性亦可通过政策干预等方法解决，而真正从心理上提高人们对负外部性的认识才是解决的根源。

第五，公共物品的供给机制不健全也是社会失序原因之一。一方面表现为公共物品提供主体单一，主要由政府完成，缺乏其他组织的参与，而政府对公共物品的种类、鉴定等界定不够明晰，采购有局限性，同时，

① 冷向明：《当代中国服务型政府的理论模型、标准体系及建设纲要》，中国社会科学出版社，2010 年版，第 98 页。

② 魏俞满：“矫正我国政府社会管理失灵的对策探析”，《长春理工大学学报》，2013 年第 6 期，第 5—6 页。

缺少了其他组织的介入，政府采购就缺乏竞争机制，不能保证公共物品的质量，同时还缺乏监督机制，给以权谋私创造机会。另一方面，政府采购价格虚高问题十分突出，资金浪费严重，背离制度设计初衷。通过对中国部分地方政府2012年1月1日至9月30日之间协议供货商品成交记录的统计发现，有高达八成的商品高于市场平均价。其中，56.1%的商品高于市场平均价1.5倍（不含1.5倍）以内；17%的商品高于市场平均价1.5—2倍（不含2倍）；5.2%的商品高于市场平均价2—3倍（不含3倍）；1.5%的商品价格高于市场平均价3倍以上。[①]

三、设计社会治理架构，化解各类社会失序

社会失序是中国社会多元复合转型过程中的严重障碍，甚至比政府失灵和市场失灵更为严重。因此，要顺利实现社会治理，就要真正化解社会失序。社会治理不仅是简单的治理问题，更是善治的过程，是政府与公民对公共生活的协同管理，是使公共利益最大化的最好的社会治理方式。

（一）规范社会主体健康发展

社会失序不同于市场失灵和政府失灵。市场失灵不会导致政府失灵，政府失灵也不会导致市场失灵，而社会失序则在一定程度上会引致市场失灵和政府失灵。因此，我们应加强对社会失序的研究，更要着力进行社会失序的矫治，以推动社会主义市场经济体制的建立和完善。由于中国当前社会失序的根本原因在于社会主体发展不够，因此，矫治社会失序的中心任务应该是规范与促进社会主体的快速、健康发展。[②]

第一，大力培育各个社会主体的功能。因为社会主体的功能缺失是导致市场失灵的最主要原因，加强其功能建设就非常重要。一方面，不

① 中国社会科学院：《法治蓝皮书（2013）》，社会科学文献出版社，2013年版。

② 姚庆丰："论'社会失灵'——在政府失灵和市场失灵之外"，《河北学刊》，2000年第2期，第58—60页。

断明晰各社会主体的地位，提高其自身素质，加强其自身认识以及社会对其认同，使其真正参与到社会治理的过程中来。另一方面，不断完善各社会主体的功能定位，对各自功能有明确的划分，强调其功能是为社会公共生活服务的，是人类可持续发展的事业，防止社会主体的功能缺失，为社会失序做好前期预防工作。

第二，制定相关政策法规来规范社会主体的发展。作为社会结构重要的组成部分，社会主体在社会治理中将发挥极大的作用，因此，其发展不能是放任自流的，应该受到法律法规的限制。对于组织性的社会主体，要严格限制其建立标准及发展质量，对于个人的社会主体，则要规范其行为准则，通过检查和监督保证社会主体的运行在政策法规的范畴之内，以法治作为社会治理的前提，使社会主体在良好的制度环境中充分发挥其主体功能，有效防止社会失序。

第三，加强社会主体各自的建设与发展。作为社会治理的重要主体，其自身素质的提高和发展对社会治理有着十分重要的作用。作为社会组织来说，其内部要有对其发展起指导作用的规划纲领和制度建设，要在全球化的背景下不断与世界融合，符合国际惯例的发展规范；作为社会个体来说，其自身素质与其参加社会治理的效果有着十分重要的联系，提高社会个体素质不仅可以有利于社会的公平公正，还有利于实现社会认同，为参与社会治理打下良好的基础。

第四，加强各社会主体之间的联系和发展。随着中国社会结构的分化，社会中存在着越来越多的阶层，要实现社会治理的顺利运行，就要防止不同阶层的固化。社会治理是全体社会成员共同的责任，不是某个社会阶层的任务。同时，不同的社会阶层各有其相关利益，这就更要求所有社会主体共同参与治理，平衡其利益关系。而治理过程中，各社会主体也不可能相互割裂，只有在联系中发展才能博弈和权衡，其最终的目的还是实现社会公共生活的共同进步。

第五，把社会主体的发展上升至法律层面。中国社会是法治社会，依法治国是国家发展的方针国策，社会治理中不仅要发挥各社会主体的自治作用，更要以立法的形式为社会主体进行社会治理提供法律保护和政策支持，防止在治理过程中谋求私利，也防止在治理过程中屈从于某些不正当社会势力。社会治理需要法律的保护、媒体的监督、公众的舆论支持，这是推动社会主体广泛参与社会治理、化解社会失序的重要手段和有效措施。

（二）化解社会失序的路径选择

除了在社会主体上进行规范，社会是为公众生活提供公共物品与服务的，在完善公共物品供给的制度和机制，防止负外部性发生等方面也要采取有效措施，真正化解社会失序。

第一，在向社会提供公共物品与服务时，制度建设是根本，而制度建设的根本首先就是要明确社会治理的目标并将其制度化。社会治理是社会各主体通过共同的协作为社会公共生活提供公平公正的社会服务，其中，政府起主导作用，各社会组织和个体广泛参与，起监督作用。因此，作为社会治理的核心，政府要切实转变自身职能，变管理型政府为服务型政府，不断深化体制改革，维护社会的公平正义，改善和保障民生，同时向社会放权，使社会治理的主体结构不断调整优化，让社会组织和公众有更多的知情权和参与权，这是信息社会必不可少的内容。通过社会的监督监管确保政府提供社会服务的公共利益趋向，建立社会治理的长效运行机制。

第二，社会治理的主要途径是向社会公共生活进行公共决策，提供公共物品，因此，公共决策的体制建立就变得十分重要。一方面，建立公共决策时要充分考虑大多数人的共同利益，中国社会结构复杂，不同阶层必然有不同的利益倾向，公共决策就是要满足大多数人的利益，防止片面化和极端化。另一方面，在建立公共决策时要让广大公民充分参与进来，力争实现全民参与。因为建立公共决策是为全体公民服务的，只有他们的参与才能充分代表他们的需求。此外，建立公共决策还要不断加强和完善监督职能，及时作好信息公开，通过公共监督平台传达相关信息，呼吁广大媒体进行宣传，广大公民进行监督，重视公民参与决策的整个过程。

第三，不断完善和创新社会公共物品的供给机制。政府应明确公共物品的概念、类别、供给评价指标、监督标准等，探索各种公共物品最适合的供给方式。政府是社会公共物品供给的主体，供给中应引入竞争机制，倡导多元主体共同参与社会公共物品的供给，弥补政府社会公共物品供给失灵。充分发挥市场机制在社会公共物品供给中的作用，鼓励企业、社会组织、公民参与通过合作、竞争等方式社会公共物品的供给，提高供给效率。创新社会公共物品的供给模式，可以尝试通过公私合作的方式，提高供给水平。如萨瓦斯就推荐可以通过“服务外包、运营和维护的外包或租赁、合作组织、租赁—建设—经营、建设—转让—经营、建设—经营—转让、外围建设、购买—建设—经营”等方式创新社会公共产品的供给。①

第四，社会发展中有较大的负外部性，如何降低负外部性，使其转换为促进社会发展的正外部性是社会治理的关键。如果能将社会的负外部性转为正外部性，将起到事半功倍的效果，对创新社会治理具有十分重要的作用。在这个过程中，一方面可以通过制度约束进行控制，对可以预见和已经发生的负外部性进行制度制止，并通过试点改革进行检验，不断完善制度政策。另一方面可以通过市场机制进行调节，如通过税收、产权等进行自动调节，以降低社会的负外部效应。此外，还要不断进行创新治理，探索更好的解决方案。无论是哪种方案，都要充分发挥社会主体的关键作用，政府提高服务意识和服务质量，加强公信力建设，公众加强监督管理。

（三）实现善治的社会治理架构

在中国多元复合转型期，社会面临很大的机遇，同时也面临着各种冲突和挑战。城乡二元、城市内部贫富二元、产业二元等“多二元”现象严重，使得收入分配不平衡，教育、医疗卫生、社会保障、劳动就业

---

① 魏俞满：“矫正我国政府社会管理失灵的对策探析”，《长春理工大学学报》，2013 年第 6 期，第 5—6 页。

等基础民生问题重重，社会诚信严重缺乏，民主法治尚不完善，腐败现象比比皆是。这些矛盾严重阻碍了中国社会的发展，要化解这些问题，就必须大力加强社会治理，实现社会的善治。

治理是对市场失灵和国家失败的反思和替代，可以克服政府和市场的局限。作为较早研究治理理论的学者，詹姆斯（JameSN. Rosenau）认为治理既包括政府机制，同时也包括非正式的、非政府的机制。政府已经不再是社会治理的唯一主体，社会上各种组织和个人都可以互动治理，正在朝着多元化的方向演进。因此，治理是各种公共的或私人的个人和机构管理其事务的诸多方式的总和，它不是一整套规则，也不是一种活动，而是一个过程；治理过程的基础不是控制，而是协调；治理既涉及公共部门，也包括私人部门；治理不是一种正式的制度，而是持续的互动。[①]

善治则是政府和公众对公共生活的共同管理，是社会治理的最好方式。随着全球化的发展，政府的职能正在发生转变，政府的权利也正在逐渐弱化，市场这只“看不见的手”也难以有效调节，于是便形成了新型的互补互动关系。善治是对治理更好的完善，它主张通过政府分权放权使多元主体共同参与社会的合作共治，打破了传统的政府中心论和垄断管理体制，社会中各个组织、部门和个人都成为社会治理的主体，确定了多主体的治理模式，克服了官僚固化的弊端，提高了社会效率。

在善治的社会治理中，不仅参与主体是多元的，治理工具也是多元的。其打破了传统的科层体制，形成社会化的网络治理模式，充分发挥多元互动关系，形成新的良性互动的战略伙伴关系，将社会治理与提供公共物品和公共治理融为一体，同时运用市场、社会、文化、法律等多种手段对公共事业进行控制，使治理工具和手段更加多元化，充分展示了社会的力量。

善治是一种好的社会治理理念和手段，实现了公共利益的最大化。

---

① 何增科：“从社会管理走向社会治理和社会善治”，《学习时报》，2013 年 1 月 28 日。

它是在法治社会背景下管理社会事务，维持正常的社会生活秩序，使社会主体共同认同的社会治理模式。社会中的每个成员都要解放思想，转变观念，政府放低姿态，公民提高自信，在良好的文化环境和制度环境中依据规定自觉履行一定的职责，坚持民主法治的原则，承担相应的义务，同时通过信息公开及传达，公民有权获得社会治理的信息，并进行监督和反馈，以便及时进行调整，使社会治理更加科学有效，降低治理成本，实现公平公正。

第二节　多元主体协同治理突破社会治理瓶颈

社会治理是国家权力向社会回归的过程，是全民参与的过程，是夯实民主和法治基石的过程。社会治理强调的是各种社会力量之间的均衡发展和多方参与的共同治理，提供的是全民共享的公共服务，因此，社会多元主体的联动是社会治理的核心，保障提供基本公共服务是社会治理的内容。

一、多元主体互动，挑战社会失序

治理不是单个主体的活动，而是多元主体共同作用的结果，即政府、企业、非政府组织、个人等共同参与，每个主体在各自的范围内行使各自的职责，防止社会的板结无活力或混乱无序。

（一）多元主体参与治理是现代社会的特质

社会治理是在政府失灵和市场失灵的情况下对社会变革引发的新的思考，其核心理念就是多元治理，社会治理的主体是多元的，维护的是多元主体共同的公共利益。多元社会治理是中国改革的必然。

一方面，社会经济的进步引发了社会阶层和利益集团的多元化和对抗化，多元治理则从多个角度寻求不同利益主体之间的利益交集，形成公共的社会认同。在社会治理过程中，社会、经济、文化、政治等多维度都给多元主体带来不同的利益关系，也以更加包容的态度允许多元主体追求其利益，多元治理就是在肯定多元主体利益的基础上，充分调动不同主体的积极作用，平衡社会资源配置。广泛听取和尊重多元主体的意见，将其利益实现视为社会治理的关键，并以实现利益的社会化均衡作为社会治理的目的。通过多元主体的协同治理，使其形成共同的社会认识，对实现社会可持续发展达成共识，通过协商与合作使社会整体实现进步，破解社会阶级对立导致的各种社会矛盾和冲突。

另一方面，社会多元治理是由政府、企业、非政府组织和公民个人等多元主体构成的，在社会治理的过程中，公民发挥着越来越重要的作用。社会治理的核心也是为了解决广大公民的利益所得，为社会中的广大公民谋取利益。多元治理则充分发挥了公民的治理和监督作用，实现为最广大的群众谋福利。社会是公民的社会，不是某个特殊利益阶层的，在社会发展过程中，利益不能固定地向某方倾斜，那样只能导致社会冲突，利益的多元化发展才能实现社会平衡，而利益的多元化就恰恰需要社会治理的多方化。通过多元主体参与社会治理，满足社会需求的多样性，满足最广大人民的根本利益，使公民真正参与到社会治理的过程中，成为国家的主人，充分表达自身诉求，实现公共利益的最大化。

此外，随着公民广泛参与多元社会治理，公民的主人翁意识不断增强，通过参与，充分实现了表达诉求的意愿，极大地激发了广大公民参与社会治理的热情。随着多元治理的完善以及各阶级利益的满足，社会治理变得井然有序，社会也摆脱了板结无序的状态，为社会的可持续发展打下了良好的基础。随着社会的不断变革，多元治理不仅对中国的社会发展起到积极作用，对中国的政治稳定、经济繁荣等都起到积极的促进作用。然而，多元社会治理毕竟是以社会自治为基础，具有一定的复杂性，需要在治理的过程中不断总结经验教训，增加多元主体的参与渠道，不断修正社会治理模式，突破传统思维的禁锢，充分发挥公众的主动性，通过自治实现社会的和谐发展。

（二）多元治理特色分明

多元社会治理不同于传统的社会管制，强调了多元主体的广泛参与，目的是实现社会共同利益最大化。因此，社会多元治理有着较为显著的特征。

首先，多元社会治理强调了多主体共同参与，是社会各阶层平衡发展的体现。随着社会的不断进步，社会分化出越来越多的阶层，不同阶层有其各自的利益点，社会已经逐渐成为多主体和多中心的社会结构，是一个综合体系。在这样的环境下，传统的政府一元控制已经不再适应社会发展的需要，社会的各项行动都要以满足社会群体的利益为出发点，坚持实现社会利益的最大化，使边缘化群体逐渐走向主流，使弱势群体也享有平等的福利和待遇。同时，各阶级群体都可以通过广泛的渠道实现社会自治，使社会主体成为权力主体，并相互依托。任何一个主体都不能单独行使权力，社会资源的有效配置需要多元社会主体的共同作用，通过协商解决公共问题，实现公共利益最大化，这是社会多元治理的基础，也是社会实现共同发展的根本。当多元主体协商并达成共同意见，公共政策就由此产生，社会也就能和谐有序的发展。

其次，社会多元治理不仅是多主体的共同治理，重要的是多元主体间的相互协作，这是实现社会共同利益的重要点。由于不同的社会阶层有着不同的利益诉求和利益关系，其追逐的利益点必然有所差异，多元治理就是要在这些差异中寻找平衡，通过多元主体的协同发展发掘适当的治理模式，以满足多方利益，实现社会整体利益的最大化。在传统的社会发展过程中，政府、市场和公民都处于极端的主从关系，一方掌握着较大的控制权，另一方则长期处于从属地位。随着社会治理现代化，协作共赢成为社会发展的主题，公共利益成为社会发展的核心。在满足社会公共利益的前提下，要使公民对自身及社会有明晰的认知，不断强化其责任意识、参与意识和协作意识，建立公共的价值观，通过全民参与自我治理、全社会收益，真正实现社会民主化。传统社会的封闭、割裂被打破，在多方博弈中达到平衡，实现社会资源公平有效的配置，以及社会公共利益的最大化。

（三）寻求利益共同点实现多元治理

在全球化的背景下，世界变得越来越融合，国家之间的联系越来越密切，在这样的发展趋势下，人们开始朝着一体化的方向发展，尤其是随着世界开放程度的不断扩大，呼吁一种新的社会发展模式来应对全球化的发展方向，这就是多元化的社会治理。多元治理是社会各阶层协作发展的过程，各主体之间必然存在差异，这就要寻找其利益共同点，培养同质化的治理目标和方向。

在多元视角下，国与国之间的边界、社会中各阶层的边界逐渐变得模糊，社会不仅是一个国家的社会，更是全世界的社会，封闭的经验型的社会发展模式已经不再适用，越来越多的经济体开始跨国经营，越来越多的国际组织开始跨国活动，全球性的社会治理成为世界发展的方向，为全人类的共同利益服务。

正是由于全球化进程带来的开放性，多元社会治理使各种关系变得更为包容和开放，先发国家和其他国家的关系愈发密切，单一主体的社会结构逐渐被打破，多元治理的关系开始出现。社会开始容纳越来越多的思想和观念，把多样化的社会主体和社会治理模式吸引进来，通过不断追求发展的共同利益，在差异中寻找共同，在复杂中寻找简单，这是社会发展的必然结果，也是人类文明发展的必然。

在人类经济社会文化逐渐融合的过程中，人们开始探寻生存发展的共同利益，不再局限于眼前的个人利益，而是着眼于未来发展的长远利益。人们发现利益矛盾激化到一定程度就必须依靠融合来解决。利益冲突无法继续在私人领域内部得以解决，于是，冲突向政治层面转移，干预主义便由此产生。长此以往，国家干预社会领域，与此相应，公共权限也向私人组织转移。公共权威覆盖于私人领域之上①。当政府的能力无法解决社会中错综复杂的社会问题时，社会自治的优势就凸显出来，维护公平正义的多元社会治理模式开始发挥其作用。

社会的错综复杂使多元治理也呈现出多种形式，固化的社会结构只能使发展陷入僵局，多元化的治理应该是生动灵活的，摒弃刻板的思维模式和处事方式，积极应对社会中的各种风险和不确定性，通过网络式的互动达成一致的目标，这也是单一主体下无法完成的。协作中必然会有分工，分工中就要明晰责任和义务，这就需要不断完善法律道德建设，需要制度支撑，更需要多元主体的监督共治，社会治理是多元自治的过程，更是多元共治的过程，每一个社会主体都将是一个责任主体，不是以政治观念来对待公共利益，而是以道德原则来诠释公共利益，把公共利益的内容极其实现途径作为行为的道德标准②，这是社会多元治理的规范和准则。

二、多元主体形态，实现公共利益

从全球社会治理的经验来看，多元主体治理已经成为社会治理的发展模式，包括政府、社会组织、企业、社区以及个人等诸多主体都可以依法参与社会治理，他们之间建立平等、协作、持续、互动的社会关系，提倡透明、法治、全民参与的社会治理，通过规范社会事务，实现公共利益的最大化。社会治理的主体是多元的，任何一个社会主体都不能单独进行社会治理。

（一）政府组织

政府在传统社会中发挥着至关重要的作用，是社会资源的主要占有和支配者，公权力在传统社会中有着至高无上的地位，是一切决策的主要制定者。然而，由于社会发展需要的大量公共物品与服务具有非竞争

---

① 哈贝马斯：《公共领域的结构转型》，学林出版社，1999 年版，第 171 页。

② 张康之：《公共管理伦理学》，中国人民大学出版社，2003 年版，第 196 页。

性以及非排他性的特征，但政府不是公共物品和服务的直接供给主体，公共物品和服务需要多元主体的共同提供，仅以政府的力量是难以满足社会需求的，同时，政府的单一渠道也难以实现资源的优化配置，达到供给成本最低和效率最大化，甚至会导致资源浪费等现象的发生，这就是市场失灵和政府失灵之所在，这种失灵已经暴露其弊端，并制约了社会的进步。因此，社会多元治理摆脱了以政府为主导的传统模式，实现多元主体共同治理。政府也由传统的管理型政府转向服务型政府，在多元治理中不再处于统治地位，而是通过调节其为社会服务的功能，真正实现社会效用的最大化。

（二）私人部门

私人部门是以营利为目的的市场主体，是市场经济的活动主体，也是社会治理中的重要主体之一。在市场活动中，私人部门通过市场配置实现营利。然而，随着市场失灵的出现，私人部门面临着越来越多的风险，需有效途径加以解决。社会治理中将私人部门作为主体之一，不仅通过私人部门提供公共物品与服务，也有利于其调节市场活动中的不平衡。

传统的公共物品和服务都是由政府提供的，虽然体现了政府的价值，但也容易形成垄断，导致公共产品供给不足等，必须通过私人部门参与竞争，才能提高公共产品的提供效率。如果公共物品和服务仅由私人部门单独提供，就会丧失其非竞争性的本质，完全成为市场化行为，忽视了公共物品和服务的最终目的是为广大民众服务。因此，由政府和私人部门共同提供公共物品和服务，既解决了供给不足的问题，也解决了过度市场化的问题，使社会治理达到平衡。

与政府相比，私人部门的最终目的是为了获取利润，因此在经营过程中的效率更高，成本更低，能够更好地实现资源的优化配置。公共物品和服务由于其特殊性质，往往具有非排他性和非竞争性，通过私人部门的供给将其市场化，同时明确了公共物品和服务的产权，可以有效解决搭便车的发生，同时也打破了政府的垄断，形成多元竞争。社会治理的核心就是要最大化满足广大公众的共同利益，通过私人部门加入的社会治理就完善了公共物品和服务的提供主体，起到重要的协调作用。

（三）非政府组织

除了以营利为目的的私人部门之外，还有不以营利为目的的非政府组织，是政府和私人部门之外的另一种提供公共服务的社会主体，也是社会治理的重要主体之一。非政府组织的显著特征就是非营利性，此外，还具有自治性和组织性，属于志愿性质的组织机构。非政府组织的涉及范围非常广，政治、宗教、教育、慈善、环保等都可以涵盖。非政府组织的活动也需要资金支持，这需要政府部门和私人部门的捐赠。在社会治理的过程中，政府、私人部门和非政府组织分别承担着不同的社会角色，并发挥各自的作用。

非政府组织在社会治理中解决了提供某些公共物品和服务的空白，还可以有效弥补提供公共产品时所出现的各种失灵。通过与政府部门和私人部门的有效合作，提高了公共物品和服务的提供效率和质量，并形成有效的机制进行协调和平衡，实现了多元主体共同的社会治理，公权力和私权利的均衡。然而，非营利性组织在中国的发展还处于起步阶段，诸如各种联合会和贸促会等组织还是具有政府背景的半社会组织。许多民间组织正在兴起，但由于缺乏相应的制度规范，发展还不成熟，其作用的发挥也面临制约。非政府组织在中国的发展在制度建设、组织结构、资金获取等方面还存在许多问题，还需要不断发展完善，真正发挥其社会治理主体的作用。

（四）基层社区

社区是人们生活的最基础的地方组织，社区内蕴含着丰富的社会资源，建立了人与人最基础的社会文化认同感，是公民参与社会网络的窗口。社区需求是与社会经济发展密切相关的，因此，社区治理是社会治理中最基础，也是最重要的部分。

社区治理在于培育社区内人群一致的认同感和公民意识，只有对参与公共事务有了广泛的认识和积极的态度，才能自觉维护社会公共利益，对公共事务的关注和对公共事业的投入是公民美德的关键标志[①]。社区为公民提供了交流发展的载体，公民正是通过社区形成合力，发觉互利关系，并进行广泛互动，共享社区资源。由于社会治理中所需的公民美德不是一蹴而就的，需要日积月累的培育和熏陶，而互动社会恰恰起到了舆论宣传和行动指导的作用，通过长期的贯彻执行，使公民自发地形成公民意识和精神。在培育公共意识的过程中，一方面要不断加强制度建设，使社区治理真正发挥作用；另一方面还要着力形成各种具有公共利益的组织，即构建以增进公共利益为目的的社会关系网，有效培育社区的公共意识，逐步理顺社区成员之间的利益关系，有效处理社区的公共事务，保证社区治理以及社会治理的顺利运行。

（五）公众

社会是由广大公众组成的，为的是满足广大公众的共同利益，公众自然就是社会治理的主体，而且是最重要的主体。国家的一切权力都属于人民，人民则可以通过多种渠道管理社会。公众参与社会治理不仅是在行使权力，也是在履行义务，而公众参与社会治理的程度往往决定了社会治理的效果。

公众可以从多个角度参与社会治理。一方面，公众是任何社会组织中的一员，可以通过社会组织参与治理。由于社会组织的组织化较强，进行治理的力度也较大。另一方面，公众可以作为单独的个体进行社会治理，如参加各种听证会、座谈会、公益活动等，随着自媒体时代的来临，公众可以通过互联网及其他多种途径发表观点和意见，参与社会治理。

在中国，公众参与社会治理的程度还不高，但随着民主化、法治化和自由化的不断加强，公众开始越来越广泛的参与到社会治理的过程中来，主人翁意识不断增强，参与治理的渠道不断拓宽，公众在社会治理中的主体作用正在逐步发挥出来。

① 罗伯特·帕特南：《使民主运转起来》，江西人民出版社，2001 年版，第 100 页。

三、多元主体协调，完善公共事务

社会治理是完成提供社会公共事务的过程，在进行公共事务的过程中，需要多元主体的协调与协作，建立完善的互动协调机制，优化公共产品的供给模式，形成完善的监督机制，共同完成公共事务。

（一）多元主体相互关联

在社会治理过程中，多元主体不是单独行动的，在治理过程中必然要互相协调和沟通。无论是政府、私人部门、非政府组织，还是基层组织或公众个人，都需要对公共事务进行协商共治，各自依据其特征发挥其作用。政府、市场和非政府组织、公众对公共事务的治理是协调发展的，多元社会主体对社会的治理也是相互关联的，这是社会治理最本质的特点。政府的行政管理是官僚科层制组织模式，表现为层级之间的命令与服从，体现了自上而下的权力运行逻辑。而企业的管理建立在市场经济基础上，它强调优胜劣汰、利润最大化，体现了等价交换的商业运行逻辑。社会治理强调多元主体在平等基础上的参与与合作，既体现了参与的理念，也体现了合作的重要性，更多的是一种交往的运行逻辑。①

在社会治理过程中，不仅治理主体是多元并相互关联的，治理模式也是多元并相关的。社会治理强调了多主体治理的共同治理模式，其治理手段也必然形成多元化的发展模式。多元主体在治理中充分发挥各自优势，通过积极的合作进行共同治理，有着良好的社会基础，对社会治理是自觉自愿的合作与交流，维护了社会的有序运转，形成自我组织和治理的服务模式，保持了社会的公平和稳定。这种治理模式远远高于单纯的政府治理或者市场治理。通过强制性的政府治理只能导致垄断和社会主体主动性的丧失，通过灵活的市场治理又难以有效发挥其调节作用，只有多元化的社会治理才能充分发挥各种力量的积极作用，有效维持社

① 李惠凤："社区治理与社会管理体制创新"，浙江大学，2011 年，博士学位论文。

会秩序的稳定。

作为特殊的组织模式，社会发展呈现出复杂的特征，不仅多样化，而且差异性大。面对这样的社会需求，单凭政府是难以提供多种形式公共物品和服务的，单凭追求利润最大化的企业也无法提供各种公共服务，非政府组织则更难做到。社会需求的公共物品和服务具有非竞争性和非排他性的特征，与市场化的产品和服务不同，只有多元主体的合作才有可能提供适当的公共物品和服务。其中，政府可以提供纯公共物品和服务，私人部门提供具有竞争性的产品和服务，行业协会、公益组织等非营利机构则可以提供介于二者之间的准公共物品和服务。通过多元治理，完善提供途径，满足社会广泛的公共需求，实现社会共同利益最大化。

（二）建立多元主体间的互动协调机制

社会治理的多元主体有其各自的特点和优势，在社会治理的过程中起着不同的作用。如何有效发挥多元主体的优势，形成有效的互动协调，是社会多元治理的关键，而有效的制度保障和程序设计则是协调多元主体作用发挥的重要基础。在制度设计上需要政治、经济、法律、社会等多种渠道共同作用，保证社会多元主体的协调合作。

首先，用法律手段进行约束。法律是一切行为的基础，可以明确规定各主体参与社会治理的责任与义务。私人部门和非政府组织能提供公共物品和服务，不仅减轻了政府财政的压力，还使公共服务更加丰富多彩，无论是内容还是形式都呈现出多元化和个性化的趋势。在内容丰富的同时，公共物品和服务的结构也呈现出复杂化的态势，私人部门和非政府组织在提供公共物品和服务的同时也在享有公共利益，既是提供者又是消费者，既有权利又有责任。因此，社会主体参与社会治理的权利和义务就必须通过立法加以界定，使多元主体在社会治理过程中能够有法可依，不断提高效率，秩序井然地参与社会治理活动。

其次，在明确了各多元主体的权利和义务之后，就要进一步构建多元主体之间的协同合作机制，使其成为提供公共物品和服务的共同体，形成多元供给模式。在供给过程中，多元主体之间必然存在合作互补的关系，进而形成权利依赖，通过互动可以巩固其伙伴关系，并将战略伙伴关系逐步转向有着深层利益关系的夫妻关系。虽然发展的最终目标不同，但是通过协同合作和协商分享增强相互之间的理解和信任，实现多元主体的共赢，为社会共同利益的实现发挥作用，形成提供公共物品和服务的多元联合主体。

最后，有了法律的保障和多元主体间的协同合作机制后，要实现社会的共同进步，满足多方利益需求，还要建立完善的激励和约束机制，以促进多元主体间的相互协调。任何一个组织的发展都是要追求一定利益的，即使是非政府组织，也有其追求的利益目标，就是为社会提供更多的价值。因此，作为具有利益诉求的多元主体，他们参与社会公共活动都会有利益所驱，平衡其私人利益和公共利益成为社会治理的关键节点，这就需要建立完善的激励约束机制。通过激励，鼓励多元主体积极参与社会治理，高质量、高效率地提供公共物品和服务，通过约束机制，控制多元社会主体过度的利益追求，明确其社会定位。激励和约束是制度设计必不可少的部分，有利于促进社会多元主体的功能协调，共同为社会提供良好的公共服务。

（三）建立完善监督机制，保障多元主体的功能耦合

公共物品与服务的提供涉及多元主体、多元渠道和多元模式等，不是某个组织的唯一行为；同时，公共物品与服务的水平高低又直接决定了广大公众的公共利益，对其有着较大影响。因此，必须要建立一套完善的监督机制，用以保障公共服务规范、顺利运营，使社会治理有效推进，既是多元社会主体功能的对接，又对提供公共服务有极大的促进作用。建立完善的监督机制可以从整合监督体系、创新监督方式、加大监督力度等方面着手，切实提高社会治理的效率。

建立完善的监督机制，首先要整合公共物品与服务提供的监督体系，只有形成有效的监督体系才有利于监督工作的执行。在监督体系中，包括政府、私人部门、非政府组织和公众个人在内的任何社会主体都是监

督的主体，实现监督的多元主体化，各自发挥优势，实现功能耦合，通过分工合作、协调运行，成为监督的有机整体和网络体系，贯穿社会公共物品与服务提供的整个流程，多渠道进行监督。完善监督体系除了确定全方位监督主体，还要积极引进第三方参与监督，充分发挥人民群众的力量，保证社会活动的最终目的是实现最广大人民群众的根本利益。同时，将市场化竞争机制和监管机制引入，建立完善的激励和约束机制，降低社会成本，提高公共效率。最后，大力发挥各种监督监管方式的作用，将审计监督、会计监督、舆论监督等纳入其中，使监督机制不断完善，保证社会公共事务的顺利进行。

建立并完善监督机制之后，就要选择有效的监督和监管方式。过去的经验表明，监管缺失引发的社会失序现象比比皆是，监督监管方式是运行监督职能的重要手段。在监督监管中，要充分发挥社会公众的积极性和主动性。社会治理是为广大公众提供社会利益，公众的反馈对社会治理有着重要的影响，公众的监督也就极为有力。将公众的监督监管作为制度性的决策，将公众的满意程度作为社会治理效果的考量，这是监督监管的本质。因此，要逐步建立和健全公众对公共物品与服务提供的监督机制，扩大广大公众的知情权，使供给活动透明化；健全财政资金的收支制度，规范和完善政府预算的听证制度，以提高政府预算的使用效率，使预算投入更加科学和民主；还要强化预算绩效的后评价制度，使监督监管贯穿整个流程，防止任何失误，保证财政预算的使用是为了提高公共服务水平和公众的公共利益。

在建立和完善监督机制的过程中，除了要充分发挥广大公众的监督职能，作为一切社会事务领导者的政府也要充分发挥其职能。下级政府对上级政府积极监督，上级政府对下级政府时时问责，形成无缝式监督机制，使公共物品和服务供给监督的深度和力度都不断增加。政府代表的是广大人民群众的利益，必须要为人民群众的公共事务负责，在向服务型政府转型的过程中要将为公众提供公共服务视为一项可持续发展的长期事业，避免短期绩效评价带来的短视行为。通过完善的监督机制不仅可以发现社会治理中的问题，还能采取补救措施，防止问题的再次发生，形成事前预防和事中补救的完善机制，这不仅是考量政府服务职能的重要手段，也是考量相关执政人员的重要措施，使政府真正执政为民，使社会治理真正为公共利益服务。

专栏 6－2

社会自治弥补失灵[①]

我们所享受的公共服务，有许多是不能通过政府和市场来完成的，而在这个政府和市场双双失灵的地方，恰恰可以通过自治组织提供的准公共服务来完成。

一个良好的转变正在东莞兴起，如果说既往30年新莞人侧重于管理而轻服务，那么，现在部分镇街已经十分强调服务和管理并重，逐渐提升了服务的含量。这个转变是一个良好的开端，将加速新老莞人的融合。樟木头的实验是这个转变路径的代表作之一，它的入口就是新莞人自治。尽管这个实验还有许多不规范之处，但是，通过进一步的探索和实践，相信这个实验会渐渐生成新莞人自治的新模式。

如果翻看美国历史，你会发现一个有趣的历史现象，在殖民地时期，一些殖民地是在英国国王的特许下生成的，总督也是国王委任的，但是，总督之下的市镇一级却是自治体。盎格鲁—萨克逊国家具有地方自治的传统。早在诺曼征服之后，英国国王便通过颁发特许状的形式赋予城市以自由权，12世纪早期，伦敦市的市民便根据特许状获得了选举城镇长官、行政司法长官的权利。这种传统在17世纪被英国移民带到了北美，为美国的地方自治制度奠定了坚实的基础。

① 姜晨：“社会自治弥补公共服务提供的政府失灵”，《东莞日报》，2010年11月29日。

如今，自治成为美国公共治理的基础，无论是联邦政府还是州政府，其生成和运行的基本原则都是乡镇自治原则的延伸。正如法国人托克维尔说的那样，“在美国，乡镇成立于县之前，县又成立于州之前，而州又成立于联邦之前”。不仅如此，各类民间组织也十分发达，成为社会治理的有机组成部分。美国人常说，除了企业、监狱、军队、家庭不是自治组织外，其他的一切组织都是自治的。

在美国人看来，自治权是公民自决权在公共生活中的延伸。公民在行使自治权时，一部分权利作用于推选政府管理者，以成立各级政府；而另一部分权利作用于自行成立的各类自治组织。无论是成立政府还是成立各类自治组织，行使自治权的目的都是为了获得更为良好的公共服务。相对而言，政府提供的公共服务是面对全体公民的，具有不可分性和同质性。而各类自治组织提供的服务具有准公共服务的性质，它只面向自治体成员，是排外的，各个自治体所提供的准公共服务都是有差异的。

亚当·斯密在《国富论》曾经论及“有形之手”（政府）和“无形之手”（市场）在社会资源配置上的作用与分工。当我们把这一原理运用于社会公共服务时，可以发现，在这一领域，无论是“有形之手”和“无形之手”都可能有力所不逮的地方，也就是说，我们所享受的公共服务，有许多是不能通过政府和市场来完成的，而在这个政府和市场双双失灵的地方，恰恰可以通过自治组织提供的准公共服务来完成。

现代意义上的政府是有限政府。这里的有限是指政府的权力不是覆盖一切领域的，而当政府限制一部分权力，在某些领域如果没有自治组织的发育，替代行使管理权力，那么，这个领域可能产生公共服务供给不足的问题。在中国大城市中，外来工就是这个政府权力覆盖效率不高的领域。表现在，管理多而服务少。几乎在所有大城市，农民工所享受的公共服务都是最少的，而加于身上的控制和约束却高得惊人。现在，东莞正在实验的新莞人自治提供了一个范例。它证明，如果政府放权，可以让外来工以自治的方式生成一种服务与管理并驾齐驱的治理模式。

第三节　强化公私合作机制 完善社会治理架构

由于公共物品与服务所特有的属性，无论是政府投资或是私人投资提供，都存在或多或少的不足或缺陷。特别是，在城市化建设融资需求倒逼下，中国要破解“融资瓶颈”，防控债务风险，治理产能过剩，应对气候变化，实现保增长、促转型、调结构、惠民生、保稳定的战略目标，亟需强有力新抓手——公私化合作（Public - Private - Partnership，简称 PPP）机制。PPP 模式引入社会民间资本进入公共产品和公共服务领域，减轻财政资金的“重负”，同时发挥财政资金引导作用，实现公私化合作“双赢”，打造“伙伴关系”，实现利益共享，同时共担风险，无疑是发挥市场起决定性作用的有益且大胆尝试。

一、PPP 模式内涵及特点

PPP 模式起源于 20 世纪 80 年代，现在已被很多国家或者国际组织应用于基础设施的建设中，但关于 PPP 的具体定义却至今还存有争论。

联合国培训研究所（United Nations Institute for Training and Research）认为，PPP 涵盖了不同社会系统倡导者之间的所有制度化合作方式，目的是解决当地或区域内的某些复杂问题。在联合国培训研究所看来，PPP

包含两层含义：一是为满足公共产品需要而建立的公共和私人倡导者之间的各种合作关系；二是为满足公共产品需要，公共部门和私人部门建立伙伴关系进行的大型公共项目的实施。

美国 PPP 国家委员会（The National Council for ublic - Private Partnerships）认为，PPP 是介于外包和私有化之间并结合了两者特点的一种公共产品提供方式，它充分利用私人资源进行设计、建设、投资、经营和维护公共基础设施，并提供相关服务以满足公共需求。而美国交通部（US. Department of Transportation）认为，PPP 是公共部门和私营部门的签订的合同，相对于传统模式该合同允许私营部门更多的参与。该合约包括政府部门与私营部门签订的关于修复、建造、运营、维护或者管理一个基础设施项目或者系统的协议，但是公共部门通常保留该基础设施或者系统的所有权，而私营部门则在决定如何完成该项目或者任务方面具有了更多的决策权。

英国的 PPP 主要包括私营主动融资（Private Finance Initiative，简称 PFI）和其他由政府部门旨在利用私营部门的管理技术而与私营部门签订的优质服务长期购买协议。这些协议包括特许经营和专营，即私营部门承担提供公共服务的责任，如计划、设计、融资、建设、运营和维护协议确定的服务等。

德国联邦交通、建设及房地产部（German Federal Department of Transportation，Construction and Real Estate）在其发布的《公共房地产中的 PPP 联邦报告》中指出，PPP 专指长期的基于合同管理下的公共部门和私营部门的合作，以结合各方必要的资源（如专业知识、运营基金、资金、人人力资源）和根据项目各方风险管理能力合理分担项目存在的风险，从而有效地满足公共服务需要。一般来说，PPP 指的是为了共同完成某个项目（主要是公共事业项目）的投资、建设和运营，政府、营利性企业和非营利性企业形成的相互合作关系。

在此，PPP 模式就是政府与私人部门为提供公共产品或服务而建立的合作关系，以授予特许经营权为特征，兼顾公私双方优势，降低放宽对民间资本的准入门槛，将以往由政府及国有企业包揽的投资领域对国内社会民间资本开放，推动公私化合作。总体来说，PPP 模式主要具有三大特征：

一是公共服务市场化。这是 PPP 模式的基本特征，即政府与民营企业共享投资收益，共担投资风险，通过政府政策的引导，在一定额度的政府资金支持下，在项目的建设期和运营期，采用民营化方式在公共事业领域引入民间资本及其管理和服务。

二是伙伴关系。政府购买商品和服务、给予授权、征收税费和收取罚款，这些事务的处理并不必然表明合作伙伴关系的真实存在和延续。在 PPP 中，民营部门与政府公共部门的伙伴关系与其他关系相比，独特之处就是项目目标一致。公共部门之所以和民营部门合作并形成伙伴关系，核心问题是存在一个共同的目标：在某个具体项目上，以最少的资源，实现最多最好的产品或服务的供给。

三是利益共享。在 PPP 中，公共部门与民营部门并不是简单分享利润，还需要控制民营部门可能的高额利润，即不允许民营部门在项目执行过程中形成超额利润。利益共享显然是伙伴关系的基础之一，如果没有利益共享，也不会有可持续的 PPP 类型的伙伴关系。

二、PPP 模式实施的必要性

当前，中国国有资本主导的投资模式也已经不适应经济发展的需求。特别是在全球经济放缓的情况下，国有资本投资的低效率很难再次推动中国经济的提速，需要投资灵活、效率高的社会民间资本的参与，大力发展 PPP 模式。

（一）推动政府与市场合作

政府财政投资重点着眼于全局和长期利益，主要考虑“外部性”问题，谋求社会福利最大化而不以盈利为目的，因此政府财政投资的“有效性”也就往往成为人们质疑政府治理效能的一个重要问题。与之相比，社会民间资本的商业性投资以追逐“直接经济效益”为目的，力争实现经济利益最大化。因此，若能以较少的政府投资与较多的社会民间资本打造强有力的“投资组合”，借助社会民间资本的运作机制以提高效率，那么政府财政投资的总体效益可望比没有社会民间资本加入或加入较少时更好。PPP 模式就是兼顾公私双方优势，既有利于减轻政府融资压力，促进政府职能转变，减少政府干预，促进政府信息透明化，加强监管，实现“阳光用权”，打造“阳光政府”，同时又有利于降低企业参与公共领域项目的准入门槛，发掘私营部门发展空间，激发非公有制经济活力，以“专人做专事的专业化机制”提高公共物品与服务的供给效率。PPP 模式更有利于实现政府、社会、企业的“共赢多赢”，是很有价值的发展方向。就中国而言，公共产品和公共服务长期以来主要以财政投入为主，并由国有企业垄断经营，然而随着地方融资压力不断加大，政府主导公共产品和公共服务提供模式渐现疲态，加之公共产品和公共服务的某些领域在一些西方国家是由市场来有效提供的，因此引进和应用市场决定资源配置的 PPP 模式，使社会民间资本进入公共领域，提高政府财政效率同时约束政府权力，在合理运营和有效监督下实现公私“双赢”。

（二）谨防塌陷“塔西佗”陷阱

管仲说“诚信者，天下之结也”，以诚信为天下万事中的关键。项目运行过程中，投资者最为关注的就是政府的诚信问题，也就是所要面临的制度风险或政策风险。若政府随意制定制度或是任意更改政策，就会导致投资者任何风险防范措施的零效用，进而无法有效保障投资者的投资本金及其收益。PPP 模式是在公私部门之间建立的利益共享、风险共担、协同管理的长期契约关系，是市场与政府协同合作的产品。市场经济是以货币为媒介的信用经济，而诚实信用是其能不断向广度和深度扩展的灵魂所在。因此，PPP 模式有利于培育信用经济，严格约束政府行为，谨防误入“塔西佗”陷阱，提高政府公信力。政府公信力是政府依赖于社会成员对普遍性的行为规范的认可而赋予的信任，是使公众信任的力量，更是获取拥护和支持的能力。特别是，政府公信力与社会公众的自身利益满足感成正比，因此良好的政府公信形象有利于增强社会凝聚力，增强政府对社会公众的动员力，保证社会有序活力。反之，政府公信力降低就有可能掉入“塔西佗”陷阱，引发多米诺效应，使整个社会信用缺失。可以说，PPP 是将微观治理模式及宏观治理模式渗透于国家、企业、项目治理中的重要方式。

詹姆斯·福利斯特尔说：“政府工作的困难在于，它不仅必须干得很好，而且必须让公众相信它干得很好。”历经三十多年面向市场经济的改革开放，中国社会已经进入各方利益博弈时代，社会公众的许多诉求者是利益诉求，这无疑对政府公信力提出挑战。中国 PPP 模式发展恰逢其时，通过融入市场信用机制，严格规范政府行为，解决好社会公众身边的事情并真正关心他们的切身利益，建立起一种公正信任关系，获取政治认同，并且树立政府自身行为的权威性和影响力，搭建起一条政府行为上情下达和社会公众民意下情上达的通道。因此，中国大力发展 PPP 模式有利于社会公众对政府信用产生较为稳定的公认评价，提高政府治理能力在社会公众心中的综合评估水平以及对政府提供公共物品与服务的满意度，树立政府实施行政行为时在社会组织和民众中的良好形象。

（三）促进公私资金链条一体化

在价格管制条件下，公共项目无法形成可预期的盈利模式，依靠政策补贴则面临政策风险，同时对民间资本缺少吸引力，局面难以打开。因此，放宽市场准入，辅以必要的价格改革配套，方能吸引社会民间资本投资。PPP 模式通过公私化合作模式，鼓励和吸引社会民间资本进入公共领域建设中、减轻财政负担的有效手段，既有利于调动政府财政资金，又可以引入社会民间资本。在融合市场经济机制的 PPP 模式下，政府与社会民间资本是平等的经济主体，既要做到风险共担，也是利益共享的命运共同体。需要注意的是，在经济下行期，有些政府为吸引社会民间资本可能会开出比较优惠的条件，但经济形势一旦转变，就又可能以“防止国有资产流失”的名义要求修改当初的合同条款或不予执行，导致“共患难但不可同富贵”的局面。PPP 项目可以借用金融生态环境的概念，由民间自发组织将所有的 PPP 项目均统一备案，通过信用评级机构或其他机构对合同履约过程跟踪评估并发布结果，评估一个地区市场经济生态的完善程度，同时有效监督约束政府不良行为，实现政府与社会民间组织彼此监督、互得共赢的局面。

中国政府长期以来主要依靠融资平台和“土地财政”模式获取融资，但实践表明，这无疑导致了政府边界模糊、地方政府债务高筑、公共物品与公共服务供给效率低下等难题，导致“玻璃门”、“旋转门”、“弹簧门”等事件层出不穷，不具有可持续性。PPP 模式促进公私资金链条一体化，筹建社会普遍服务基金，实现全面的后台引领，加速财政金融融合，是融资模式和实践升级，无疑成为政府化解地方债务同时满足城市化融资的有效手段，可以破解“融资平台债务高”、“公共物品与公共服务的供给效率低”及公共领域“社会民间资本准入门槛高”等三大难题。这不仅可以满足城市化进程中对大量公共产品和公共服务的融资需求，化解政府旧债，而且通过成本分担机制，变政府投资为沉淀成本，社会民间资本为运营成本，达到疏通并盘活大量社会民间资本同时化解政府在拓展领域内资金短缺问题的目的，积极发挥市场在资源配置方面的决定性作用，同时约束并缩小政府在公共领域对资源的直接配置。

专栏 6 -3

美国公路成本补偿做法及启示[①]

美国在世界上较早建成全国性公路网，同时也是高速公路最多的国家，仅高速公路的总里程就占到了世界高速公路总里程的三分之一，9.1 万公里高速公路连接了全国所有 5 万人口以上的城镇，形成了以州际为核心的横贯东西、纵贯南北的高速公路主骨架，建成了世界上最长的高速公路网，同时美国也是公路税收体系较为完善的国家之一。

① 申燕：“美国公路成本补偿做法及启示”，《地方财政研究》，2010 年第 1 期，第 75—79 页。

一、美国公路成本补偿资金现状

美国公路网络的发展得益于完善的公路融资体制和融资立法，自1956年公路融资改革以来，政府先后出台了许多相关法案，通过运用法律手段对公路资金的筹集、分配和使用进行了较为规范的管理，包括公路资金的来源，税种的选择和税率的大小，各投资主体的责任划分和具体出资比例的多少，都通过立法的形式做出了规定。长久以来，美国公路融资一直秉承着“使用者付费”的原则，公路项目的资金主要来源于使用者税，一方面依据“使用者付费”的原则，通过由车辆的使用者承担道路成本而达到为公路建设融资的目的；另一方面引导使用者的消费行为，通过设置和调整税目、税率来促使消费者对各种资源的合理使用，达到保护环境与节能减排的目的。

美国公路采用的是公路建设专项基金制，联邦信托基金是由美国中央政府征收、管理的主要用于州际公路系统和主干道路建设养护的公路专项资金（从1983年起信托基金的12%左右会用于公共交通），其资金来源主要以消费税为主，其中燃油税所占比重较大，以1957年为例，征收燃油税获得的收入占到了全部的89.4%。到了20世纪70年代末80年代初，美国公路资金严重不足，燃油税比例在1980年比例下降到了57.8%。美国政府为了解决资金压力，于1982年通过了《路上运输资助法》和1984年的《亏损减免法》，两部法律提高了燃油税率，将汽油、柴油税的税率由原来的4美分/加仑，提高到15美分/加仑，很快燃油税比例在1985年上升到76%，此后一直呈增长趋势，截至2005年底，燃油税已经占到了该基金的86.1%。除去燃油税以外，货车，公车及拖车购置税位居第二，以2005年计算，比例占到了9.1%，其他的超重货车使用税以及轮胎税分别占到了3.3%和1.5%。

二、美国公路成本补偿资金的结构变化分析

在过去的几十年中，美国的公路成本补偿机制也在悄然发生着变化，具体表现为：燃油税和车辆税为主的使用者税收入尽管从绝对值上看是呈持续增长的发展趋势，但是该收入在公路资金中所占的比例却正在逐年降低，在1960年，燃油税与车辆税是美国公路的主要收入来源，约占美国当年公路资金总收入的68.24%，此后比例呈逐年下降趋势，到2006年，这一比例已经降到了53.11%，与此同时通行费收入的比例却在逐年上升，从1960年的4.6%上升到现在的5.03%，包括财产税在内的一般性税收收入也在逐年增加，比例由1960年的17.05%上升为现在的27.6%。

三、美国未来公路税收的发展趋势

成本补偿结构的转变在某种程度上促使美国对于公路成本补偿资金进行思考，提出了建立以机动车重量里程税为导向、包括燃油税、其他道路使用税及通行费在内的公路成本补偿体系。从立法上来看，美国1987年颁布的《陆地交通和联合自主援助法案》、《多式陆地交通效率法案》以及随后的《21世纪交通公平法案》等联邦法律改变了对收费公路的有关条款，提出发展和建设收费公路，同时宣布各州可以自行制订道路交通收费法规，允许州公路网络在告知公众的前提下，收取道路交通费用。此外，美国联邦和各州政府酝酿的《全国公路通行费联营规划》即将出台，原本实施的机动车汽油和柴油税收制度将被机动车重量里程税替代。

机动车重量里程税是依据车辆的重量和车辆行驶里程数，由车辆所有人缴纳的一种特定的公路税。由于重量里程税考虑到了重量与轴数对公路的影响，从而有效调节使用者对于车辆的选择，以征税的方式实现对重型车辆破坏能力进行的调节。同时，出于引进私人竞争与

解决资金缺口的需要，收费公路也逐渐增多。美国交通部依据法律提出了“谁出资多，谁获益多”的融资原则，投资商可以根据协议对项目投资，从而在相当长的时期内享有该项目竣工后的主管经营权，投资成本从车辆通行费中收取。

虽然美国公路收费的里程数相对较少，但是不保否认，收费制度已经成为美国公路建设中的一种重要方式。尤其随着政府与私人公司合作的加深以及高科技收费技术的应用，公路收费制度在美国的发展空间更为广阔。

三、实施 PPP 的战略路径

PPP 模式在基础设施项目上的成功运作，除了各参与方责任和权利分明、合同关系明确等设计方面的因素外，还取决于政府监管、政府政策、法律法规等方面的因素。

（一）加强政府监管

PPP 项目涉及公众利益，在 PPP 项目中，应当从项目的规划开始就加强多方面监督管理。相关信息应保持尽可能高的透明度，政府部门监督、社会公众监督、媒体监督和专业力量（如独立中介组织）监督等，应合成有效的多重复合监督体系。特别是，相对于传统的基础设施供给模式，PPP 模式中的政府的角色已不是传统的采购和供给者，而是转变为了监管者。因此，在项目建设阶段，政府部门需要跟踪项目设施的建设情况，确保项目建设按时完工，并且在完工时评估设施的质量；在设施运营阶段，政府部门需要监控基础设施的有效运行，确保私营部门提供的公共设施和服务公共服务满足环境、安全等方面的标准。当然，政府部门的这种监管建立在与私营部门协调合作基础上。特别是，中国过去一向强势的各级政府和公权部门、权力环节所受的制度约束，以避免不当的人为干预导致项目失败。完善对于PPP中政府方面的制度约束，加强政府监管，也是“把权力关进笼子”这一真谛在PPP领域机制创新中的关键性操作点。

（二）建立并完善法律保障

PPP项目的各参与方在项目的授权、设计、融资、建造、运营、管理、维护等方面签订相关的协议或者合同，已明确各自的责任、权利和风险分担情况。为了保障PPP项目的顺利实施，需要制定或者完善相关的法律法规，确保这些协议或者合同的效力。在法治化环境中，合法的契约就具有项目制度规范的意义与权能，以法律保障契约，也就是以法律保障制度的实施。契约如不严肃执行，受害方通常都是民营企业，必定会影响该领域民营企业进入的积极性。

（三）防控风险并优化利益调节机制

PPP项目的风险分配原则是让最有能力承担的一方承担特定类型的风险。也就是说，一个PPP项目有若干种风险，每种风险由谁来承担，不应背离能力原则，即应该由风险的特点来决定由谁来承担——合作方中谁更有能力承担该风险，就应由谁来承担，并体现于规范的契约之中。此外，PPP项目一般具有很高的公益性，同时也具有较高的垄断性（特许经营特征）。应当注重以“风险共担，利益共享，合理利润”为基准优化利益调节机制。特别是，当PPP项目不宜用涨价方式实现必要的利益调整时，政府就需要以其他方式（如补助方式）做出必要替代。

此外，除了从政府监管、法律保障以及防控风险并优化利益调节机制上推动PPP模式在中国基础设施领域的应用外，中国以及各地区还需要加强PPP模式的学习以及经济、法律、财务、工程管理以及合同管理等方面人才的培养，以促进PPP模式发展，减轻中国以及各地区在基础设施建设和运营方面的财政负担。

第四节　依宪执政依法治国
壮社会主体公信力

中国社会的多元复合转型给中国带来了前所未有的机会，也给中国带来了高风险的矛盾和冲突，使社会发展处于信任危机之中。社会信任问题是社会能否顺利运行的重要问题，特别是随着社会已经发展到人的全面自由的形态，人们对物质的依赖性正逐步降低，随之提高的是朝着以个人独立自由为基础的契约型社会关系。需要建立稳定的社会信用体系，而社会信用体系的建立则首先要从政府、媒体、社会团体等掌握多数社会资源的部门开始。

一、提高政府公信力，保障职能转型

政府作为社会治理中公共权力的象征，政府公信力是社会公信力体系中最重要的部分，只有社会成员对政府产生信任和认同，社会才能有序发展，作为向社会提供普遍服务的重要组织，政府一切行为都将通过公信力反映出来，这是衡量政府履行职责的客观评价。

（一）政府公信力

信任是社会关系中最基本的关系，是非制度性的安排，只要有社会关系存在，就有信任或不信任存在，而信任则是一种承诺，是人在公共领域获取发展空间的基础，政府与公众之间也毋庸置疑的存在一种信任关系。无论何种社会，政府公信力都是社会信用体系中最重要的部分，它是政府在公众心目中的地位，政府公信力的高低直接影响了社会秩序的稳定程度。

随着政府职能由管理型政府向服务型政府转型，政府工作的中心开

始转向为社会服务，不仅是为了向社会提供更多的公共物品和服务，更为了营造公平均等的社会环境，确保市场和社会的竞争有序，实现资源的有效配置。政府要在竞争中由主要参与者变为调节监督者，保障的是社会各主体的广泛参与和利益共享，为弱势群体和边缘化群体创造民主平等的环境，有效实现社会治理，这是实现社会可持续性的关键点，是可持续发展的重点所在。

从历史经验看，每一次社会转型和政府职能的转型都是一次重大的变革，而政府公信力在其中的作用不可小视。但是传统社会的法治程度普遍较低，人们依靠道德从事各项活动，这就给失信违约带来了可乘之机，社会公信力矛盾突出。随着现代社会的发展，依法治国已经成为基本国策，但是中国的法治建设还不完善，存在着较大缺陷，再加上人们受到传统观念的影响，信用思想发展得并不成熟，许多人的信用意识淡薄，使得以公谋私现象频频出现，严重影响了政府公信力，使政府在行使职能的过程中较难得到公众的信任，政府职能难以充分发挥。这就需要大力提升政府公信力，培育并维护政府的信用保障，使政府失信也有制度制约，从而建立良好的社会秩序，不仅公民讲诚信、企业讲诚信，政府更要讲诚信。

专栏 6－4

社会公信力是易碎品①

毋庸讳言，铁路部门正在遭遇空前的信任危机，由于相关部门披露信息不够充分，公众连准确的伤亡人数都不可得，自然强烈质疑铁路部门的公信力。

在这种语境中，铁路部门如何重塑自身公信力？须说真话、办实事，不能缺乏人性关怀。同时应看到，单靠铁路部门的自我救赎，远远不够。

① 王川：“社会公信力是易碎品”，《中华工商时报》，2011 年 8 月 1 日，第 7 版。

温州动铁追尾事故发生以来，铁路部门正在遭遇空前的信任危机，不管铁路部门怎么说、说什么、如何做、做什么，不少国民就是选择“我不相信!”由此可以说，铁路部门已经坠入了“塔西佗陷阱”。

何谓“塔西佗陷阱”？被称为“古代罗马最伟大的历史学家”的塔西佗根据他丰富的从政经验，得出一个结论，“当政府不受欢迎的时候，好的政策与坏的政策都会同样得罪人民”。这句话可以延展开来，当一个公共机构失去了公信力，或遭遇了公信力危机时，无论怎么说、说什么，都没有人信；即便说的是好话、做的是善事，也会被质疑、被炮轰，甚至被否定。

此前最明显的一个例子就是红十字会，郭美美事件可以说让红十字会陷入公众信任危机。7月24日上午，就“7·23”甬温线特别重大铁路交通事故，中国红十字会总会和中国红十字基金会决定各提供15万元的人道救助基金共计30万元，请浙江省和温州市红十字会代表总会和基金会前往慰问。应该说，红十字会的反应不可谓不迅速，其慰问之举不可谓不充满一定善意，但是，这种举动并没有赢得叫好声，网友几乎一如既往地痛斥和质疑。原因出在哪里？红十字会失去了公信力，陷入了“塔西佗陷阱”，它将不得不继续付出代价。

如今，铁道部的困境也是如此！出事故了，相关负责人亲临现场了，也组织人员施救了，但是相关发言人一句“掩盖车体残骸是为了抢险”，让网友愤怒追问：究竟是为了抢险还是为了掩盖真相？又一句“（女童项玮伊获救是）生命的奇迹”，更是让网友悲问，当初宣布救援行动匆忙结束，是不是太草率？再加上傲慢地表示“中国高铁的技术是先进的、合格的……”如此表态怎不让人质疑？

没有真相就无法实现谅解，也就不可能达成和解。值得一提的是，由于相关部门披露信息不够充分，公众连准确的伤亡人数都不可得，自然强烈质疑铁路部门的公信力。在这种语境中，铁路部门如何重塑自身公信力？须说真话、办实事，不能缺乏人性关怀。同时应看到，单靠铁路部门的自我救赎，远远不够，为此还有需要全国人大介入。

有学者建议，全国人大不妨启动特别调查委员会制度，对“7·23”甬温线特别重大铁路交通事故进行彻查。这一建议于法有据，宪法第71条第1款明确规定：“全国人民代表大会和全国人民代表大会常务委员会认为必要的时候，可以组织关于特定问题的调查委员会，并且根据调查委员会的报告，作出相应的决议。”成立特调委是迅速还原真相的一大路径，也是依法处理“7·23”甬温线特别重大铁路交通事故的法定前提。在铁路等相关部门陷入“塔西佗陷阱”之际，继续由铁路部门自说自话，既无助于安抚死伤者家属，也不能取信于公众，同时也很难抵达真相，还原公平正义。

当然，成立特调委并不是一种常态，重塑部门公信力，归根到底要靠相关部门自身的修为。有人说，谎言是最大的魔鬼。谎言其实也是最可怕的魔鬼，一千句真话敌不过一句谎言，有时哪怕一句似是而非、模棱两可的话，一个麻木不仁的小小动作，都会对部门公信力造成巨大伤害。公信力绝对是易碎品，一旦碎了，重新黏合太难，需要漫长时间，也会留下伤痕，这就要求当事部门尊重民意、敬畏权力，否则掉入了“塔西佗陷阱”，麻烦可就大了。

（二）以法律为抓手提升政府公信力

重建政府公信力主要有三种途径：树立政府官员个人威望，使公众对其形成个人依赖；借助于宗教或意识形态规范，使公众淡化利益冲突；建立完善的法律运作机制，通过政府失信的归责机制，追究政府官员的失信行为。在社会转型的背景下，这三种途径和方式都会对政府公信力的重建起作用，但是，法律的解决机制无疑是最为切实可行的途径和方式[①]。

在重构和提升政府公信力的过程中，以法律为抓手是重要的解决途径，随着法治国家的建设，依法治国已经成为基本国策，任何行为和活动都要以法律制度为依据，这是提升政府公信力最基本、也是最重要的方式。

在社会多元复合转型的关键时期，社会发展危机频发，动荡不安，社会群体往往会因为个人利益背离社会道义，这就需要法律的制约。政府不能因为社会转型中问题重重就丧失诚信，相反，越在特殊时期，政府就更要严格执法、信守承诺，赢得广大群众的信任，政府的诚信是整个社会顺利运转的基石。在现代社会下，政府的诚信需要一套完善的信用制度进行支撑，不能再用传统的行政政策强行干涉，更不能依靠政府垄断进行行政支配。中国的传统社会往往放大了政府的作用，忽视了制度的规范，导致信用体系难以构建，法律法规难以执行。依法行政是现代社会的基础，通过制定完善的法律法规，既可以为政府行政提供有力的依据，也可以为社会公众提供法律标准，对政府行为进行监督。

中国目前在许多领域已经有了相关的法律制度，如听证制度、民主评议制度等，中国的法律建设正在逐步增强，这是依法治国的重要成果。然而，与先发国家相比，中国的法治建设还很落后，很多制度还没有提升到立法的层次，许多法律法规还需进一步完善，这与中国社会的发展还存在较大差距，法律法规和社会经济的对接是目前工作的关键。

二、企业和非政府组织公信力是社会治理的重中之重

企业和非政府组织作为社会发展中重要的组成部分，其社会公信力对于社会治理起着非常重要的作用。企业虽然以营利为目的，但它向社

① 李培才：“我国社会转型期公信力问题及其法律规制”，《南京大学法律评论》，2005 年，第 49－58 页。

会公众提供了生产生活的必需品，甚至满足公众需求的公共物品和服务。非政府组织的最终目标是为公共利益服务，解决社会中的各种矛盾和问题。企业和非政府组织的公信力是社会治理的关键。

（一）企业公信力要求加强企业的社会责任

企业是以营利为目的的社会组织，随着社会经济的发展，中国企业的谋利性越来越强，开始逐渐忽视企业的社会责任。随着企业公信力的下降，社会公众也对社会失去了信心，并对社会治理构成潜在威胁，因此树立企业社会责任是提高企业公信力的关键，也是社会治理的重要内容。

企业社会责任是企业与关键利益相关方的关系、价值观、遵纪守法以及尊重人、社区和环境有关的政策和实践的集合，是企业为改善利益相关方的生活质量而贡献于可持续发展的一种承诺。① 18 世纪末，企业社会责任的观念开始在先发国家出现，以企业主进行捐助为主，随着两次工业革命的爆发，许多企业开始忽视社会责任，为了谋求利益而剥削企业员工，产生了许多负面影响。随着企业制度的不断完善，企业社会责任又开始逐渐受到重视，成为社会发展的必要条件。在中国，企业的社会责任从最初的责任意识到标准、准则的建立，中国的企业已经开始接受跨国公司的注视。企业维护社会责任不仅有助于提升企业的竞争力，树立良好的品牌形象，增强社会和公众对其信任程度，更有利于社会共同利益的实现和整个社会的可持续发展，在维护人权、保护环境等方面起着十分重要的作用。

企业提高社会公信力就是要实施企业的社会责任，对产品和服务的质量作出保证，对员工的切身利益进行维护，对环保问题先知先觉。企业虽然以营利为目的，但是也有公益的一面，慈善的一面，社会治理就是要调动一切社会资源进行共治，企业的公益性为社会发展提供了良好的支持。同时，企业作为经济体也要履行其经济责任，在生产经营过程

① 陈英：《企业社会责任理论与实践》，经济管理出版社，2009 年版，第 5 页。

中以诚信为先，采用高新技术解决效率低下问题，通过创新实现可持续发展。

企业的社会责任要以道德和法律为基础。从道德上讲，产品质量与消费者的生活密切相关，尤其是食品的安全，直接影响到消费者的健康，谁也不想让婴儿喝到有毒的奶粉，谁也不想吃含有各种添加剂的食品，生产危及消费者健康甚至生命产品的企业必然要受到舆论的谴责。从法律上讲，企业作为社会组织中的重要成员，其行为必须遵守国家法律法规，履行法律责任应该成为企业应尽之责，是企业生产经营的底线。同时，这也不能成为一句口号，要完善具有可操作性的体制和机制，使企业的社会责任真正落实到位。

（二）非政府组织的公信力至关重要

非政府组织是在政府部门和以营利为目的的企业之外的一切志愿团体、社会组织和民间协会，[①] 是为了实现公共利益而服务的，其不以营利为目的。非政府组织可以通过非行政手段获取资金和志愿者支持，解决社会中的各种问题，是缓解社会矛盾，进行社会治理的重要主体。然而，由于中国非政府组织在制度设计上的种种问题，其公信力也受到影响，不能很好地发挥作用。只有提高非政府组织的社会公信力，社会治理才能顺畅进行。

先发国家的非政府组织发展历史较为悠久，特别是第二次世界大战以后，伴随社会与国家相分离而产生的非政府组织逐渐得到国家和社会的承认，并逐渐成为各国政府的合作伙伴。1995 年，美国约翰·霍普金斯大学非营利部门比较项目在考察包括发达国家和发展中国家在内的 22 个国家的非营利部门的情况时发现，22 个国家的非营利部门是一个 1.1 万亿美元的产业，雇佣了近 1900 万名全职工作人员，超过了最大私营部门企业的就业人口。不仅如此，这些国家的非营利部门吸引了相当数量的志愿力量。如果将平均占总人口 28% 的志愿者所贡献的时间换算成全

---

① 莱斯特·萨拉蒙著，谭静译：《非营利部门的崛起》，《马克思主义与现实》，2002 年第 3 期，第 57－63 页。

日制就业职员的话，非政府组织的全日制职员数量能达到 2960 万人，那么这 22 个国家的非营利部门的就业平均占到全部非农业就业总数的 7%，占到服务业就业总数的 14%，占到公共部门就业总数的 41%。[①]

由于先发国家的非政府组织发展较早，已经在国家立法、政府支持、制度监管和公众监督等方面形成较为成熟的体系。但中国的非政府组织受传统因素的制约，在发展中还存在着较大的问题。非政府组织的公信力受阻并不是某一原因造成的，而是由多种原因共同作用的结果，既有自身管理建设的原因，也有社会环境和监督的原因，需要综合考虑。非政府组织的运作效率一直不高，这是由传统的管理制度和工作人员冗余造成的结果。另外，非政府组织的财务信息不公开也是影响社会公信力的重要原因，特别是公益基金项目，接受和使用捐款的情况一直得不到社会的肯定，其内外监督机制一直是其发展的缺陷。在组织内部，没有健全的问责机制和激励机制，组织自身的自律性又差，导致正向作用难以发挥；在组织外部，没有严格的立法，政府和公众等社会群体又不能有效进行监督，使非政府组织在运作中任意钻空子。再加上非政府组织自身的公共服务意识薄弱，长期受传统思想的影响，利益性较强，忽视了自身的公益性和非营利性。种种原因综合起来，使得非政府组织的社会公信力急剧下滑，严重影响了社会治理的效果。

中国需要借鉴先发国家的成功经验，通过立法、制度监管、问责和评估等方面的完善，为非政府组织的社会公信力提供制度保证，使其真正成为社会治理的主体，为社会的发展服务。

（三）提升企业公信力的途径

企业社会公信力的提升需要通过提高企业的社会责任来实现，企业的社会责任不是游离于企业生产经营活动之外的附属品，而是企业活动流程中贯穿始终的重要组成，企业对员工、对社会负责是企业的义务。

① 莱斯特·M. 萨拉蒙等著，贾西津、魏玉等译：《全球公民社会——非营利部门视角》，社会科学文献出版社，2002 年版，第 9－13 页。

目前，中国企业的社会责任意识不强，危机四伏，需要从立法、监督、维权等方面快速进行完善，使企业提高社会责任意识，并付诸于生产经营的活动之中。

首先，完善相关法律体系，包括劳动法、消费者权益保障法、环境保护法等，在完善相关法规及实施细则的同时，还要加大执法力度，使法律制度真正落实。企业必须严格按照法律的规定进行生产经营，保护消费者权益，严格规范用工制度，减少给社会带来的负的外部效应。同时，企业员工要积极增强自身的维权意识，充分发挥工会的作用，使企业公平、公正地对待每位员工及提供良好的福利待遇和职业发展空间。

其次，对企业的社会责任进行严格的监督和管理。要对企业进行社会责任的绩效考核制度，建立综合指标定期对企业进行评价。企业的营利性要与履行社会责任相结合，在谋求自身发展的同时也要注重社会的可持续发展，这样，企业也能长期发展，这是相互促进的关系。在对企业进行绩效评价时，不仅要包括企业发展的经济指标，更要将社会指标纳入其中，如企业的安全生产、维护消费者利益、保障员工权利、保护生态环境、支持公益事业等，并对各项指标制定合理的权重。企业经营状况的好坏与社会责任有着密不可分的关系，企业的成功也与其履行社会责任有着必然的联系。

企业是社会治理的重要主体之一，是维持社会经济蓬勃发展的动力，然而，企业的经营业绩已经不再是企业生存发展的关键，企业的发展与其在社会中所处的位置紧密相关，维护社会稳定是企业不可推卸的责任，这才是企业可持续发展的根源。只有将企业的社会责任放在首位，才能树立企业的社会公信力，达到社会、经济的双赢，真正实现可持续发展。

（四）提升非政府组织公信力的途径

中国的非政府组织发展时间较短，没有形成符合社会发展的制度形态，需要在各方面不断完善，提升其社会公信力，真正达到社会治理的效果。

首先，建立健全非政府组织的相关法律法规，强化非政府组织不以营利为目的，而是为公共利益服务的意识，培养其形成较强的志愿精神。由于中国的非政府组织起步较晚，制定出台的相关法律还不成熟，如《非营利组织基本法》、《公共事业捐赠法》等，在实践应用上还较为薄弱。完善法律法规制度可以使非政府组织在运转过程中有法可依，规范其组织活动，将非政府组织在社会中的作用更加明确，进而提升其社会公信力。有了相关法律法规，不仅非政府组织在组织活动中有了标杆，政府和公众在监督监管时也有了依据，可以促进非政府组织健康有序的发展，真正成为社会治理的主体之一。在完善法律法规的同时，还要培养非政府组织的公共服务意识。社会治理是多元社会主体的治理，每个社会主体都要发挥其积极作用，非政府组织在管理社会公共服务方面具有较强的优势，要充分发挥。在中国，非政府组织的公共服务意识还不够强，可以通过制度创新来激发非政府组织的志愿精神，培育非政府组织，引导和规范志愿活动，防止“志愿失灵”。[①]

其次，在培育非政府组织的服务意识之余，还要在体制机制上进行完善，建立非政府组织的公共责任机制。非政府组织的目的是向社会提供公共服务，虽然不以营利为目的，但也要承担必要的公共责任，特别是随着非政府组织在社会治理中的作用日益突出，作为社会治理的重要主体之一，更要承担相应的责任，如提供公共服务的效果如何、对公共资金的使用效率如何等。非政府组织的资金都是靠捐助得来的，要充分利用资金，并向社会公开透明化。明确资金的使用渠道和使用效果，这是非政府组织必须承担的公共责任，他们有义务接受社会的监督。强化非政府组织的公共责任是提高社会治理效率的重要手段。

最后，建立完善的监督和问责机制。非政府组织不以营利为目的，不追求利润最大化，丧失了积累财富的机会，完全借助于社会力量为公共事业服务，但其又掌握着大量的社会资金，这也容易导致腐败的滋生，

① 全胜跃、黄崇明：“我国非政府组织（NGO）社会公信力缺乏的原因及构建”，《广西经济管理干部学院学报》，2007 年第 1 期，第 76－79 页。

公共责任意识逐步淡化。非政府组织需要在责任的驱动下约束自我，公开透明地履行责任，这需要建立完善的监督问责机制。要通过法律机制、政治机制、行政机制、社会机制、市场机制等建立强有力的监督制约机制，确保非政府组织有良好的社会信用。[①] 通过政府、社会公众及其自身等多渠道进行监督，保证非政府组织较强的社会公信力，进而规范其服务行为，并得到公众的认可，让社会捐赠者有信心将资金交由非政府组织管理，形成内部自律和外部约束的双重机制。

三、维护媒体社会公信力，维护公平正义

除了政府、企业、非政府组织的社会公信力之外，新闻传媒的社会公信力在社会治理中也起到非常重要的作用。尤其是媒体在社会公共危机中的表现，使公众对其公信力十分重视。新闻传媒的公信力是新闻传媒能够获得受众信任的能力，反映了新闻传媒以新闻报道为主体的信息产品被受众认可、信任乃至赞美的程度。[②] 媒体的言论在公众心中具有不可忽视的作用，甚至影响了公众的态度和行为。

特别是在如今的自媒体时代，主流媒体的影响力正在逐渐递减，取而代之的是微博、微信等自媒体，其正以巨大的信息量充斥人们的生活。公众随时随地都能获得大量的信息，又需要从这些信息中作出判断。在多元化的信息社会，媒体往往也会通过渠道传播负面影响，当社会公信力缺失时，自媒体可以站在自己的角度发出声音，严重考验着公众的判断力，给媒体的社会公信力造成很大影响。

自媒体时代，是信息碎片化时代。个人媒体、社区媒体，不同的价值观念、不同的社区环境，传播什么、怎么传播是大相径庭的。这使得信息的个人色彩、个性色彩、社区部落色彩非常浓厚，因此产生了意见

---

① 李虹：“论非营利组织社会公信力的建设”，《上海交通大学学报》，2003 年第 1 期，第 32 - 37 页。

② 郑保卫：“试论新闻媒介的公信力”，《新闻爱好者》，2004 年第 3 期。

领袖。这些意见领袖，虽然是草根，但是，他们是各自社区里的精英，他们分散在社会的各个角落，对各个角落发生的事件发表着意见。同时自媒体由于有技术支撑，从信息源到信息传播到信息接收，再逆向反馈，不像传统媒体是线性的，有多个时间差，自媒体的这个过程，是非线性的，几乎没有时间差，整个过程转瞬完成。表现为一遇风吹草动，便马上风声鹤唳，草木皆兵，或者推波助澜，人云亦云。这种过度反应，往往缺少深思熟虑，见风就是雨。①

媒体是维护社会公平正义的重要渠道，是影响公众态度的特殊组织，需要承担巨大的社会责任，须把握真实客观的信息，进行正确的舆论导向，不断提升其社会公信力。在提升媒体社会公信力的过程中，要树立媒体自身的责任意识。媒体的基本要求就是诚实和诚信，不仅要承担起正确传播社会主义核心价值体系的责任，坚持以科学的理论武装人，以正确的舆论引导人，以高尚的精神塑造人，以优秀的作品鼓舞人为出发点和目标，义不容辞为大众传媒做表率，更要坚持对于新闻报道的真实性及新闻报道内容的高度、深度、广度和角度的协调统一，以切实提升媒体的社会公信力。②

第五节　发挥绩效预算职能
促进社会正向演进

社会治理的核心是向社会高效提供公共物品与服务，这个过程需要绩效预算发挥作用。预算资金供给不足，社会的基本公共物品与服务就得不到保障，社会治理就难以运转。因此，在创新社会治理

① 刘景东："对自媒体社会公信力薄弱的思考"，《新闻天地》，2011 年第 7 期，第 92 – 93 页。

② 苗景秀："公共突发危机事件中社会公信力初探"，《内蒙古农业大学学报》，2011 年第 4 期，第 292 – 293 页。

的过程中，绩效预算必不可少，且十分重要。社会民生的诸多方面，如教育、医疗、社保、就业等，都需要绩效预算发挥作用，然而，目前中国的绩效预算用于社会治理的方面还极不完善，只有充分发挥绩效预算的职能，构建社会信用体系，社会才能真正实现飞速发展。

一、创新社会治理，绩效预算不可或缺

绩效预算在社会治理中起着十分重要的作用，对提供公共物品和公共服务有着重要意义。目前社会基本公共服务的短缺也是因为财政资金短缺，不仅政府投入资金不足，社会的捐助资金也过少，社会活动的收益也不能循环再利用，这都制约了社会服务的发展和社会治理的改革。因此，要想创新社会治理，就必须实施有效的绩效预算，加强绩效预算的管理。

（一）绩效预算改革是国际发展的趋势

绩效预算萌芽于20世纪初，经过几十年的发展，一直不被人们关注，直到20世纪70年代，新公共管理运动的兴起使绩效预算成为提高预算配置效率，化解各种危机的重要手段。绩效预算的特点是按计划决定预算，按预算计算成本，按成本分析效益，然后根据效益来衡量其业绩。它追求有效性和效率性，强调以战略目标为核心制定财政支出目标，强调对产出和结果的控制，同时，绩效预算的资金以公众需求为导向。满足公众需求，这也符合了社会治理的目的。由于绩效预算的战略导向性，它已经成为世界发展的新趋势。到了20世纪90年代，以美国、澳大利亚和新西兰为代表的OECD国家更是推出了绩效预算，将预算与国家的长期发展规划相结合，通过绩效约束进行管理控制，并取得了较大的效果。

由此可见，绩效预算改革已经在先发国家开展，并取得了一定成效。绩效预算已经成为国际发展的新趋势，公共事业的完成离不开绩效预算

的支持，社会治理更离不开绩效预算。

（二）强化社会治理中的绩效预算

20 世纪 70 年代，绩效预算开始在世界范围内兴起，成为优化资源配置的重要手段。随着改革开放的持续深入，中国越来越多地参与到国际事务之中，社会经济有了较大幅度的发展，这些必然要求财政预算进行深层次改革，以适应社会的发展需求。于是，绩效预算改革成为当今财政改革的重要目标。绩效预算，不仅可以合理配置资源，提高使用效率，对公共事务和决策能力的提高也有很大的帮助，将极大地促进社会治理的进行。因此，强化社会治理中的绩效预算十分重要，绩效预算对社会治理有着非常重要的作用。

一方面，绩效预算在提高政府财政管理水平的基础上将极大地促进政府对公共事业的管理职能。绩效预算对政府财政支出及其效果进行科学的规划和评估，形成以绩效为导向的管理制度。这不仅转变了传统的财政模式，顺利国际化趋势，形成新的理念，还在财政支出项目、方式等方面进行相应的改革，从而提高政府财政管理的质量，将财政支出更加细化和量化，克服传统财政的一把抓、目的性差、考核机制缺乏等问题。在有效改革政府财政管理水平的同时，绩效预算通过细化的财政支出和绩效评价，在保证资金使用效率的同时还充分体现了社会的公平性，将资金用于适当的公共领域，实现公共服务的公平化。同时还能发挥市场和社会的力量，最大化激发社会主体的积极性，有效推动社会治理水平的提高。

另一方面，绩效预算对政府职能转变起着重要的推动作用。政府正在由传统的管理型政府向服务型政府转型，政府在社会治理中不再处于领导地位，而是作为社会治理的主体之一。政府的职能是为社会提供广泛的公共服务，在这个过程中，政府的效率就十分重要。绩效预算以绩效为导向，极大地提高政府的工作效率。同时，绩效预算包括完善的目标制定和绩效考核过程，并且整个过程都是信息化、公开化和透明化，可以增加社会公众的知情权和参与权，逐步解决目前财政支出中大量用于“养人”，难于区别“不办事”或“少办事”，支出结构不尽合理，财政资金效率低下等问题，[1] 最终极大地提高政府的办事效率。随着政府职能向服务型转型，绩效预算也使社会治理结构发生了调整，由单一的政府主体转向多元社会主体的共同治理，使公共事业更加符合社会公众的需求，变政府治理为全员治理，在提高效率的基础上有效推动了社会经济的可持续发展。

二、多角度绩效分析，完善社会治理

财政支出可以用于社会治理的方方面面，在关系国计民生的社会保障和就业、教育、医疗、基础设施等方面尤其突出。绩效预算是用科学评价标准对财政支出资金进行管理，对其投入产出进行客观公正的分析和评价，以便提高今后效率。

（一）社会保障和就业绩效分析

社会保障和就业是民生之本，也是社会治理的重要内容之一。社会保障为失去劳动能力或因意外而不能参加市场竞争的人们提供生活上的保障，使他们能够获得重新参与竞争的机会，使他们不至于陷入贫困的境地，并为他们创造重新参与市场竞争的条件[2]；就业则为人们高质量就业提供了支持机会。2012 年，中央预算的主要支出执行情况中，社会保障和就业支出 5753.73 亿元，完成预算的 100.1%，增长 22%，基本实现了新型农村和城镇居民社会养老保险制度的全覆盖，完善了促进就业的政策措施。财政预算可以通过各种支出渠道用于社会保障和就业，以提高社会的社会保障和就业水平。绩效预算则是运用绩效评价的方法对财政专项资金进行分析和评价，为今后的预算安排提供参考。

① 徐仲民：“创建绩效预算制度 推进经济社会发展”，《苏州市职业大学学报》，2007 年第 4 期。

② 杨岳：“中国社会保障评价指标体系实证研究”，北京工商大学，2009 年学位论文。

专栏 6－5

德国社会保障和就业绩效的经验①

德国是世界上最早建立社会保障制度的国家。1969 年，针对经济发展缓慢的状况，制定了《促进就业法》，2005 年又推出“哈茨计划”，旨在通过财政支持提高就业服务效率、扶持失业人员创业、对企业减少裁员给予资金支持等。德国在联邦劳工部下设联邦就业服务局，负责失业保障和促进就业的具体工作。德国就业资金绩效评估的做法是：第一，建立统一、明确的评价指标。联邦就业服务局对各地的就业工作评价设立就业人员总数、长期就业人员人数等多项考核指标，重点考核培训后的就业率等结果指标。第二，运用“雷达图”等方法形象、直观地进行目标与结果的比较评价。第三，纵向组织实施，横向进行比较评价，联邦就业服务局对各分支机构进行评价。除对各分支机构目标任务的实际完成情况进行评价外，还组织各分支机构之间的横向绩效评估，通过引入内部竞争和外部评审机制来落实绩效评估工作。第四，按评估结果实行奖惩，根据纵向评估结果调整预算；根据横向比较评价结果，调整资金在地区间的分配；对经办机构根据评价结果优胜劣汰，如就业培训机构培训之后就业率达不到 70%，将取消培训机构下一次承担培训项目计划的资格。尽管德国的就业绩效评价主要围绕工作绩效进行，但从出发点和归宿看，都体现在控制支出规模增长、提高资金的总体效益上，也就是通过工作绩效评估，改进资金支出绩效。

先发国家的社会保障和就业的绩效预算已经有了较为明显的成效，

① 陈伟雄：“财政就业支出绩效评价的国际比较及经验启示”，《大连民族学院学报》，2011 年第 7 期，第 394－399 页。

中国虽然起步比较晚，但在广东、浙江、海南等省市也都相继展开了相应的绩效评估工作。虽然在评价指标、评价体系、相关配套政策等方面还有待完善，没有形成科学的系统，但中国已经意识到绩效预算对提高社会保障和就业水平的重要意义，对社会进步起着不可替代的作用，同时，要不断完善相关政策，使绩效预算真正发挥其在社会治理中的作用。

（二）教育发展绩效评估

教育是民生之本，是人类潜能的挖掘机，是科技进步的驱动力，也是产业发展和社会前进的重要基础。教育的效果将直接影响社会经济的发展，因此将教育作为社会公共服务中的重中之重无可厚非。

然而，教育绩效预算却是长期以来一直困扰世界财政的难题。绩效是对预算投入产出的评价，而人才的培养是一个长期的过程，教育的成果难以在短期内表现出来，即使以学生毕业后的成效作为考量，也不足以说明问题，年度考试成绩的结果并不能反映学生未来的发展状况，这就给绩效的考评带来一定的问题。目前，许多国家的教育绩效预算都通过教育经费的支出占 GDP 的百分比来考核，这是国际公认的考核办法，是由国家的能力及国家考虑对教育支出的优先程度来决定的，它较少受国家大小的影响，较准确地反映了教育在国家发展中的战略地位。教育经费相对于国内生产总值的比重，世界平均水平为 4.9%，发达国家为 5.1%，欠发达国家为 4.1%。中国把这个百分比定为 4% 也只是达到欠发达国家的水平。[①] 通过这个比重，基本可以考量财政对教育的支持水平。

教育经费支出是国家财政支出的重要内容之一，也是社会治理的重要内容之一。随着社会经济的进步，教育在国民生活中所占的比重越来越大，公众也越来越重视教育水平的高低。对于个人来说，教育可以提高个人素质，改变人的生活状态，尤其是在阶级分化的现代社会，教育

---

① 宋彬："政府教育绩效预算：理论模型、经验借鉴与实证分析"，同济大学，2007 年博士学位论文。

程度直接影响了个人的社会地位；对于国家来说，创新是国家发展的动力，教育则直接影响国家的创新能力，通过人才培养提升国家竞争力是教育的根本目的。因此，社会对教育赋予了更多的期望，公众对教育充满了渴望，财政对教育的支持以及教育的绩效预算成为社会治理的重要工作。

按照教育法中的描述，财政支出中对教育的支出应当保持一定的比例增长，特别是义务教育的财政支出，应该高于财政经常性收入的增长比例，保证在校学生的义务教育费用稳步增长，教职工工资和学生人均公用经费也稳步增长。然而，长期以来，教育支出占财政支出的比例却呈现出持续下滑的趋势，虽然每年教育经费的绝对数值逐年增加，但占财政支出的比例还有待提升，要保持相对比例的稳定增长，才能有效保证教育工作的推进。同时，还要制定科学合理的绩效评价指标，使教育经费真正发挥作用。这对评价指标的制定提出了较高的要求，要求其能真正反映教育的效果，而不是流于表面形式的评估评价，并将整个过程公开透明化，接受政府和社会的监督，使绩效预算真正落到实处。

（三）基础设施绩效分析

基础设施是为社会生产和人民生活提供的公共环境和公共服务，用以保证社会经济活动的正常运行，是社会经济发展的重要基础，是社会生产和生活的物质基础，包括有形和无形的产品和服务，如交通运输、水利供电、通讯、科教文卫等。基础设施建设需要大量的投资，作为公共事业的重要组成，由政府进行投资是无可置疑的，但政府的力量毕竟有限，还要发动更广大的社会力量进行投资。因此，基础设施建设是一项复杂的工程。特别是随着城镇化的快速发展和现代化水平的不断提高，更需要基础设施的大量建设，并承担更多的功能，如信息网络的建设、灾备中心的建设等，成为基础设施建设的重要内容。

基础设施建设需要合理规划，基础设施投资也需要合理规划。政府作为经济建设的主导力量，在其中起着十分重要的作用，不仅自身要进行投资，还要通过规定的步骤向社会公开招标，确定合适的投资者和经营者，通过法律制度明确其职责，以满足社会公众的共同利益。在进行投资的过程中，保证资金的行之有效十分重要。基础设施投资的资金额往往很大，必须保证其有效运用，防止使用浪费，更要防止贪污腐败，因此，对基础设施支出的绩效评价必不可少。不仅有助于项目的科学运行，有效提高资金的使用效率，还能防止管理过程中的过度腐化，无论对经济发展还是社会进步都有十分重要的意义。虽然基础设施绩效的意义十分明确，但在中国仍处于发展初期，在制度上和实践中还存在很多问题，需要逐一进行解决。

首先，法律法规的健全和完善。中国对于基础设施投资绩效已经出台了一些管理办法，如财政部的《中央经济建设部门项目绩效考评管理办法（试行）》和《财政部关于开展中央政府投资项目预算绩效评价工作的指导意见》等，但这些都是绩效评价的管理办法和规定，还没有上升到法律的层面，不具备法律效力，因此在约束和监管程度上力度不够，只有法制的严格控制才能有效进行约束。如美国已经制定的《首席财务官法案》、《政府管理改革法案》和《政府绩效与结果法案》等，都是针对基础设施绩效评价的法律法规，对基础设施的绩效预算评价有重要的约束力。

其次，基础设施绩效评价从目标制定到评价方法等整个评价流程还不科学。基础设施的绩效评价是一项系统工程，涉及的项目多、范围广，每个步骤的评价都将影响其预算效果。因此，建立科学完整的绩效评价体系是评价工作的核心。先发国家在进行评价时，关注的是用更少的成本获取更多的社会利益，满足公众共同的社会需求，将社会服务放在首位。中国的基础设施绩效评价则更加注重资金的节约，忽视了资金使用的有效性，使一些工程存在问题造成事故的事件时有发生。此外，绩效评价中忽略了社会公众的监督和问责，透明度不够。公共事务就是为社会公众服务的，要广泛听取公众的意见，将其需求作为工作的目标。

最后，基础设施需要专门的评估机构对其绩效进行评价。先发国家都专门设立了公共支出的绩效评价机构，在中国尚属空白。基础设施建设具有较强的专业性，对技术的要求比较高，在工程项目的建设方面也非常专业，不是任何一个部门能对其绩效进行评价的，这需要专门的机构建立科学的指标，对其绩效进行合理评价，通过第三方的评价还能防止评价的盲目性，形成独立的评价体系，有助于基础设施绩效评价的顺利进行。如美国的国家审计总署和总统预算与管理办公室共同负责组织绩效评价，英国由公共服务和公共支出内阁委员会牵头组织，加拿大是由内阁财政委员会和审计长公署共同负责公共支出的绩效评价工作，[①] 这些都是进行绩效评价的专门机构。

三、发挥绩效预算职能，构建社会信用体系

社会信用问题是社会治理中的重要问题，是随着社会多元复合转型产生的。社会失信将产生一系列社会问题和冲突，阻碍社会经济的发展。绩效预算就是对社会信用问题的缓解，一方面可以保证财政预算的有效使用，防止浪费；另一方面还对公共事务的管理者进行监督，防止其利用职务之便谋图私利，违反社会诚信。因此，在充分发挥绩效预算职能的同时还要努力构建社会信用体系，可以促进社会、经济、文化等的共同进步。社会信用体系作为社会治理的重要组成，也要秉承多元治理的理念，通过多元主体和多元方式有效推进。

（一）社会信用是国家发展的基石

社会信用体系是现代市场经济发展的基础，也是社会和谐稳定的基石，旨在建立有利于各利益相关方共存的稳定环境，保证受信任方的承诺得以兑现。建设完善的社会信用体系对加强社会治理、提高社会公信力有着十分重要的作用，构建诚信社会是社会治理的重要举措。社会信用体系是信用交易的辅助性社会系统。其功能包括：规范信用交易主体的行为；提供信用决策支持；保护交易主体的权益；维护信用体系自身

① “公共基础设施支出亟待绩效评价”，《中国经济时报》，2011 年 11 月 10 日。

运作。①

对于现代的社会环境和市场环境而言，信用是进行任何活动最基础的规则，是维持良好经济秩序和社会秩序的道德规范。完善的社会信用体系保证了人们之间的关系处于一种受保护的状态，通过一定的准则实现公平和效率。因此，社会信用体系一方面可以记录人们的信用行为，以及守信和失信的状态，为以后的借贷活动提供依据，另一方面可以在提高社会经济效率的同时防范和打击失信行为，起到警示作用。

社会信用体系在先发国家发展得较为完善，信用管理行业也较为发达，其产品和服务已经深入人心。在先发国家，无论是企业、组织，还是个人，都有着较强的信用意识，人们注意维护自己的信用，形成良好的信用记录，可以由此获得更多的机会和福利。然而，社会信用在中国则为薄弱环节，不仅人们的信用观念淡薄，也制约了社会经济的发展，给社会带来了诸多矛盾和冲突，甚至危害社会的健康发展。

社会信用体系是由一系列相互作用的要素组成，从主体上说包括个人的信用体系、企业的信用体系、公共的信用体系等。而社会信用体系的顺利运行还需要法律和行业机构的有机结合，保证其有序运行。同时，社会信用与社会治理有着密切的联系，良好的社会信用体系是社会治理的基础，信用不仅从道德层面上给社会发展提供支持，随着法律法规的不断完善，信用也从制度层面上加速了社会的稳定发展。此外，社会信用体系通过构建信用网络，将信用信息透明共享，并作为社会经济活动的判断标准之一，具有一定的政策性，可以防范风险，优化改革，是宏观发展的重要手段，对未来可持续增长起着重要的稳定作用。

（二）社会信用体系与社会治理

作为现代治理的重要内容之一，社会治理在国家发展中起着重要作用。社会治理强调的是多元化治理，即治理主体的多元化和治理方式的多元化，是除政府和市场之外的又一重要手段。在社会治理的过程中，

① 刘建洲："社会信用体系建设：内涵、模式与路径选择"，《中共中央党校学报》，2011 年第 6 期。

社会信用体系是实现社会治理有效运行的重要基础，任何一项活动的进行都需要信用作为支撑，失去信用就无社会经济行为可言。特别是随着全球化进程的日益加快，全球发展已经进入 3.0 版时代，世界社会经济发展呈现出新的发展秩序，对各国的政治、经济、文化等发展都提出了新的要求，即世界各主体都要遵循特定的规则进行联系，这就需要社会信用体系的完善和构建，这是世界发展的共同目标，是缓解社会危机的重要方式。

在构建社会信用体系、加强社会治理的过程中，首先要保证社会多元主体的责任和义务，即合理配置政府、企业、非营利机构、社会公众等主体之间的关系。中国目前的社会信用体系建设是在强行政力驱动下形成的，这与中国的基本国情有一定关系。在社会信用体系形成初期，的确需要由强制行政力作为驱动，这是一个不可逾越的阶段。而随着社会的发展，社会信用体系的构建不应仅仅是政府一家的垄断。所以，在中国社会信用体系的构架中，应该注意处理好政府、市场与社会三者的关系，明确三方职责，只有这样才能形成社会信用体系的“自发展动力”，也才能符合政治社会发展的主流趋势。① 社会治理是多元主体的共同治理，是自治的过程，社会信用体系的构建也是多元主体的协同，要充分发挥市场化的作用，形成协同治理的制度。

将社会信用体系与社会治理有机结合，还将推动诚信社会的建设，有利于社会的自我管理。诚信社会是一个国家发展的重要基础，社会的诚信是维护正常社会经济活动的重要机制，是全民参与的系统性工程。建立诚信社会是国家文化的发展和进步，有利于形成积极的国家文明，不仅依靠法律、行政和道德手段进行监督和惩戒，还利用文化的力量进行观念上的改变。将文化和制度等资源有机结合，规范社会成员的行为，养成良好的诚信习惯，使社会成员自觉遵守诚信，逐步提高社会诚信水平，进而维持社会和谐、稳定和发展。

① 张卫、成婧：“协同治理：中国社会信用体系建设的模式选择”，《南京社会科学》，2012 年第 11 期，第 86 - 91 页。

因此，完善的社会信用体系对社会治理起着巨大的推动作用，社会治理也将有利于社会信用体系的不断健全，共同保障社会经济的发展和繁荣，使社会有序发展。

（三）健全社会信用体系建设的途径

社会信用体系对维持社会稳定有重要的作用，但中国的体系建设还有很大欠缺，需要在法制建设、道德建设、文化建设等方面进一步完善和推进，建设符合社会主义发展需要的社会信用体系。

第一，加强法制建设是构建社会信用体系的基础。完善的法律法规是社会信用体系的基础和保障，制定相关法律法规对构建社会信用体系能起到基本的保护作用。通过严格的法律要求，制定社会成员以及信用服务行业的行为规范，形成完整信用体系。社会信用在强调道德主导的同时更要进行法律约束，仅靠道德的力量难以形成章法。法律约束是信用行为的第一约束力，法律约束的强制力，是社会经济健康运行的基本保证。纵观国家、单位乃至个人的失信行为，一个重要原因是法律的弱化、虚设和权威的丧失，可以说法律信用是信用体系的根本保证。[①] 因此，大力加强法制建设，社会活动都受法律的制约，才能保证社会在良好的信用秩序下运行。

第二，加强道德建设是构建社会信用体系的根本。如果法律建设是构建社会信用体系的强制约束，那么道德建设就是品格的体现，是个人和组织最基本的素质高。法律的实施往往带有强制色彩，道德则是触及心灵的重要资源，是对法律的调节，只有法律建设和道德建设的有机结合，才能构建良好的社会信用体系。道德建设是人的素质和能力的反映，需要通过教育进行培养。首先要创造良好的社会环境，其次还要不断进行思想道德教育，在提升素质的同时提高道德水平。在现代社会的发展中，道德是思想和责任的体现，是自觉遵守社会诚信的意识，倡导和培育社会信用，将遵守社会公德摆在首位，是引导社会平稳发展以及市场

① 徐秀玲："略论建立健全社会信用体系"，《兰州大学学报（社会科学版）》，2009 年第 7 期，第 98 – 103 页。

经济健康发展的重要基础。

第三，加强文化建设是构建社会信用体系的重要手段。信用文化与法律和道德不同，不是强制的约束条件，也不是个人具备的基本素质，而是有关社会信用的意识形态，是通过舆论的力量进行的道德判断。作为文化建设的重要组成，信用文化建设通过规范人们的价值观念引导人们的信用行为，是对法律建设和道德建设的补充，还在一定程度上降低了社会信用体系的构建成本。信用文化建设是社会信用氛围的形成，通过舆论的引导和文化的弘扬形成信用意识，打破落后的失信观念，建立新的社会信用观。在社会治理的过程中，多元社会主体都可以成为建设信用文化的主体，调动一切可以调动的社会力量参与进来，将信用文化建设引入个人教育、企业文化、组织建设等诸多方面，形成正向的社会意识，社会各主体相互配合，共同营建良好的信用文化环境。

参考文献

1. 裴峰："西方公共行政理论范式变迁研究综述"，《求索》，2004年第5期。

2. 塞缪尔·P. 亨廷顿：《变革社会中的政治秩序》，生活·读书·新知三联书店出版社，1989年版。

3. 邹薇："再论国家竞争力的内涵及其测度体系"，《经济评论》，2002年第3期。

4. 张文彪："政府效率决定国家竞争力"，《领导文萃》，1998年第1期。

5. 张正国："论李光耀治政思想"，《兰州大学学报（社会科学版）》，1996年第3期。

6. 刘莹："新加坡国际竞争力研究"，《国际论坛》，2002年第6期。

7. 廖笑非："新加坡竞争力发展的新举措"，《南洋问题研究》，1998年第4期。

8. 郑建军："世界各国招商引资总述"，《浙江社会科学》，2003年第5期。

9. 张曦、郭振："国内外引资经验对哈尔滨的引资启示"，《哈尔滨商业大学学报（社会科学版）》，2004年第5期。

10. 胡列曲："知识经济时代的国家竞争优势：综合优势——以美国新经济为例"，《云南经济管理干部学院学报》，2000年第1期。

11. 宋英华、万军康、张乃平："美国提升国际竞争力的经验及其对我国的启示”，《武汉理工大学学报（信息与管理工程版）》，2001 年第 4 期。

12. 胡列曲：“国家竞争力与 90 年代以来美国提高国家竞争力的主要经验”，《世界经济与政治论坛》，2000 年第 2 期。

13. 张燕君：“美国公共部门绩效评估的实践及启示”，《行政论坛》，2004 年第 3 期。

14. A·普雷姆詹德：《预算经济学》，中国财政经济出版社，1989 年版。

15. 程恩富：“新自由主义的起源、发展及其影响”，《求是》，2005 年第 3 期。

16. 方福前：《公共选择理论——政治的经济学》，中国人民大学出版社，2000 年版。

17. 萨尔瓦托雷·斯基亚沃—坎波，丹尼尔·托马西：《公共支出管理》，中国财政经济出版社，2001 年版。

18. 马国泉：《公共行政学经典文选》，复旦大学出版社，2000 年版。

19. 尼古拉斯·亨利：《公共行政与公共事务》，中国人民大学出版社，2002 年版。

20. 尼古拉斯·亨利：《公共行政与公共事务（第八版）》，中国人民大学出版社，2002 年版。

21. 张成福：《大变革——中国行政改革的目标与行为选择》，改革出版社，1993 年版。

22. 夏珺、孟丽、邓丹萍：“关于加强政府财政支出管理以提升政府生产力的探讨”，《行政与法》，2006 年第 4 期。

23. 蒋冲、王飞、穆兴民等：“气候变化对渭河流域自然植被净初级生产力的影响研究（Ⅱ）——渭河流域自然植被净初级生产力的研究”，《干旱区资源与环境》，2013 年第 5 期。

24. 汪永成：“持续提升政府生产力的积极探索——香港特区‘政府

资源增值计划’述论”，《广东行政学院学报》，2001 年第 5 期。

25. 赵志亮：“中国教育生产力和科技生产力发展关系的实证研究——基于误差修正模型”，《兵团党校学报》，2011 年第 1 期。

26. 罗桂全：“试述科技是‘生产力’到‘第一生产力’的发展轨迹——马克思主义者对‘科技是生产力’思想的丰富和发展”，《成功(教育)》，2011 年第 7 期。

27. 陈工：“英、美、澳、新等国家实施绩效预算的改革及其对我国的启示”，《财政研究》，2006 年第 1 期。

28. 财政部预算司：《预算管理国际经验透视》，中国财政经济出版社，2004 年版。

29. 郭济：“探索政府部门人力资源开发规律　推动政府生产力发展——‘政府部门人力资源开发’序言”，《中国行政管理》，2005 年第 1 期。

30. 王元龙：“论马克思的资源配置理论”，《当代经济研究》，1995 年第 2 期。

31. 江泽民：《在中国共产党第十六次全国代表大会上的报告》。

32. 姜晓宁、雷良海：“降低行政成本　创建节约型政府”，《上海理工大学学报（社会科学版)》，2006 年第 2 期。

33. 谭桔华：“论合理政府规模与政府行政成本”，《湖湘论坛》，2005 年第 2 期。

34. 平新乔：“中国地方政府支出规模的膨胀趋势”，《经济社会体制比较》，2007 年第 1 期。

35. 左同宇：“现阶段中国政府行政成本分析”，南京师范大学，2005 年学位论文。

36. 何翔舟、贺新宇：“行政成本及其治理”，《政治学研究》，2004 年第 4 期。

37. 唐铁汉：“降低行政成本提高政府效能”，《国家行政学院学报》，2007 年第 4 期。

38. 罗杰、唐李："中国政府规模：比较研究与优化策略"，《国家行政学院学报》，2010 年第 1 期。

39. 许正中、刘尧、赖先进："财政预算专业化制衡、绩效预算与防治腐败"，《财政研究》，2011 年第 3 期。

40. 姜晓萍：《地方政府流程再造》，中国人民大学出版社，2012 年版。

41. 马喆："以绩效预算制度为核心的财政预算交易成本控制研究"，《甘肃理论学刊》，2012 年第 2 期。

42. 邓毅：《绩效预算制度研究》，华中科技大学，2008 年学位论文。

43. 郝书辰、王进杰："政府绩效预算执行控制改革研究"，《财政研究》，2007 年第 4 期。

44. 安秀梅、殷毅：论中国政府预算管理改革的优先序——兼议绩效预算在中国的适用性，《中央财经大学学报》，2006 年第 6 期。

45. 蔡红英："政府绩效评估与绩效预算"，《中南财经政法大学学报》，2007 年第 2 期。

46. 周长鲜："财政预算绩效监督体制：西方发达国家议会的经验与启示"，《经济社会体制比较》，2010 年第 5 期。

47. 张紧跟、陈泽涛："论人民代表大会在绩效预算改革中的运作与影响——以广东省 A 区为例"，《公共管理学报》，2008 年第 2 期。

48. 董振海："在我国推行绩效预算的理论与实践思考"，财政部财政科学研究所，2010 年学位论文。

49. 童伟："制度构建与模式创新背景的绩效预算监督体系催生"，《改革》，2013 年第 3 期。

50. 马骏、罗万平："公民参与预算：美国地方政府的经验及其借鉴"，《华中师范大学学报（人文社会科学版）》，2006 年第 4 期。

51. [美] 道格拉斯·C. 诺斯著，厉以平译：《经济史上的结构与变迁》，上海三联书店，1991 年版。

52. 杨瑞龙："制度创新：经济增长的源泉"，《经济体制改革》，1993 年第 5 期。

53. [美] 道格拉斯·C. 诺斯、罗伯特·托马斯著，厉以平、蔡磊译：《西方世界的兴起》，华夏出版社，1989 年版。

54. 林毅夫：《再论制度、技术与中国农业发展》，北京大学出版社，2000 年版。

55. [美] 亨廷顿著，王冠华等译：《变革社会中的政治秩序》，三联书店，1989 年版。

56. 林毅夫：《解读中国经济》，北京大学出版社，2012 年版。

57. [美] 约瑟夫·熊彼特著，吴良健译：《资本主义、社会主义与民主》，商务印书馆，1999 年版。

58. [美] 奥尔森著，陈郁等译：《集体行动的逻辑》，上海三联书店、上海人民出版社，1995 年版。

59. [法] 托克维尔著，陈玮译：《旧制度与大革命》，商务印书馆，1992 年版。

60. [美] E·希尔斯著，傅铿、吕乐译：《论传统》，上海人民出版社，1989 年版。

61. 盛洪，张宇燕：《从计划经济到市场经济》，中国财政经济出版社，1998 年版。

62. [美] 布坎南著，冯克利译：《宪政经济学》，中国社会科学出版社，2004 年版。

63.《马克思恩格斯全集》第 4 卷，人民出版社，1975 年版。

64. [美] 奥斯特罗姆，菲尼，皮希特著，王诚等译：《制度分析与发展的反思——问题与抉择》，商务印书馆，1992 年版。

65. [美] 科斯，阿尔钦，诺斯等著，刘守英译：《财产权利与制度变迁——产权学派与新制度学派译文集》，上海三联书店、上海人民出版社，1994 年版。

66. [美] 诺斯著，厉以平译：《经济史上的结构与变迁》，上海三联书店，1994 年版。

67. ［法］孟德斯鸠著，许明龙译：《论法的精神》，商务印书馆，1961 年版。

68. ［美］斯蒂格利茨著，郑秉文译：《政府为什么干预经济》，中国物资出版社，1998 年版。

69. ［美］塞缪尔·亨廷顿著，王冠华译：《变革社会的政治秩序》，三联书店出版社，1989 年版。

70. 世界银行：《1997 年世界发展报告——变革世界中的政府》，蔡秋生译，中国财政经济出版社，1997 年版。

71. ［美］孙克姆·霍姆斯著，王卫星校译：《公共支出管理手册》，经济管理出版社，2002 年版。

72. 亚洲银行著，财政部财政科学研究所译：《政府支出管理》，人民出版社，2001 年版。

73. ［美］莫里斯·伯恩斯坦著，朱泱译：《东西方的经济计划》，商务印书馆，2000 年版。

74. ［美］艾伦·希克：《当代公共支出管理方法》，经济管理出版社，2000 年版。

75. 张中祥："从有限政府到有效政府：价值·过程·结果"，《南京社会科学》，2001 年第 3 期。

76. 李强："当前中国社会分层结构变化的新趋势"，《江苏社会科学》，2004 年第 6 期。

77. 赵义："转型中国的二代现象"，《南风窗》，2001 年第 11 期。

78. 王小鲁："警惕权利缺失形成'新底层社会'危险的贫富差距"，《南方都市报评论周刊》，2010 年第 5 期。

79. ［英］萨斯：《民背化与公私部门的伙伴关系》，中国人民大学出版社，2002 年版。

80. 蔡放波：《公共服务的市场化与政府责任》，中国行政管理学会 2004 年年会暨"政府社会管理公共服务"论文集。

81. 唐士其："'市民社会'、现代国家以及中国的国家与社会的关系"，《北京大学学报（哲学社会科学版）》，1996 年第 4 期。

82. 孙林：《在全国性民间组织年检丁作会议上的讲话》。

83. 柏拉图：《法律篇》，人民出版社，2000 年版。

84. 陈国权：《责任政府：从权力本位到责任本位》，浙江人学出版社，2009 年版。

85. 姜明安：《行政法与行政诉讼法》，北京大学出版社，1999 年版。

86. 埃哈尔·费埃德伯格著，张月译：《权力与规则——組织行动的动力》，上海人民出版社，2008 年版。

87. 梁涛："教育公平与效率研究——以美国教育权制度为例"，《全球教育展望》，2012 年第 10 期。

88. 刘泽伦、刘小云："迈向回应型政府——全球化下政府治理范式转换的路径"，《江淮论坛》，2006 年第 5 期。

89. 刘刚、娄策群："政府信息化对行政组织结构变革的影响"，《科技进步与对策》，2007 年第 4 期。

90. 徐利、何利辉："借鉴国际经验构建中国透明的预算体系"，《财贸经济》，2004 年第 3 期。

91. 世界银行、国务院发展研究中心："2030 年的中国：建设现代、和谐、有创造力的高收入国家"，《世界银行报告专刊》，2012 年 3 月 15 日。

92. 吴忠民："如何认识中国现阶段的社会矛盾"，《光明日报》，2013 年 8 月 13 日。

93. 汤敏轩："公共政策失灵：政策分析的一个新领域"，《中国行政管理》，2004 年第 12 期。

94. 姚庆丰："论'社会失灵'——在政府失灵和市场失灵之外"，《河北学刊》，2000 年第 2 期。

95. 程天赐："社会的'痛感神经'不能失灵"，《农民日报》，2006

年 9 月 22 日。

96. 冷向明：《当代中国服务型政府的理论模型、标准体系及建设纲要》，中国社会科学出版社，2010 年。

97. 魏俞满："矫正我国政府社会管理失灵的对策探析"，《长春理工大学学报》，2013 年第 6 期。

98. 中国社会科学院：《法治蓝皮书（2013）》，社会科学文献出版社，2013 年版。

99. 何增科："从社会管理走向社会治理和社会善治"，《学习时报》，2013 年 1 月 28 日。

100. 哈贝马斯：《公共领域的结构转型》，上海，学林出版社，1999 年版。

101. 张康之：《公共管理伦理学》，中国人民大学出版社，2003 年版。

102. 罗伯特·帕特南：《使民主运转起来》，江西人民出版社，2001 年版。

103. 李惠凤：《社区治理与社会管理体制创新》，浙江大学，2011 年博士学位论文。

104. 姜晨："社会自治弥补公共服务提供的政府失灵"，《东莞日报》，2010 年 11 月 29 日。

105. 奚洁人：《科学发展观百科辞典》，上海辞书出版社，2007 年版。

106. 李培才："我国社会转型期公信力问题及其法律规制"，《南京大学法律评论》，2005 年第 1 期。

107. 龚培兴、陈洪生："政府公信力：理念、行为与效率的研究视角"，《中共中央党校学报》，2003 年第 8 期。

108. 王川："社会公信力是易碎品"，《中华工商时报》，2011 年 8 月 1 日。

109. 陈英：《企业社会责任理论与实践》，经济管理出版社，2009

年版。

110. 莱斯特·萨拉蒙著，谭静译：《非营利部门的崛起》，2002年版。

111. 莱斯特·M. 萨拉蒙等著，贾西津、魏玉等译：《全球公民社会——非营利部门视角》，社会科学文献出版社，2002年版。

112. 全胜跃、黄崇明："我国非营利组织社会公信力缺乏的原因及构建"，《广西经济管理干部学院学报》，2007年第1期。

113. 李虹："论非营利组织社会公信力的建设"，《上海交通大学学报》，2003年第1期。

114. 郑保卫："试论新闻媒介的公信力"，《新闻爱好者》，2004年第3期。

115. 刘景东："对自媒体社会公信力薄弱的思考"，《新闻天地》，2011年第7期。

116. 苗景秀："公共突发危机事件中社会公信力初探"，《内蒙古农业大学学报》，2011年第4期。

117. 徐仲民："创建绩效预算制度 推进经济社会发展"，《苏州市职业大学学报》，2007年第4期。

118. "公共基础设施支出亟待绩效评价"，《中国经济时报》，2011年11月10日。

119. 刘建洲："社会信用体系建设：内涵、模式与路径选择"，《中共中央党校学报》，2011年第6期。

120. 张卫、成婧："协同治理：中国社会信用体系建设的模式选择"，《南京社会科学》，2012年第11期。

121. 徐秀玲："略论建立健全社会信用体系"，《兰州大学学报（社会科学版）》，2009年第7期。

122. Bento A., White L. F Budgeting: Performance Evaluation and Compensation: A Performance Management Model, 2006.

123. JohnL. Mikesell: Fiscal Administration, New York, Wadsworth,

1995.

124. Harry P. Hatry: The Statusof Productivity Measurement in the Public Sector, Public Administration Review, 38 (1).

125. Hadalski Jr J. M: The influence of computer graphics on local government productivity (Philadelphia), Computer graphics and environmental planning, 1983, pp. 171 - 184.

126. De Saro R: Industry-government cooperation leads to productivity and energy improvements, 2001.

127. Anon: PERFORMANCE BUDGETING SYSTEM FOR HIGHWAY MAINTENANCE MANAGEMENT. 1972 (131).

128. David Corbett: Australian Public Sector Management (2ndEdition), Allen&Unwin PtyLtd, Nsw, Australia, 1996.

129. Nakamura Y., Tagata M., Okamoto T.: Budgeting-free hierarchical design method for large scale and high-performance LSIs. 2006.

130. Ramli R., Zailani S: The impact of organizational efforts towards employee productivity: New evidence from government service department in Malaysia, European Journal of Scientific Research, 2011, 57 (1).

131. Cleverley W. O., Felkner J. G.: The association of capital budgeting techniques with hospital financial performance, Health Care Management Review, 1984, 9 (3).

132. Eni D. I., Upla J. I., Oko C. O.: Effects of Land Degradation on Soil Productivity in Calabar South Local Government Area, Nigeria, European Journal of Social Sciences, 2010, 18 (1).

133. Peden E. A: Productivity in the United States and its relationship to government activity: An analysis of 57 years, 1929 - 1986, Public Choice, 1991, 69 (2).

134. Goldsheid, R. [1925] (1967): A Sociological Approach to problems of Public finance, translated by Elizabeth Henderson, in Classics in the

Theory of Public Finance, edited by Richard A Musgrave and Alan T Peacock, Macmillan, London.

135. Jack Diamond, 2003, "From Program to Performance Budgeting: The Challenge for Emerging: The Challenge for Emerging Market Economics", IMF Working Paper, 2003.

136. Rosemary O'Leary and Lisa Blomgren Bingham. The Collaborative Public Manager: New Ideas for the Twenty-First Century. 2009.

后　记

随着知识经济时代来临，世界变得越来越平坦的同时，国家间竞争也越来越激烈，而政府是国家竞争力强弱的重要决定因素。进入21世纪以来，随着政府职能转变，政府生产力成为衡量政府能力的标杆，也成为国家竞争力的重要组成部分。政府生产力是政府配置资源的能力，是有价值的投入和有价值的产出之间的比率，而绩效预算是推动政府改革的重要力量，进而也是政府生产力的强有力的内在枢机。对此，本书在合理界定政府生产力内涵的基础上，结合中国国情，强化绩效预算功能，搭建绩效预算改革框架，构建绩效预算整体体系，推动绩效预算改革，进而铸造政府生产力强有力的内核，提高政府资源配置效率，安装控制行政成本的总闸门，优化公共物品与服务的制度供给，提高社会普遍服务水平，创新社会协同治理模式，促进政府可持续发展。

本书的框架和总纂由许正中教授负责。在本书成稿过程中，中央党校的赖先进博士后、天津大学李文亮博士生和孟晓哲博士生、首都经济贸易大学赵惠硕士生、国家行政学院的张淑翠博士后和王锦坤博士生参与了部分章节的撰写。

在本书的撰写过程中，作者得到了国家行政学院领导和同仁的理论指导。科研部、研究室和决策咨询部、经济学教研部等部门的领导和同仁也给予了许多智力支持。在此，表示衷心的感谢！

笔者曾就本书中的部分观点与一些专家、知名学者进行过交流，获取了许多宝贵意见。特别需要感谢的是，财政部有关领导对本书的写作给予了大力支持，为本书的出版提出了许多宝贵意见。在此也深表感谢。

在全书的撰写过程中，我们曾参阅了许多文献，吸取了许多国内外学者的研究成果，书中都一一做了标注；许多同志还提供了相关资料，同时提出了宝贵的意见，并给予了大力的支持和帮助。在本书的出版过程中，中国财政经济出版社的贾杰社长、李乃君副总编辑、陈迈利主任、张冬梅主任以及涂蕙等编辑做了大量的工作，在此，表示衷心的感谢！

本书初步构建了绩效预算与政府生产力理论体系，希望能够得到财政系统同仁的指正和批评。由于本人水平有限，再加上时间紧、任务重，书中难免有偏颇甚至是错误不足之处，还望有关专家学者和广大读者批评指正，多提宝贵意见。

作　者

2014 年 10 月于北京